通鑑選

瞿蛻園　選注

重慶出版集團　重慶出版社
果壳文化傳播公司

图书在版编目（CIP）数据

通鉴选/瞿蜕园选注. —重庆:重庆出版社，2015.9
ISBN 978-7-229-09899-5

Ⅰ.①通… Ⅱ.①瞿… Ⅲ.①中国历史－古代史－编年体 ②《资治通鉴》－注释 Ⅳ.①K204.3

中国版本图书馆CIP数据核字(2015)第108784号

通鉴选
TONGJIAN XUAN
瞿蜕园　选注

出 品 人：罗小卫
责任编辑：周北川　杨秀英
责任校对：杨　婧
装帧设计：彭　立

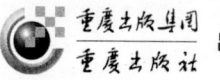　出版　　　果壳文化传播公司 出品

重庆市南岸区南滨路162号1幢　邮政编码：400061　http://www.cqph.com
武钢实业印刷总厂印刷
重庆出版集团图书发行有限公司发行
E-MAIL:fxchu@cqph.com　邮购电话：023-61520646
全国新华书店经销

开本：880mm×1230mm　1/32　印张：11.5　字数：209千
2015年9月第1版　2015年9月第1次印刷
ISBN 978-7-229-09899-5
定价：39.00元

如有印装质量问题，请向本集团图书发行有限公司调换：023-61520678

版权所有　侵权必究

瞿蜕园作品

20世纪60年代瞿蜕园（右一）与友人俞莱山（左一）等在上海市桂林公园合影

瞿蜕园手迹：为其弟子俞汝捷书写的"国学入门"提纲

（本页图片由文史专家俞汝捷先生提供，特此致谢！）

瞿蜕园书写的"国学入门"提纲原文：

"五经"是不能不读的，否则将来治古籍必随时遇到难通之处。次序先《诗》、次《书》、次《易》、次《礼记》、次《左传》。前三种要在认识其面貌，不必过求能解，但同时须略知经学源流，如《易》之汉晋两派，《书》之今古文，《诗》之齐鲁韩毛。《诗经》择所好者略加讽咏尤为有益。《礼记》《左传》皆可选读。

《说文》必须看，不但要知声音训诂，而且讲书法必从小篆入手，颜柳欧赵在今日已流于俗套，非细玩晋唐人草书不能矫俗书之弊。草书直接由篆分而来，故多合于六书。凡字之美恶，不专在间架，尤重在用笔，非看古人手写真迹，不能得法。

同时可看《通鉴》。不必专注重兴亡大事，要能从史事看到各时代之社会背景。胡注颇多关于制度之说明，即无异于同时看《通鉴》。

朝代难记，若用公元作线索即不难。以世界重要史事与中国史相对照，更有全局在胸之势。

《四库全书总目》是一切学问总钥，必须翻阅。将《汉书·艺文志》先看一遍尤佳。

《史记》《汉书》二种不能偏废，《史》宜选看，《汉》宜全部看，但不必太过细看。于马取其史识，于班则取其史裁。

稍暇则宜略观《文选》，方知文章流俗以及修词使事之法，有可诵读者，能上口一二篇最好。

以上是基本工夫，能做到即足以为通人矣。将来之精深造诣，则在乎自择。例如子部之书即可作为第二步。

至于诗词之属，只可作为陶冶消遣，不是学问。无论何种文学，若不积累学问与人生经历，以两者相结合，必难有成。

学问要识门径，既得门径，要能博观约取，以高速度猎取知识，以敏锐眼光把住关键，即无往而不利矣。

《通鉴》却是替读者着想的，叙事只是平平实实，清清楚楚。虽然大体上仍保留原来的语气和文体，至于前后映带勾勒，却比旧史更为分明。当时剪裁衬帖的工夫的确非常细密谨慎，正如一个巧妙的成衣匠，将一件破烂的衣服，重新修整一番，便焕然改观，穿起来既美观又适体。又如部伍不整的军队，一经名将手里加以号令部署，就变成精神百倍。编年史而兼具文学性，不得不推《通鉴》了。

——瞿蜕园

编者说明

瞿蜕园（1894—1973）是近现代文化史上一位值得关注的大家，他精研文史，于职官、方志等学均有深湛研究，尤精于掌故之学，在诸多学术领域有开疆拓土之功。但由于历史原因，他在当代学界少有人知，作品也刊布极少。近年来，才逐渐引起学界的重视。学者们钩稽历史，为我们还原了一个完整的、真实的文史大家。有学者评论说，20世纪20—70年代的50年间，国学领域可称为大师的，唯王国维、梁启超、陈寅恪、瞿蜕园四人而已，不可谓不高矣。这与他生前的寂寂无闻相比，可谓是天壤之别，令人感慨。对这样一个在学术上有重大贡献的人物，识其人，读其书，还是很有必要的。

瞿蜕园以其深厚的文史根底于晚年写成的多本中国历史普及类作品，选文精审，译文畅达，注释简要，文笔渊雅，颇显功力，深得古典巨著的佳妙，堪为此类作品的典范之作。经瞿蜕园亲属的授权，我社将独家陆续再版他的中国历史普及作品系列，以飨读者。

此次出版的《通鉴选》，在文字上，以古典文学出版社1957年第1版为底本，同时参考了中华书局1962年新1版，对书稿进行了校订。除了将原来的繁体直排改为简体横排，还纠正了原书中个别的文字错讹，并把原书中的汉语注音符号做了统一更改外，为保存原貌，其他内容均未予改动。

编者

2015年5月

荐 序

俞汝捷

瞿蜕园先生（1894—1973）的《通鉴选》初版于1957年，是《资治通鉴》最早的选注本，1962年出过新1版，之后没有再印。现在重庆出版社予以重版，作为蜕老的学生和50余年前的老读者，欣慰之余，很乐于在此向诸位推荐这一极好的史籍选读本。

谈书之前，想先谈谈选注者。

蜕老原名宣颖，字兑之，晚号蜕园，湖南善化（今长沙市）人，是著述等身的文史大家。在史学领域，他的治学可分为前后两段。前段从20世纪20年代初到40年代末，主要在秦汉史、方志学、掌故学园地辛勤耕耘。早年受其父瞿鸿禨及湘籍大学者王先谦影响，他对汉史颇下苦功，1928年即出版制度史方面的拓荒之作《汉代风俗制度史》，1944年又出版《两汉县政考》和《秦汉史纂》。方志学方面，他于1930年出版的《方志考稿（甲集）》，是我国最早的私家方志目录学专著；另一专著《志例丛话》则因在修志观念及方法等方面富于新见而至今仍为学

1

界所重视。他的掌故学成就,不仅体现在搜罗宏富,出版发表了《同光间燕都掌故辑略》《中国社会史料丛钞》《枕庐所闻录》等多种著作,而且表现在理论上有深入探讨,他在《〈一士类稿〉序》等文中就掌故学的研究对象、范围、任务、方法和个中甘苦作了清晰的阐发。

后段从20世纪50年代初到60年代中,主要致力于官制研究和史学普及。官制从来都是蜕老的专长,闲谈中聊起历代职官沿革,简直如数家珍。前文提到的《两汉县政考》亦可归为职官志专著;而更为史学界熟知的当然是《历代官制概述》和《历代职官简释》,二著附于1965年版黄编本《历代职官表》中,却远比该表更为实用。此外,《辞海》中的官制条目,也大都出自蜕老之手。至于史学普及,那些年他从古史、《左传》到《史记》《汉书》《后汉书》,撰写了多种选译本和故事选,其中以选注方式问世的正是这本《通鉴选》。

《通鉴选》有哪些优长呢?

其一,《通鉴选》不能代替《通鉴》,却能让读者知晓有关《通鉴》的各种知识,了解《通鉴》的基本面貌。这首先是因为,蜕老为该书所写《前言》,多方面地对相关问题作了说明和阐释。他告诉我们:1.《通鉴》上接《左传》,下迄五代末年,是一部"在史学上放出异彩"的编年体通史。2.司马光在朝廷支持下,遴选专门人才做助手,充分利用政府藏书,经过周密准备,反复考订,增删润色,耗时19年,始完成这一巨著。3.《通鉴》有种种优点,包括注意事件的前因后果,对重要人物刻画生动,对杂史及私人著作广加采纳、慎重运用,叙事平实而又兼具文学性,附录与史事相关的文章甚多,不采神异怪诞的谬说,等等。4.《通鉴》的衍生著作,重要的有司马光《稽古录》、刘恕《通鉴外纪》、金履祥《通鉴前编》、毕沅《续资治通鉴》、夏燮《明通鉴》以及《通鉴辑览》《通鉴纪事本末》等。5.宋末元初的胡三省"替《通鉴》作音注,非常宏博、精刻而便于实用";王应麟的《通鉴地理通释》亦有独特价值。6.《通鉴》也有缺点,最为突出的是"主观见解过于浓厚"和"过于轻视文人",前者表现为政治意识保守,后者表现为对一些重要文人如屈原的名字不屑一提。以上各点,《前言》中均有详细的阐述与分析,所以,阅读正文之前,宜先将选注者的《前言》细读一遍。

其二,要从鸿篇巨制的《通鉴》中选出少数篇章而又能体现原著特色,并使读者开卷获益,不是一件容易的事。而从本书所选20篇来看,可以说做得非常不错。在朝代分配上,于战国、两汉、三国、魏、晋、南北朝、隋、唐、五代均有涉及,而又以汉、唐为多,这就使读者对各时期历史都能有所了解。在内容方面,所选各篇大都侧重关键性历史事件的完整叙述,也有若干篇如《赵充国屯田》《贾让治河三策》《党锢》《杨炎与刘晏》等对社会背景与政策制度说明较多。这实际上反映了蜕老在治史方面的一贯主张。还在我青年时期，他就提醒过我，学历史不能光听故事，一定要了解时代背景与相关制度。20世纪60年代初，他曾应我所请，随手写下一纸国学入门提纲，在谈完"五经"与《说文》后，接着便谈《通鉴》——

  同时可看《通鉴》。不必专注重兴亡大事，要能从史事看到各时代之社会背景。胡注颇多关于制度之说明，即无异于同时看《通鉴》。
  朝代难记，若用公元作线索即不难。以世界重要史事与中国史相对照，更有全局在胸之势。

  这纸提纲一直为我所珍藏。惭愧的是，他指示的做学问的基本功夫，我未能完全掌握，《资治通鉴》也因畏其卷帙浩繁而未能通读，倒是曾将家中书架上两函线装的《纲鉴易知录》草草翻过一遍。蜕老获知后，说《纲鉴易知录》记述的历史较《通鉴》为长，读一遍也很好，但它欠缺的正是关于社会背景与制度的说明，所以从治史角度说，仅读该书是远远不够的。
  其三，《通鉴选》有个特点，就是各篇文前都有一篇数百字至千余字的题解。根据需要，题解的写法颇为灵活，而目的都是为了增进读者对历史人物和事件的认识、对本文内容与写作手法的理解。譬如《赵武灵王胡服骑射》的题解，便重点讲述赵武灵王实行军制改革的重大意义,点明"这件事的影响几乎与商鞅变法不相上下"。同时又指出,在《史记·赵世家》中,对当年改革派与保守派的辩论原有详细记载,可惜司马光基于其保守立场,将这些话删去不少,于是题解将赵武灵王及忠臣肥义被删的话补引出来,从而使读者由这些"明通痛快"的言论更加认识到"这人的确是战国时代一个杰出人才"。又如《蜀汉之亡》的题解,在交代历史背景之后,特别指出"当时统兵伐蜀的将帅钟会、邓艾等人心理上的矛盾造成了一种离奇变幻的局面","这是一次极富于戏剧性的历史事件",而《通鉴》将几个人的个性,如"刘禅的庸懦无能,司马昭的权诈百出,姜维的智勇深沉,邓艾的粗鲁朴实"都写得"很有声色",从而使读者于读史的同时,获得文学欣赏的审美愉悦。

其四,注释是选注者用力最勤之处,也是《通鉴选》最为出彩之处。多年来我们翻过各种古籍注释本,稍加比较,立刻就能看出孰优孰劣,看出注释者学养的虚实、功底的深浅。曾不止一次看到一些注家,不懂装懂,对难词难句妄充解人,贻误读者。也有一些注家,对人所皆知的词语大注特注,碰到稍微难解的词句,因自己不懂,就跳过不注。还有一些注释本,态度较前二种认真,但引证烦琐,疏于贯通,对一般读者而言,不够方便实用。相形之下,《通鉴选》的注释,最大优点就是为读者着想,准确、简明、晓畅、实用。这是翻阅书中任何一篇任何一段，马上就能感受到的。这里可随便举些例子。一种情况是，词句含有典故，如《刘裕北伐》篇中，有句话是"琅邪王德文请启行戎路，修敬山陵"。注曰："'元戎十乘，以先启行'是《诗经》上的话。他的意思要首先进入洛阳，因为晋室的先代陵墓都在洛阳。"出典和含义都说得明明白白，至于该典具体出自《诗经》哪一篇，就简省不谈了。又一种情况是，词句不含典故，却也并非一看就懂，如《赵充国屯田》中，有句"田事出"，什么意思？看了注释，方知"田事出指春耕开始的时候"。第三种情况是，词语见于辞典，却无法套用。如《天宝长安之乱》中"十月灼然诣京师"一句，"灼然"何解？查《辞源》，解释是"明显貌"，用在这里很难说通。而蜕老注曰："灼然是一定的意思。"文意立刻晓畅明白。第四种情况是，对前人的解释提出疑义，如《七国连兵》中有句"而愁劳圣人所以起也"。注曰："前人解释此句，说：愁劳正是圣人所由兴起。这种解释不一定对，也可能是说心怀忧惧的圣人所以因此而奋起。"措辞很委婉，但只须联系上下文，就不难看出，蜕老的解释更符合原意。

  以上从前言、选文、题解、注释四方面约略谈了《通鉴选》的优长，限于篇幅，许多方面如蜕老对胡注的深入研究等等都未及详述，只能留待读者诸君去自行体会了。

2015 年 5 月

前言

一 《通鉴》的性质

自从司马迁作《史记》以后，多少年来没有人敢继续再写这样一部贯串古今的通史，只有班固《汉书》以下那些断代史，仅仅保存着《史记》部分的形式，至于《史记》的贯串精神却失去了。就连形式也是勉强凑合，不甚适用的。因为《史记》有它自己的观点，它可以成一家之言，班固以下的史家，往往只能作刻板文章，不能发挥相体裁衣的妙用。所以读史的人大都感觉史书的繁重琐碎，没有头绪、没有重点、没有脉络层次，认为难以掌握。东汉末年，荀悦拿《汉书》的资料重行拆散，改编成《汉纪》一书，由八十万字缩为八万字，这才有了用编年体编成可供普通人阅读的一部书，然而内容限于西汉一朝，而且所采取的材料未免过于狭隘。

编年体的史书，有一点是确实胜过《史记》《汉书》的。这就是：叙起事来按着史事的发展层次，如同影片一般，一幕一幕映了出来，使读者可以有比较明晰的观感。特别是汉以后的史实，情事复杂，头绪纷繁，即使司马迁来编这部通史，恐怕用《史记》的办法也行不通。梁武帝曾经作过一部《通史》，完全摹仿《史记》的形式，果然就失败了，这部书从来就不曾流传过。一直到了宋朝，时在公元一〇六六年至一〇八四年，才由司马光着手来完成这种新的著作，这就是在史学上放出异彩的《资治通鉴》。

《通鉴》所包括的时代，从战国初期开始，一直到五代末年，按年叙事，一共一千三百六十二年。往上去是和《左传》相衔接的，因为《左传》最后一段叙智伯的事，而《通鉴》从魏、赵、韩初命为诸侯叙起，也正是智氏被灭的结果。虽然中间还差七十几年，事实却是一贯下来的。所以也可以说《通鉴》是继《左传》而起的一部重要史籍。

这部著作是汇合当时第一流史学家的智慧能力，费十九年不断努力的光阴而完成的。成书以后，又经许多学者钻研讨论，给后来读史的人不少便利。上面所说编年史的要求，从此可以满足了。

二 《通鉴》编集的经过

为了对《通鉴》作出正确的估价，先要明了司马光编辑本书的经过。

按照司马光的出身和学历来说，应该是读书不感困难的人。

但据他自己说，在他青年时代，许多正史连见都没有见过，即使是读过的，也不能熟。他是很喜欢读史的，尚且如此，别人更不用说了。与他同修《通鉴》的刘恕也说：当时的人只是为了学作文而读《汉书》，能够兼读《史记》及《后汉书》的已经算是博学，至于问到三国、六朝的事迹，大多数人是茫然不能回答的。司马光自己感觉读史的需要，找到一部唐人所作的《高氏小史》，虽然价值不大，已经认为相当满意。他既然深知通史之有益于实用，而需要又很迫切，所以这部《通鉴》虽然是奉英宗的诏命而作，却实在等于实现自己的志愿。他在进呈《通鉴》的表文中说：

臣性识愚鲁，学术荒疏，凡百事为皆出人下，独于前史粗尝尽力，自幼至老嗜之不厌。每患迁固以来文字繁多，自布衣之士，读之不遍，况人主日有万机，何暇周览？臣常不自揆，欲删削冗长，举撮机要，专取关国家盛衰，系民生休戚，善可为法，恶可为戒者，为编年一书，使先后有伦，精粗不杂。

书的原名是《通志》，先成战国时八卷，以后英宗采纳了他的话，叫他继续编集。神宗即位，才替它改名为《资治通鉴》，这是特别强调注重在鉴戒得失、裨益政治的意思，一般省称为

《通鉴》。

司马光的这个志愿，在当时没有帝王的赞助是达不到的。因为首先需要利用政府藏书作参考根据。他在编书的十九年期间，自己历任京外各官，职务既不繁重，生活又有保障，加以特诏许以书局自随，官虽改调，编书并不停顿。一切纸笔的费用，抄写的人工，都由政府供给。尤其重要的是助理的人选。一千三百多年的历史不是一个人所能全部精通熟习的，而况其中还牵涉些专门的学术，所以他约了刘攽担任两汉部分，刘恕担任魏、晋、南北朝部分，范祖禹担任唐、五代部分，他们都是专门的人才。特别是刘恕，关于制定体例，前后贯串等等工作，大部由他一手经理。司马光的儿子司马康也在事务上替父亲效劳。因为这是一件劳而少功、无利可图的事，所以也始终没有人来干涉破坏。上述种种条件可说是过去所不曾有过的。

《通鉴》编集的方法，也经过周密的准备。首先是年月日的考订，因为年月日的舛误必然影响记事的正确性，所以先要将每年的节气、星象、朔闰等排定，作成长历一书，这是第一步的工作，是由天文学专家刘义叟担任的。有了这个底子，才发现以前历史记载上不少矛盾参错的地方，于是分别责成各人将可能收得的一切资料分隶在每年之下，编成丛目，这是第二步。资料齐备，再将其中异同之处加以指出，重复之处加以删汰，通过考证，决定去取，编成长编，这是第三步。最后再将长编的冗长文句加以删节,润色成文,才算定稿。据说单是唐代一部长编已有六七百卷,后来删成了八十卷。这是第四步。因为在着手的时候已经有整个计画,各人尽量提出意见,最后由一人执笔,所以能一气呵成,不像别的官书往往自相矛盾。

据司马光自己说,誊抄草稿的时候,是每一段预留空行的。遇有应加或应删的,随时可以剪去,另纸粘接。古人的书多数是卷轴式,所以每四丈长成为一卷。他自己订的日课是每三天删定一卷,足见最后动笔时也还是十分精审的。有人看见过,草稿都是工楷写成,没有一笔草写,这套草稿在洛阳还保存了若干年,堆满了两间屋子。

在这样艰巨的工作中,一定发生过多次反覆的考订和激烈的辩论,是可以想象得到的。后人但看到已成之书,而不知道当日怎样广泛地搜集资料,怎样辛勤地鉴别真伪,那是很可惜。所以又把当时讨论的记录摘要编辑起来,成为《考异》三十卷。到今天还可以从《考异》中看出无论是他所采取的或所摒弃的,都有现在早已亡佚的书籍,就连这点副产物的价值也很不算小。

三 《通鉴》的优点

《通鉴》本身的优点可以约举如下:

毫无疑义,《通鉴》用编年的方法叙述,可以使人一目了然于史事的发展。但是编年体很容易形成流水帐簿式，这点流弊，作者也预料到而且极力避免了。他的心目中本来是以《左传》为模范的，《左传》的记事虽然按年排列，可是每遇大事发生，一定要清清楚楚交代前因后果，使读者知道每一件事情都不是突然发生、孑然孤立的。特别在政权分裂的时代，彼此之间更有相互影响的关系，一件史事固然要知道它的首尾，一个时代也要知道同时各处所发生的情况，这是要在编写的时候极力运用匠心，然后才能表达出来的。此其一。

编年体虽然注重的是史事，但若不明白制度的沿革和它实际运用的情况，还是不能深入了解这些史事的。在《史记》的各书和《汉书》的各志中，都有这项极重要的资料，这本不是编年记事所能包括的，但《通鉴》却能很扼要地容纳在内。此其二。

正史中还包含大部分的传记文学，特别是《史记》，次之是《汉书》，通过细致生动的刻画，将史事的内容更逼真地烘托出来。《通鉴》虽然是编年体，可是重要历史人物的描写是从不忽略的。并且还曾经利用各种资料来补充。此其三。

正史固然可靠的成分较多，然而当时人的记载，为正史所不收的，也仍有它各别的价值。特别是唐末、五代的官修正史不能认为完全，因此当时的别史杂史以及其他私人著作，《通鉴》都很广泛而且很慎重地加以运用。就以《史记》的资料来说，有时仍觉得不很充实,例如《乐毅传》就未免过于简略,《通鉴》将秦、汉人的传说补充进去不少。据《通考》引《高氏纬略》说,《通鉴》所采正史以外杂史诸书凡三百二十二家。其实正史之中,还有像王沈《魏书》、韦昭《吴书》之类是现在已佚而不全的,从此可见《通鉴》采摭的宏富,为从来所未有。此其四。

宋人修史,往往喜欢在文字上卖弄。《新五代史》以"书法"自矜,《新唐书》好妄改旧文,反致不通,都曾为后人所讥笑。即以《通鉴》所奉为矩范的《左传》而论,诚然文章是很好的了,但也有些若隐若现、奇峰突兀的地方,不够明白爽利,读者非细心不能体会。《通鉴》却是替读者着想的,叙事只是平平实实,清清楚楚,虽然大体上仍保有原来的语气和文体。至于前后映带勾勒,却比旧史更为分明。当时剪裁衬帖的工夫的确非常细密谨慎,正如一个巧妙的成衣匠,将一件破烂的衣服,重新修整一番,便焕然改观,穿起来既美观又适体。又如部伍不整的军队,一经名将手里加以号令部署,就变成精神百倍。编年史而兼具文学性,不得不推《通鉴》了。此其五。

向来史书所载文章,多半只限于奏议之类,次之则为其人所特别擅长而可以代表其身世的词赋。《史记》创了这种格式,附录的文章有时未免反多于事实。《通鉴》于有关系的大文章,所录常较正史本传更多。至于纯文学,尽管传诵古今,却都从略。而其他能反映一时风俗意识的,即使很零碎,也都从史书以外搜来，例如吕才《序葬书》、聂夷中《咏新谷》之类。可见司马光手眼所到，既远大而且该博。此其六。

宋朝人很喜欢持正闰之论，一定要说某一朝是正统的，某一朝是僭伪的。于是对于刘备，一定要算他继承汉统，对于曹操却恨不得不承认他的政权。司马光虽然也极讲究纲常名教，他对于这一点，持论却比较明达。还有，前史好讲符瑞以及神异怪诞的谬说，《通鉴》对此几乎全部削去，只有刘邦斩蛇一事，据王应麟《困学纪闻》说是偶然漏去未删的，这也是司马光卓识之一，因此为历史扫除了不少的迷信色彩。此其七。

四 《通鉴》的衍化物

在这里还应当谈一谈一些与《通鉴》有关的重要著作，以期对《通鉴》的认识可以格外清楚。

《通鉴》全书既有二百九十四卷之多，当时已经感觉普通人不容易阅读，所以附编目录三十卷，仿年表之例，提纲挈领，一目了然。读者若想知道某一年有某些重要史事，看目录就可知道大概。若想知道某件史事的详细情形，从目录再去检阅原书，也可以达到目的。但目录虽然有可以按图索骥的功用，其实还不能解决《通鉴》过于繁重的困难，所以司马光在最后又另编《稽古录》一书，凡三十卷，篇幅比《通鉴》小得多，而内容则往上推到伏羲，往下续到司马光本身的时代。揣想起来，必是有人觉得《通鉴》既难于阅读,而所包括的时代又不完全,所以另编这部书来补救,不过内容却比《通鉴》大为减色。

助修《通鉴》的刘恕也觉得《通鉴》不从上古开始一直到本身时代为可惜。因此他预备将《通鉴》以外的事实再加补充,前于《通鉴》的称"前纪",后于《通鉴》的称"后纪"。后来他害了风痹症,只将前纪撰成十卷,名曰《通鉴外纪》。他这书不用《左传》的材料,而别取其他古书荟萃而成,文简而事详,不能说无功于史学。不过若不与《尚书》《左传》合看,对读者仍然没有什么大帮助,所以这部书也在若存若亡之间。以后宋末的金履祥又矫正刘氏之失,另编《通鉴前编》十八卷,但其中虚诞的地方不少。然后才知道司马光所以不将上古史编入《通鉴》,是因为上古部分历史,传说和神话难于分清,即使勉强编成,也难以成为信史的原故。

至于将《通鉴》以后的事实继续编纂的,则有南宋李焘的《续资治通鉴长编》九百八十卷,据他自己说,义例都是本乎司马光的,"长编"二字也是根据司马光修《通鉴》时的初步名称。以个人力量,费四十年工夫做到这一步,其艰苦卓绝也是值得称赞的。原书没有刻本,到清代才从《永乐大典》中录出五百二十卷刊行。到今天还是探讨宋史的宝贵资料。

清乾隆中学术昌明,学者辈出,毕沅特别是主持风会的人,在他的领导下,曾修《续资治通鉴》二百二十卷,大致是以徐乾学的《续资治通鉴》为蓝本的。更因为他所见的书较前人广博，所以能仿司马光的前例，编成《考异》，折衷众说。但号称包括宋、元，而元的比重却占极少部分，这是因为当时元史学还没有发达，受了条件的限制。

以后续修明代事迹的，有陈鹤的《明纪》和夏燮的《明通鉴》两种，也都是以司马光为法而谨慎从事的，不过详略去取之间也不尽惬当。

《通鉴》所包括的时代不完备和卷帙过于繁重，这两点一向为读者所不满足。所以在乾隆帝命令之下，又编了《通鉴辑览》这部书，以弥补上述两种缺陷。当时编纂的人，排比去取也煞费苦心。尤其是在地名人名的注释上，使近代读者感觉便利，不过这种书除了便于初学者外，在史学、文学上都没有多大价值可言。

读《通鉴》的人另外有一种感觉，就是一件史事散见于几十年之间，必须翻遍几卷，方能贯彻一件事的首尾。于是南宋末年的袁枢又编《通鉴记事本末》一书，以《通鉴》中的重要史事归纳于二百三十九个专篇之中。在他的意思是要摆脱传统的所谓纪传和编年二体而独出心裁，自成一格。如果编制得法，那就几乎可以将《通鉴》废去了。然而这部书只是将《通鉴》原文按题拆开，重抄一遍。例如二百三十九篇之中，"秦并六国"即占一篇，几乎把从商鞅变法到始皇称帝全部词句逐条抄录在内。那么，与《通鉴》的繁重有何区别？反而不如《通鉴》在叙述秦事的时候，同时可以看清楚其他各国的动态。所以他的用意虽好，而他的学力却不能胜任，并不能达到理想的目的。

五 《通鉴》的注释

除《史记》《汉书》《后汉书》有唐以前各家的注释以外，以后各正史都是没有注的，或是有注而今不传的。《三国志》虽然有裴松之注，那只是补辑些事实，不甚解释其文字。而古书上的话有许多连唐以前的人都弄不明白，宋人读起来感觉困难的程度也和我们不相上下。至于古地名在现在什么地方，古官名在某时代是什么性质，以及所引用的成语是什么出处，这些都是读《通鉴》的人所急需知道的，所以注释是不可少的。《通鉴》行世不久，即有刘安世作音义，今已不传。南宋时又有史炤作释文。据胡三省所驳正，这是谬误甚多、极不可靠的书。胡三省是宋末元初人，他替《通鉴》作音注，非常宏博、精刻而便于实用。他的自序备载自己经历，说受了父亲的遗训，一生专精于此。开始时所著为广注九十七卷及论十篇，后来在贾似道当国时代，又受他的鼓励，从事校雠《通鉴》，著雠校凡例。宋末兵乱，失去稿本，重新买到刻本，将《考异》及《目录》中之历法天文和自己所注都附入《通鉴》本文，到公元一二八七年告成，其时宋亡已将近十年了。他的著书宗旨是供给读者便利。所以每遇一个难字，必将音义注出，不因已见前而从省。对于历代典章制度，考证尤为精详。此外《通鉴》原文所未详的也间有补充，错误也间有纠正，引用的书都注明出典。有牵涉以前事实的，必注明事见几卷几年，牵涉以后的，必注明为某事张本。异同之处，为《考异》所不载的，也有所说明。至于《通鉴》的微意有必须指出的，也摘举出来。特别在亡国败军之际，由于他自己感受的精神痛苦，不惜在题外反复致意。例如石敬瑭割让燕、云十六州一节，明明寄托他的亡国之恨，并且在这里故意留出空白，让后来人知道他所指的就是元兵灭宋的隐痛。从著作中流露浓厚的爱国思想，是值得后人崇敬的。近人陈垣著有《通鉴胡注表微》一书，阐发这一点极精辟。

试以司马氏修《通鉴》和胡氏注《通鉴》相比较。一个是生当太平盛世，身为达官，利用政府权力，广罗人才，编考文献，而后有此成就。一个是在兵荒马乱的时候，处穷乡僻壤之中（胡氏是天台人），凭仗只手来完成这样艰巨的事业，他的毅力也真可敬了。所以即使不免小小错误漏略，也绝不能淹没他的伟大功绩。（清初有个陈庆云作了一部《通鉴胡注举正》，专门纠胡氏的失误。）

与胡三省同时的，还有一个王应麟著了一部《通鉴地理通释》，将《通鉴》所载地名，一一考其异同沿革，叙述历代军事据点，尤能提纲挈领，为后来顾祖禹《读史方舆纪要》一书之祖。

六 《通鉴》的缺点

《通鉴》有没有缺点呢？当然有的。

最重要的有两点：一是主观见解过于浓厚。司马光当宋神宗变法之际，代表着保守势力和王安石立于反对地位，他的保守意识非常强烈，所以在《通鉴》的编纂中，一贯设法表现所谓王道政治的主张。任何急进的改革、进步的措施、积极的事业，总是不以为然的，在字里行间，往往流露他的这种意识，这一点在胡三省的自序中也曾经提到。就战国时代而论，在商鞅变法与赵武灵王胡服骑射两件事中，主张改革的言论甚多，有几处重要的都被司马光删去。总而言之，司马光是拥护君权的，是主张维持现状的，主要目的在规劝君主不要变法，不要生事，只要用有德的人，不要用有才的人，这是他一生的偏见。

另外一点是过于轻视文人，这一点前人也已经指出，《日知录》载李因笃的话说：像屈原这样重要的人，居然一字不提。而且关于谏止怀王的话，只采《战国策》归于昭睢，而不采《史记》归于屈原。杜甫的地位也不为不重要，假如不是"出师未捷身先死"一句诗在王叔文口中念诵过，连姓名也不能在《通鉴》中发现。顾炎武却替司马光辩护，认为《通鉴》本来是"资治"的，何暇录及文人？固然文人可以不录，但是明明与政治有重要关系的，如何可以凭主观一概加以排斥呢？

批评《通鉴》的话，最早出于刘恕的儿子刘羲仲。他提出八点，最重要的有下列五点：①个人的事迹无关政治的，《通鉴》照例不载，而独载薛包、茅容的事迹，屈原反而不载。②荀子、孟子书中的话既然被采录，这两个人的事迹却不备载。③不书符瑞而书高祖斩蛇。④不书褒贬过分之事而载荀淑比黄宪于颜回的话。⑤不书传疑之事，而载魏冯太后鸩杀显祖。这足见《通鉴》问世以后，已经有人提出不同的意见。在南宋一朝，纠正《通鉴》的，据我们现在所熟知的书中，有洪迈《容斋随笔》及王应麟《困学纪闻》两种。到了清初，顾炎武在《日知录》中订正《通鉴》及胡注错误的有数十条之多。但这些还都并不是专门替《通鉴》作补救工夫的。

真正够得上作《通鉴》及胡注功臣的只有一个人，这个人的名字反而不显，在钱大昕《潜研堂文集》中有一篇《严衍传》，据说严氏是万历时嘉定的一个诸生。他认为"温公著书，意在资治。故朝章国政述之独详，而家乘世谱纪之或略；其于人也，显荣者多而遗逸则略，方正者多而节侠或略，丈夫者多而妇女则略"。于是援引正史及他书以补之，或补为正文，或补为分注。而分注之中又包含三种：一是补充事实的附录，一是补充考异的备考，一是补充胡注的补注。严氏有个同志谈允厚帮了他不少的忙,谈氏又指出《通鉴》的毛病有下列几点:一是有首无尾,二是有尾无首,三是一事两次记载,四是一人误分作两人,五是两人误合作一人,六是因叙述不明而颠倒事实,七是月日的错误。至于胡注的最大错误在于没有看出《通鉴》的误字脱字,而任意为之解说。他这种锐利的批评,虽古人复起,恐怕也无词以对。

严氏的原稿因为卷帙太繁,刊行不易,沉埋了多少年,不能问世。道光中张敦仁氏想了一个简便的办法,专取所补正的各条抽出,并且加以压缩单行,而不附在《通鉴》原文之内。这部书就名为《通鉴补正略》。虽然对于严氏也不为无功,但是严氏原著的精神面目未免有了损失。嘉、道中江南的名史学家李兆洛氏对于严氏原著之不能刊行极为惋惜,后来虽有江夏童氏将严著全部排印成书,武进盛氏继之刊板行世。然而始终流传得不广,没有得到应有的重视,这是一件可惜的事。

如果将严著细细探讨,就知道读《通鉴》而无严著辅助,仍然存在着很多缺点。严氏之补《通鉴》,并不是矜奇炫博而广搜《通鉴》以外的资料来充实其内容。他的用意是将《通鉴》所不应遗漏而遗漏的地方指出,根据原资料补充完整。往往虽只补一二字,若与《通鉴》原文相对勘,就知道《通鉴》原文不是有误字,就是有脱字,或虽无脱误而意义不完整。这些往往是在读《通鉴》时所不及觉察的。在钱大昕氏的《严衍传》

里举出《通鉴》的严重缺点,有些的确不能诿过于传写传刻之误,而实在是由于编书时之率臆妄改。尤其是卷一百七十三一例:周宣帝问郑译曰:"我脚杖痕谁所为也?"译曰:"事由乌丸轨、宇文孝伯。"因言轨捋须事。本来句读应该是这样的,而胡三省误以宇文孝伯属下句读,因而造成可疑的事实。在这里不但《通鉴》行文有欠妥之处,胡氏又不加详察而曲为之说,更不能不承认应当有一部细心纠正的书。

总之,《通鉴》所采用的旧史,经过剪裁以后,有本不误而误改的,有本误而未改的,有意义不明至今还成为疑问的。不但胡氏未经一一看出,即后人专治《通鉴》之学者也并不能发觉解决这些问题。即以近人章氏所校而论,自称校出脱误在万字以上,写出校记七千余条,可谓用力甚勤。然而他所作的工夫还只是用《通鉴》各种版本参校,并不曾上溯《通鉴》所采的来源而追问其异同得失,将其中事实或语意乖戾不合之处举出,以免贻后人以迷惑。这样说来,今后对于《通鉴》这部书,还有不少应当进一步的工作,过去这些成就不能尽满今天的要求。

但是有一点,我们不可不知道,无论写书刻书,一点一画的小不经意,就可以铸成大错。既已错误,即不容易发觉。像这样大部头的书,看一遍尚且不容易,又怎能一字一句去校对而保证其不误呢?编书的人又怎能完全负这种责任呢?何况纠正的人是否经得起考验,不再为后人所纠正,也很难说。所以前人之误原有待于后人的补救,这是著书通例,不足以为前人之累的。

七 本编的意图

与《通鉴》有关的种种已经谈得不少了。现在古籍出版社已经有新印的标点本《通鉴》出而问世,读者如果要对《通鉴》有更亲切的认识,看了这部《通鉴》,较之从前那些版本,一定觉得方便得多。

至于我们的这部《通鉴选》,则既不是打算作《通鉴》的整理工作,也并不是企图作为《通鉴》的节本。不过是选取文学艺术性较强的若干篇,将这若干篇的编年事实尽量联贯起来,使读者从问题的发展,领略到《通鉴》作者贯串勾勒的技巧,从而学习记事文的作法。

《通鉴》中可以供人欣赏不厌的文章实在不少,要充分地选来,不是一册书所能容纳的,这里只作重点的抉择。现在所选的是二十篇。以这二十篇来作代表,显然是不够的。不过编选的时候,一方面顾到时代的分配,一方面也顾到问题性质的分配。所以战国、两汉、三国、魏、晋、南北朝、隋、唐、五代几个时期都有所涉及,而汉、唐特别多选一点。至于问题的性质,虽然大部分着重于关键性的历史事件,同时也注意到社会活动状态，以及建设事业、政治制度的叙述，其中《赵充国屯田》《贾让治河三策》《党锢》《杨炎与刘晏》这几篇就是例子。

尽管极力想做到比较合理的编选，还是很多不能尽如人意的地方。其所以在编选时感到许多困难，有下列几个原因：

第一，一件史事或一个问题，往往在十几年或几十年的编年史中连绵断续出现。而连绵断续之中又有些旁见侧出的地方。我们现在必需就《通鉴》所已经剪裁贯串过的，再加一番剪裁贯串，这当然不是简单的工作。去取之间，就很难恰到好处。

第二，课题的性质不同，复杂的程度也就不同。十分复杂的，就不能不占较庞大的篇幅。固然已经力求减缩，但是如果专求文字之精简，却妨碍了文章的畅达，因而失去了说明问题的作用，那又是得不偿失的。

第三，无论从文学的角度来看，或是从史事的重要性来看，当然还有很多应当入选的，我们在现在的篇幅范围以内，也不是不可以增加选题而减少每篇的字数。但是我们不能这样做，就是因为《通鉴》中有某些章节，只是零星散漫的，而不是综合叙述的，即如王莽改制、永嘉南渡这类的课题，我们既不能用纪事本末体，逐条汇抄，又不能单挑出某一段来，作为一个单元。所以在本书内就无法容纳。

或者有人要问：既然所选的是文学艺术性较强的若干篇，那么，像《项羽巨鹿之战》，像《苏武与李陵》，像《张巡守睢阳》,不都是淋漓痛快、可歌可泣的文章,也是首尾完具的文章吗?为什么不入选呢?原因是:这些都是完全从《史记》《汉书》韩文中取材的,读者可以从那些书里直接看到,并且又是读者所相当熟习的,也是一般选本里常常选录的。为避免重复浪费计,所以尽量想介绍些新的内容,是《通鉴》以外所不容易见到的,希望这样保持一部书的独立性。

此外还有关于编辑的体例,也要指出几点。

(一)本书所采录的原文,只有整段的删节,至于一段之中,却不再零星删节,以免失去原文精神。

(二)关于《通鉴》的版本问题,古籍出版社新印的《通鉴》前面已经有扼要的说明,所以不再赘述。本书所采用的,以通行的胡刻为主,只有别的本子确实胜于胡刻而又可靠的少数地方,才加以变通。这只能概括说明,无法逐条举出。至于古字可以从今体者,即从今体,如亡即作无、彊即作强之类。以期适合今天读者的习惯。

(三)标点和分段绝大部分是与古籍出版社新印的《通鉴》相符合的,但也有少数地方,为了更清楚、更简单起见,微有出入。

(四)注释方面,不完全注重字及词的解说。按编者的意见,认为主要还在于把一句或者一段话的意思阐明出来。所以特别注意的是两种情况,一种是时势的背景,一种是古文字用法与后来不同的地方。希望这样对于读者多有帮助,不过挂漏之处一定很多罢了。另外一点,是注释的分量先多后少,先详后略,一来因为时代较晚、文字较为明顺,二来因为读者也一定逐步地习惯,自然也就可以逐步地减少说明的必要。至于地名、人名、典故,都以说明大概为主,不涉考证,以期简便。

在检查全稿以后,觉得还有几句括要说一说。《通鉴》这部书问世以后,据说当时只有王胜之一个人是从头到尾看过一遍的。看一遍尚且如此之难,著作者的困难也就可想而知了,尽管有胡三省以下不少学者在这里面用工夫,还是有不少未经解决,并且未经发觉的问题。既然《通鉴》本身的整理还没有做到,今天就企图将《通鉴》简单地介绍出来,未免有点胆大。即使只是简单的介绍,率尔操觚之咎总是无可辞的。即以注释一端而论,有应注而未注的,有不必注而注的,有已注而不妨再注的,有不必重见的,有不应注于此而应注于彼的。个人的看法未必尽合读者的要求。至于因疏忽而造成的错误,更所不免。不过编者所硁硁自守的是不敢强作解人。《通鉴》及胡注有可疑的地方,不问前人曾否指出,都提出来作为不能解决的问题,至少是编者一时未能明了的问题。总之,这虽是一部简单的读物,也需要十分慎重,谨在此恳求当世贤达多予指教,扩我见闻,不胜感荷。

一九五六年国庆节后三日

正在张仪连横的时代，燕国发生内乱，齐国乘机以伐平内乱为名，伐燕几致亡国。……燕昭王即位以后，任用乐毅等贤才，励精图治，燕国终于复兴。经二十余年之后，乘齐湣王骄恣失去人心，将齐国又加以覆灭。在破齐的战役中，乐毅在政治军事上表现了卓越的眼光和手腕，结果为燕国新王所忌，仅仅身免遭祸，功业却不能完成了。同时也由于齐国出了一个同样杰出的领导人物田单，运用他的智谋，将一个残破的齐国从敌军手里完全解放出来。这是战国中叶发生在东方的一件大事，为后人所称颂。特别是乐毅，晋朝的夏侯玄作了一篇《乐毅论》，阐明乐毅的本心不是为一国的君主服务的，而是有志于更远大的事业。在他不肯专恃武力攻取两城这一点上可以得到证明。魏晋以至唐人总是以乐毅与管仲并称的。

——《通鉴选·乐毅与田单》

从公元二二一年刘备称帝起，到二三四年诸葛亮的病卒，蜀汉一直维持小康的局面，并且不断努力向中原发展。后来继任的人就只能兢兢自保而已。及至二五三年，姜维独掌军权，重复进行北伐。但是此时内政已经大不如前，国力也消耗将尽了。魏国在司马昭执政之下，窥破这种内容，就大胆地出兵向蜀进攻，突破了剑阁的天险，摧枯拉朽一般把诸葛亮辛勤缔造的蜀汉覆灭了。在历史上，由秦灭蜀，以战国时代司马错领导的为第一次，这是第二次。

当时统兵伐蜀的将帅钟会、邓艾等人心理上的矛盾造成了一种离奇变幻的局面，蜀虽灭亡，邓艾却吃了钟会的暗算而成为阶下囚。司马昭又窥破钟会拥曹（魏室）反马的内心，又在后面做"黄雀捕螳螂"的准备。姜维又利用这班人的矛盾冲突，希图造成一次突发的事变，将北军一网打尽，使蜀汉亡而复存。却不料彼此钩心斗角的结果，钟会、邓艾、姜维三个人都牺牲了生命，便宜了司马昭坐享其成，这是一次极富于戏剧性的历史事件。

《通鉴》这篇记载，将几个人的个性都暴露无遗，例如刘禅的庸懦无能，司马昭的权诈百出，姜维的智勇深沉，邓艾的粗鲁朴实，都是很突出的。写来都很有声色。

——《通鉴选·蜀汉之亡》

在这场滔天大祸之中，南朝纸醉金迷的酣梦被打断了。东西南北的人互相奔窜，家室流亡，文物残破。全中国都起了变化。关中得了渔人之利，逐步伸张势力到南方，形成汉、胡、南、北的交流，为后来的隋、唐文化奠下了基础。永嘉南渡以后的世家传统起了动摇，而南方浙、闽、赣、广的人渐渐抬头向北发展。新兴的陈霸先就是一个代表。这一时期中出现了两篇史料性的文艺作品，一是庾信的《哀江南赋》，一是颜之推的《观我生赋》。这两个作者，一是由梁入周的（周就是西魏的后身），一是由梁入齐的（齐就是东魏的后身）。他们亲身的经历，把这一动荡的局面从时间空间两方面都观察透了。尤其是《哀江南赋》写得最有声有色，可歌可泣，与《通鉴》这一篇记载正好参看。

——《通鉴选·侯景之乱》

目 录

魏文侯与吴起 ………………………………… 1
乐毅与田单 …………………………………… 12
赵武灵王胡服骑射 …………………………… 29
七国连兵 ……………………………………… 36
张骞通西域 …………………………………… 46
赵充国屯田 …………………………………… 62
贾让治河三策 ………………………………… 79
班超出使西域 ………………………………… 86
党锢 …………………………………………… 97
赤壁之战 ……………………………………… 125
蜀汉之亡 ……………………………………… 137
肥水之战 ……………………………………… 157
刘裕北伐 ……………………………………… 170
魏孝文帝迁都 ………………………………… 195

侯景之乱……………………………………… 207
隋文帝平陈……………………………………… 239
天宝长安之乱…………………………………… 258
杨炎与刘晏……………………………………… 277
陆贽论政………………………………………… 287
契丹灭后晋……………………………………… 304

魏文侯与吴起

在战国时代，各国的统治者极力想巩固和扩张自己的权力，因此，需要罗致各方面的人才，而这些人才也的确对当时的政治起了相当作用。

魏文侯是战国初期一个比较开明的君主。在这篇纪载里，第一节说他对一个普通官吏都不肯失信。第二节说他不肯无故侵犯邻国。第三节说他肯听直言。第四节说田子方劝他不要留心小事，要留心用人的大事。第五节说田子方表明"士"可以看不起统治者，而统治者却不能看不起"士"。第六节说李克阐明鉴别人才的方法。第七节说李克强调推荐第一流人才和先公后私的重要性。以上是第一段。

以下第二段是关于吴起的事。第八节说吴起个人是急于功名富贵的，但是不失为一个名将。第九节说吴起做戒魏武侯要团结内部，不可专恃天然地形的保障。第十节说吴起自己表明自己的能力和功劳，可以当军事、内政、外交种种重任，只是在魏国还没有取得相当的资望。第十一节说吴起毕竟受了魏国贵族的谗害,到了楚国,又替楚国建了一番功业。第十二节说吴起还是受了楚国贵族的攻击而被牺牲。这篇纪载的内容颇为丰富。

《通鉴》是从周威烈王二十三年(公元前四○三),命晋大夫魏斯、赵籍、韩虔为诸侯这件事开始的。以后这三国(当时往往称为三晋)就在现在河北、山西、河南三省地区扩张势力,与原有的齐、楚、燕三国,总称关东六国,与关中的秦相抗,到秦始皇之统一,共历一百七十二年。是为战国时期。在战国初期,三晋之中魏的区域最大,西面还跨过黄河,占有陕西一部分地区,东面可以达到河南东部。但是以后秦国强盛,首先受到攻击的就是魏国,因此才削弱下来。

一

1 魏文侯以卜子夏[1]、田子方为师,每过段干木之庐必式[2],四方贤士多归之。文侯与群臣饮酒乐,而天雨,命驾将适野。左右曰:"今日饮酒乐,天又雨,君将安之?"文侯曰:"吾与虞人[3]期猎,虽乐,岂可无一会期哉?"乃往身自罢之[4]。 周威烈王二十三年(前四○三)

[1]卜商字子夏,是孔子弟子之一。但这时离孔子的死已经

七十年，未必弟子还能生存，这是前人一直认为可疑的事。［2］式本是车上的横木，古人乘车，是站在车上的，行敬礼的时候，向横木上俯身一靠，这个动作就称为"式"。［3］虞人是管山林禽兽的官。［4］意思是说：已经和虞人约定，怎能不去一趟？于是亲自去说明取消打猎的事。

2 韩借师于魏以伐赵，文侯曰："寡人与赵兄弟也，不敢闻命。"赵借师于魏以伐韩，文侯应之亦然。二国皆怒而去。已而知文侯以讲[1]于己也，皆朝于魏，魏于是始大于三晋[2]，诸侯莫能与之争。

［1］讲是劝和的意思。［2］韩、赵、魏都是从晋国分出来的，因此叫作三晋，成为兄弟之国。这是说魏文侯以忠信待人，以和平相处，博得别国的拥护，加强了领导地位。

3 使乐羊伐中山[1]克之，以封其子击。文侯问于群臣曰："我何如主？"皆曰："仁君。"任座曰："君得中山，不以封君之弟而以封君之子，何谓仁君？"文侯怒，任座趋出。次问翟璜[2]。对曰："仁君。"文侯曰："何以知之？"对曰："臣闻君仁则臣直，向者[3]任座之言直，臣是以知之。"文侯悦，使翟璜召任座而反之，亲下堂迎之，以为上客。

3

［1］中山是一个古国名，现在河北定县一带。［2］翟姓读若则，音责，但亦可读若狄，音笛。［3］向者就是从前的意思，因而引申为刚才的意思。

4 文侯与田子方饮，文侯曰："钟声不比乎！左高[1]。"田子方笑。文侯曰："何笑？"子方曰："臣闻之，君明乐官，不明乐音[2]。今君审于音，臣恐其聋于官也[3]。"文侯曰："善。"

［1］意思说："钟的音调不协调吧，左边太高了一点。"古时的编钟是八架钟悬在一排的。［2］君所应当知道的是管乐的人是否称职，却不是乐的音律是否正确。［3］这段话的意思是说：作君主的不应当注意小事，只要把专门事务交给专门的人才去办。如果在小事上注意，大事就恐怕忽略了。

5 子击出，遭田子方于道，下车伏谒。子方不为礼[1]。子击怒，谓子方曰："富贵者骄人乎？贫贱者骄人乎？"子方曰："亦贫贱者骄人耳，富贵者安敢骄人？国君而骄人则失其国，大夫而骄人则失其家。失其国者，未闻有以国待之者也；失其家者，未闻有以家待之者也[2]。夫士贫贱者，言不用，行不合，则纳履而去耳[3]，安往而不得贫贱哉[4]？"子击乃谢之[5]。

[1]子击是魏文侯的儿子，他自以为这样恭敬田子方，总可以了，田子方应该是不敢当的，不料田子方直受不辞。 [2]意思说：失掉自己的国就再没有国了，失掉自己的家就再没有家了。 [3]纳履是把鞋子穿好。 [4]意思说：贫贱无非还是贫贱，即使离开这里，也没有什么损失。 [5]古人说谢，就是道歉的意思。

6 文侯谓李克曰："先生尝有言曰：'家贫思良妻，国乱思良相。'今所置非成则璜，二子何如[1]？"对曰："卑不谋尊，疏不谋戚。臣在阙门之外，不敢当命[2]。"文侯曰："先生临事勿让。"克曰："君弗察故也。居视其所亲，富视其所与，达视其所举，穷视其所不为，贫视其所不取，五者足以定之矣[3]。何待克哉？"文侯曰："先生就舍，吾之相定矣[4]。"

[1]意思说：有宰相资格的，不是魏成，就是翟璜，这两个人哪个好些？ [2]意思说：我是疏远的人，不敢预闻这种事。 [3]意思说：平常时候，看他所亲厚的是什么人；发财的时候，看他所施与的是什么人；任大事的时候，看他所推荐的是什么人；不得意的

时候，看什么是他所不肯做的事；穷苦的时候，看什么是他所不肯要的钱。拿这五项作为对人评价的标准。［4］就舍是请回寓所。

7 李克出，见翟璜，翟璜曰："今者闻君召先生而卜相，果谁为之？"克曰："魏成。"翟璜忿然作色曰："西河守吴起[1]，臣所进也。君内以邺为忧[2]，臣进西门豹。君欲伐中山，臣进乐羊。中山已拔，无使守之，臣进先生。君之子无傅，臣进屈侯鲋。以耳目之所睹记，臣何负于魏成[3]？"李克曰："子言克于子之君者，岂将比周[4]以求大官哉？君问相于克，克之对如是。所以知君之必相魏成者，魏成食禄千钟[5]，什九在外，什一在内[6]，是以东得卜子夏、田子方、段干木。此三人者君皆师之。子所进五人者，君皆臣之。子恶[7]得与魏成比也[8]？"翟璜逡巡[9]再拜曰："璜鄙人也[10]，失对，愿卒为弟子[11]。"

［1］魏国在黄河西岸的领土叫西河，守是地方官。［2］邺是现在河南省临漳一带。［3］意思说：大家所知道的事，哪一样我不如魏成？［4］比周是结成小集团营谋私利的意思。［5］钟是量名，六十四斛为一钟。［6］意思说：十分之九的俸禄都是为国家的事用去的，在个人身上的只占十分之一。［7］恶即何字之义，读如乌平声，音屋。［8］意思说：那三个人非施以极端隆重的待

遇是不肯来的,这五个人虽然有能力,可是可以当作臣子来差遣的。你怎能比得上魏成?〔9〕逡巡是惶恐退避的意思。〔10〕鄙人是乡下的粗人。〔11〕这句话的意思是说:我愿意从此以后永远拜你作老师。

二

8 吴起者,卫人,仕于鲁。齐人伐鲁,鲁人欲以为将。起取齐女为妻,鲁人疑之,起杀妻以求将,大破齐师。或谮之鲁侯曰:"起始事曾参,母死不奔丧,曾参绝之[1]。今又杀妻以求为君将。起,残忍薄行人也。且以鲁国区区,而有胜敌之名,则诸侯图鲁矣[2]。"起恐得罪,闻魏文侯贤,乃往归之。文侯问诸李克,李克曰:"起贪而好色,然用兵,司马穰苴弗能过也[3]。"于是文侯以为将,击秦,拔五城。起之为将,与士卒最下者同衣食,卧不设席,行不骑乘,亲裹赢粮[4],与士卒分劳苦。卒有病疽者,起为吮之。卒母闻而哭之。人曰:"子,卒也,而将军自吮其疽,何哭为?"母曰:"非然也。往年吴公吮其父疽,其父战不旋踵[5],遂死于敌。吴公今又吮其子,妾不知其死所矣。是以哭之[6]。" 以上均威烈王二十三年

〔1〕据《史记》说:吴起为了要做官,把千金家产都弄得精光,同乡人都讥笑他,他把讥笑的人杀掉三十几个,自己就逃走了。临

走的时候,对他母亲赌了个咒,说:如果做不到大官,决不再回卫国。以后他跟着孔子的弟子曾参。不久他母亲死了,为了赌过咒,竟不回去。曾参是最讲究孝道的人,大不以为然,从此拒绝他,不叫他上门了。但按年代来说,吴起曾师事曾参一说是可疑的。 [2]意思说:鲁国是个小国,居然能打败大国,别的国家就会群起而攻的。

[3]司马是官名,穰苴是人名。《史记》有传,相传是春秋时代齐国的名将,有兵法传于后世。穰音瓤,苴音居。 [4]四字据旧注是亲裹士卒所担之粮。赢,担也。 [5]战不旋踵,是死战不退的意思。踵是脚后跟,不旋踵就是脚跟也不转一转。 [6]意思说:"将军这样爱护兵士,兵士怎能不舍命来报答呢?从前我丈夫就是这样战死的,现在我儿子又将以死报答将军了。"

9 魏文侯薨,太子击立,是为武侯。武侯浮西河[1]而下,中流,顾谓吴起曰:"美哉!山河之固[2],此魏国之宝也。"对曰:"在德不在险。昔三苗氏[3]左洞庭,右彭蠡[4],德义不修,禹灭之。夏桀之居[5],左河济,右泰华[6],伊阙[7]在其南,羊肠[8]在其北,修政不仁,汤放之。商纣之国[9],左孟门[10],右太行,常山[11]在其北,大河经其南,修政不德,武王杀之。由此观之,在德不在险。若君不修德,舟中之人皆敌国也[12]。"武侯曰:"善。"安王十五年(前三八七)

[1]黄河从河套下来分开陕西、山西两省，河流从北而南，正当山西的西面，所以晋国人叫这一段黄河作西河。当时魏国的国土还有一部分在黄河西岸。　[2]意思是说山河都是魏国的天然保障。山指太行山。　[3]三苗大约在现在湖南、江西境内。　[4]彭蠡相传即鄱阳湖。　[5]桀都于安邑，在山西省安邑县。　[6]泰华即指华山。　[7]伊阙在洛阳。　[8]羊肠阪在山西壶关。　[9]纣都于朝歌，在河南省淇县。　[10]孟门一般是指龙门的北口，正当黄河险处，此处孟门是指太行山东另一地名。　[11]常山即恒山，在河北省曲阳县境。　[12]意思说：如果不修德，自己国内的人也会起来反抗君主的，不但是敌人。

　　10 魏置相，相田文。吴起不悦，谓田文曰："请与子论功可乎？"田文曰："可。"起曰："将三军，使士卒乐死，敌国不敢谋，子孰与起[1]？"文曰："不如子。"起曰："治百官，亲万民，实府库，子孰与起？"文曰："不如子。"起曰："守西河，秦兵不敢东向，韩、赵宾从[2]，子孰与起？"文曰："不如子。"起曰："此三者，子皆出吾下，而位加吾上，何也？"文曰："主少国疑，大臣未附，百姓不信，方是之时，属之子乎，属之我乎[3]？"起默然良久曰："属之子矣。"

　　[1]子孰与起，是说你比起我来何如。　[2]宾从即服从。

［3］意思是说：在国内主持大计的责任，你能担得起吗？大概吴起虽然有功，而在魏国的关系和资格都还浅，所以不能达到作宰相的目的。

11 久之，魏相公叔尚主[1]而害吴起[2]，公叔之仆曰："起易去也。起为人刚劲自喜，子先言于君曰：'吴起，贤人也，而君之国小，臣恐起之无留心也。君盍试延以女，起无留心，则必辞矣。'子因与起归而使公主辱子，起见公主之贱子也，必辞，则子之计中矣[3]。"公叔从之，吴起果辞公主。魏武侯疑之而未信，起惧诛，遂奔楚。楚悼王素闻其贤，至则任之为相。起明法审令，捐不急之官[4]，废公族疏远者，以抚养战斗之士，要在强兵，破游说之言从横者[5]。于是南平百越[6]，北却三晋，西伐秦。诸侯皆患楚之强，而楚之贵戚大臣多怨吴起者。以上均安王十五年

［1］主是公主，国王之女称公主，初见于此。尚是下级的人和上级的人结婚，后世就称娶公主为尚主。 ［2］害是妒忌的意思。
［3］这番话的意思是说："您不妨对国君说：'吴起这样的大才，我们一个小国是容纳不下的，我看他未必肯长住下去。您何不假说要招他作女婿，他若推辞，就证明他是不想长住下去了。'这话说过以后，您再和吴起一同到家，故意让公主辱骂您一顿，吴起看

见公主这样看不起丈夫，他决不敢娶公主。这样一来，就中了您的计了。"［4］省去不必要的官职。　［5］从横是指外交手段，后来苏秦、张仪的合从连横大概这时已经在酝酿中了。从横即纵横。

［6］越的种族很多，所以称为百越。

12 楚悼王薨，贵戚大臣作乱，攻吴起；起走之王尸而伏之。击起之徒，因射刺起，并中王尸。既葬，肃王即位，使令尹尽诛为乱者[1]。坐起夷宗者七十余家[2]。安王二十一年(前三八一)

［1］令尹是楚国的执政官。　［2］为吴起的事件而全家处死的有七十多家。

乐毅与田单

正在张仪连横的时代，燕国发生内乱，齐国乘机以伐平内乱为名，伐燕几致亡国。（此事《孟子》书以为齐宣王事，《史记》以为齐湣王事，《通鉴》折衷两说，古今学者于此多所争论。）燕昭王即位以后，任用乐毅等贤才，励精图治，燕国终于复兴。经二十余年之后，乘齐湣王骄恣失去人心，将齐国又加以覆灭。在破齐的战役中，乐毅在政治军事上表现了超越的眼光和手腕，结果为燕国新王所忌，仅仅身免遭祸，功业却不能完成了。同时也由于齐国出了一个同样杰出的领导人物田单，运用他的智谋，将一个残破的齐国从敌军手里完全解放出来。这是战国中叶发生在东方的一件大事，为后人所称颂。特别是乐毅，晋朝的夏侯玄作了一篇《乐毅论》，阐明乐毅的本心不是为一国的君主服务的，而是有志于更远大的事业。在他不肯专恃武力攻取两城这一点上可以得到证明。魏晋以至唐人总是以乐毅与管仲并称的。

《通鉴》对于这件事记载特别详尽，第一节叙燕王哙有完全委任贤才治国的决心。第二节叙燕太子不服，因而两党相争，齐国得以作干涉燕国内乱的藉口。第三节叙昭王一心招来贤才，与秦孝公宗旨相似（这时离秦孝公即位已五十年）。第四节叙齐湣王尽力侵略，引起众怒。第五节叙燕国联合各国伐齐。第六节叙乐毅宗旨不仅是为燕国扩充领土，也极力想缓和齐国人民的敌视心理。第七节叙齐湣王被杀。第八节叙乐毅对齐国的政治措施。第九节叙齐襄王继立。第十节叙田单以即墨为根据地。第十一节叙乐毅不肯对最后两城使用压力。第十二节叙燕昭王用人的手段，以及乐毅的不图个人富贵。第十三节叙燕惠王信谗而乐毅去职。第十四节叙田单复兴齐国。第十五节叙乐毅对燕惠王表明心迹。第十六节叙齐襄王对田单也几乎有和燕惠王对乐毅同样的结果。第十七节叙田单晚年的情况。

　　关于这项历史事件的记载，《通鉴》是融合很多史料而成的，远较《史记》本传为丰富生动。因此特别可以看出《通鉴》的作者具有怎样高度的组织能力。

　　1　苏秦既死，秦弟代、厉亦以游说显于诸侯。燕相子之与苏代婚，欲得燕权。苏代使于齐而还，燕王哙问曰："齐王其霸乎！"对曰："不能。"王曰："何故？"对曰："不信其臣。"于是燕王专任子之[1]。鹿毛寿谓燕王曰："人之谓尧贤者，以

13

其能让天下也，今王以国让子之，是王与尧同名也。"燕王因属国于子之，子之大重[2]。或曰："禹荐益而以启人为吏，及老而以启为不足任天下，传之于益，启与交党攻益夺之。天下谓禹名传天下于益而实令启自取之。今王言属国于子之，而吏无非太子人者，是名属子之而实太子用事也[3]。"王因收印绶，自三百石吏以上[4]，而效之子之。子之南面行王事[5]，而呤老，不听政，顾[6]为臣，国事皆决于子之。 周慎靓王五年（前三一六）

[1]以上是说子之利用苏代去骗燕王，使之得以专权。[2]以上鹿毛寿进一步说动燕王让国于子之，而子之的权势更重。[3]以上另外一个人劝燕王把太子的用人权也夺去归子之。这人引古事，说禹名为传天下与益，实际上还是让自己的儿子启去夺过来。与孟子的说法大不同。可见战国时代对古史的传说是很纷乱的。[4]依秦汉的制度，官吏的等级是按每年所得禄米计的。三百石是第十等。这样说来，战国时代已经有这种名称了。[5]行王事是代行国王的职权。[6]顾，反也。

2 燕子之为王三年，国内大乱，将军市被与太子平谋攻子之。齐王令人谓太子曰："寡人闻太子将饬君臣之义，明父子之位[1]，寡人之国，唯太子所以令之[2]。"太子因要党聚众[3]，

14

使市被攻子之,不克。市被反攻太子。构难数月,死者数万人,百姓恫恐[4]。齐王令章子将五都之兵[5],因北地之众以伐燕[6]。燕士卒不战,城门不闭。齐人取子之醢之[7],遂杀燕王哙。 赧王元年(前三一四)

[1]意思是听说太子将要重整朝纲,君仍为君,臣仍为臣,太子仍将继承君父之位。也就是说诛讨子之,使燕王复位。 [2]意思说:"我以全国力量作你的后援。" [3]要是要结的意思。 [4]恫,痛也,恐字似当作怨字。这时已经成为一场混斗,百姓跟在里面被牺牲,并没有一定目标,死的人达到几万之多,所以都不赞成延长战事,齐兵才能长驱直入。若作怨字,方与下文"士卒不战,城门不闭"的话相应。 [5]五都之兵也许就是苏秦所谓"五家之兵",或若齐国有这种军号。 [6]北地之众大概是指齐国的北境,也就是燕国的南境。 [7]醢是剁成肉酱。

3 燕人共立太子平,是为昭王。昭王于破燕之后,吊死问孤,与百姓同甘苦,卑身厚币以招贤者,谓郭隗曰:"齐因孤之国乱而袭破燕;孤极知燕小力少,不足以报。然诚得贤士与共国,以雪先王之耻,孤之愿也。先生视可者得身事之[1]。"郭隗曰:"古之人君有以千金使涓人[2]求千里马者,马已死,买其首五百金而返。君大怒,涓人曰:'死马且买之,况生者乎?

马今至矣[3]。'不期年[4]，千里之马至者三。今王必欲致士，先从隗始，况贤于隗者，岂远千里哉？"于是昭王为隗改筑宫而师事之，于是士争趣燕[5]，乐毅自魏往，剧辛自赵往。昭王以乐毅为亚卿[6]，任以国政。赧王三年（前三一二）

[1]意思说：你看有什么人可以算得贤士的，我愿意亲身奉养他。　[2]涓人是在左右供洒扫的人，转为亲信的人的意思。　[3]马今至矣是说马就都会来了。　[4]期年是一周年。　[5]趣是奔向的意思。　[6]亚卿是副相的意思。

4 齐湣王[1]既灭宋而骄[2]，乃南侵楚，西侵三晋，欲并二周[3]，为天子。狐咺正议，斫[4]之檀衢[5]，陈举直言，杀之东闾[6]。燕昭王日夜抚循其人，益为富实，乃与乐毅谋伐齐。乐毅曰："齐，霸国之余业也，地大人众，未易独攻也。王必欲伐之，莫如约赵及楚、魏。"于是使乐毅约赵，别使使者连楚、魏，且令赵嚪秦以伐齐之利[7]。诸侯害齐王之骄暴[8]，皆争合谋与燕伐齐。赧王三十年（前二八五）

[1]湣音敏。　[2]宋康王也是个狂妄的人，宋国人也不拥护他，所以齐湣王很容易把他灭了。　[3]二周指当时分立的东周、西周。　[4]斫，斩也。　[5]檀衢是齐国都城里一个街名。　[6]东闾

是齐国都城的东门。［7］嚼即啗字，音旦，引诱的意思。［8］害是畏而且恶的意思。

5 三十一年，燕王悉起兵，以乐毅为上将军。秦尉[1]斯离帅[2]师与三晋之师会之。赵王以相国印授乐毅[3]。乐毅并将秦、魏、韩、赵之兵以伐齐。齐湣王悉国中之众以拒之，战于济西，齐师大败。乐毅还秦、韩之师[4]，分魏师以略宋地[5]，部赵师以收河间[6]，身率燕师长驱逐北[7]。

［1］尉是秦国官名，等于将军。［2］帅即率字。［3］战国时代以别国人作宰相，仅居名义不任实职的，是常有的事，苏秦并相六国，就是一个前例。［4］因为秦、韩两国最远，所以先将它们的军队遣散回去。［5］宋地在商丘一带，离魏国最近，所以叫他们去占领。［6］河间在赵国之东，燕、赵两国又是亲善的，所以将河间划给赵国。［7］乐毅将各国军队都安排妥当，免得他们掣肘，然后自己统率本国的主力完成全部任务。逐北是乘胜直追的意思。

6 剧辛曰："齐大而燕小，赖诸侯之助以破其军，宜及时攻取其边城以自益，此长久之利也。今过而不攻，以深入为名，无损于齐，无益于燕，而结深怨，后必悔之[1]。"乐毅曰：

"齐王伐功矜能，谋不逮下，废黜贤良，信任谄谀，政令戾虐，百姓怨怼。今军皆破亡，若因而乘之，其民必叛，祸乱内作，则齐可图也。若不遂乘之，待彼悔前之非，改过恤下，而抚其民，则难虑也[2]。"遂进军深入，齐人果大乱失度，湣王出走。乐毅入临淄，取宝物、祭器输之于燕，燕王亲至济上劳军，行赏飨士，封乐毅为昌国君，遂使留徇齐城之未下者[3]。

[1]剧辛的意思是说齐国不是可以彻底消灭的，不如占领一些边境就算了。 [2]乐毅的意思是说齐国人痛恨他们的国王，燕兵一到，必然发生内乱。若不乘此机会，以后齐国改良政治，就不容易对付了。剧辛的话为燕国谋目前利益是不错的，乐毅的话则注重在博取齐国人的好感。 [3]徇是略地的意思。

7 齐王出亡之卫，卫君辟宫舍之[1]，称臣而共具[2]。齐王不逊，卫人侵之，齐王去奔邹、鲁，有骄色，邹、鲁弗内[3]，遂走莒[4]。楚使淖齿将兵救齐[5]，因为齐相。淖齿欲与燕分齐地，乃执湣王而数之曰："千乘、博昌之间[6]，方数百里，雨血沾衣，王知之乎？"曰："知之。""嬴、博之间[7]，地坼及泉，王知之乎？"曰："知之。""有人当阙而哭者，求之不得，去则闻其声，王知之乎？"曰："知之。"淖齿曰："天雨血沾衣者，天以告也,地坼及泉者,地以告也。有人当阙而哭者，人以告也。

天地人皆告矣[8],而王不知诫焉。何得无诛?"遂弑王于鼓里。

[1]卫是小国,所以卫君非常恭敬,自己避开宫殿,请齐湣王去住。 [2]共具就是供应需要。共即古供字。 [3]内即古纳字。 [4]莒是从前的一个小国,这时成为齐国境内一座城,今山东省莒县。 [5]淖音捉。 [6]千乘、博昌在今山东省高苑、博兴一带。 [7]嬴、博在今泰安、莱芜一带。 [8]意思说:天雨下血来,是天意示警,地裂开涌出水,是地的示警,有人在宫门前哭,只听见声音,找不到人,是人的示警。

8 乐毅闻昼邑人[1]王蠋贤[2],令军中环昼邑三十里无入。使人请蠋,蠋谢不往。燕人曰:"不来,吾且屠昼邑!"蠋曰:"忠臣不事二君,烈女不更二夫。齐王不用吾谏,故退而耕于野。国破君亡,吾不能存。而又欲劫之以兵。吾与其不义而生,不若死!"遂经其颈于树枝[3],自奋绝脰而死[4]。燕师乘胜长驱,齐城皆望风奔溃。乐毅修整燕军,禁止侵掠,求齐之逸民[5],显而礼之。宽其赋敛,除其暴令,修其旧政,齐民喜悦。乃遣左军渡胶东、东莱[6];前军循泰山以东至海,略琅邪[7];右军循河、济,屯阿、鄄以连魏师[8];后军旁北海以抚千乘[9];中军据临淄而镇齐都。祀桓公、管仲于郊,表贤者之闾[10],封王蠋之墓,齐人食邑于燕者二十余君[11],

有爵位于蓟者百有余人[12]。六月之间，下齐七十余城，皆为郡县[13]。 以上赧王三十一年（前二八四）

[1]昼邑在齐国都城临淄附近。《史记》是"画"字，音获。《通鉴》依《孟子》作"昼"字。不知究竟谁是。 [2]蠋音烛。 [3]经，绞也。 [4]自奋绝脰是用力一挣，将颈项绞断了。 [5]逸民是齐国人反抗暴君不肯出仕的人。 [6]左军担任的是后世胶州、莱州一带。 [7]前军担任的是后世沂州、海州一带。 [8]右军担任的是后世东昌、济宁一带。鄄音绢。 [9]后军担任的是后世济南以北地方。 [10]表闾是将所住的里门造成牌坊一类的建筑，加以表扬。 [11]燕国拿出地方来封齐国的人。 [12]蓟是燕国的都城，今北京附近。 [13]这时列国攻取了别国的土地，就建置郡县。郡县不自秦始。

9 齐淖齿之乱，湣王子法章变姓名为莒太史敫家佣[1]。太史敫女奇法章状貌，以为非常人，怜而常窃衣食之，因与私通。王孙贾从湣王[2]，失王之处。其母曰："汝朝出而晚来，则吾倚门而望，汝暮出而不还，则吾倚闾而望。汝今事王，王走，汝不知其处，汝尚何归焉[3]！" 王孙贾乃入市中呼曰："淖齿乱齐国，杀湣王，欲与我诛之者，袒右[4]！"市人从者四百人，与攻淖齿杀之。于是齐亡臣相与求湣王子欲立之，

20

法章惧其诛己,久之乃敢自言,遂立以为齐王,保莒城以拒燕,布告国中曰:"王已立在莒矣。"赧王三十二年(前二八三)

[1]敫音绞。 [2]王孙贾是齐国的大夫。 [3]他母亲的意思说:平常我看你不回家,就早晚盼望,现在你既然为国王服务,国王不知去向,你还回家做什么?意思是勉励他尽忠。门是自己家里的门,闾是巷门。 [4]袒右是脱去右边的袖子。

10 初燕人攻安平[1],临淄市掾田单在安平[2],使其宗人皆以铁笼傅车軎[3]。及城溃,人争门而出,皆以軎折车败,为燕所擒,独田单宗人以铁笼得免[4],遂奔即墨[5]。是时齐地皆属燕,独莒、即墨未下。乐毅乃并右军、前军以围莒,左军、后军围即墨。即墨大夫出战而死。即墨人曰:"安平之战,田单宗人以铁笼得全,是多智习兵。"因共立以为将,以拒燕。赧王三十六年(前二七九)

[1]安平在临淄东。 [2]市掾是管市易事务的职员。 [3]軎是车轴头。 [4]因为大家的车都在城门口抢着走,所以轴头碰坏了,终于被燕军俘虏,只有田单一族人的车有铁笼在轴头上保护,所以能逃脱。 [5]即墨即今山东省即墨县。即墨近海,莒在山区,所以还能坚守不降。

11 乐毅围二邑，期年不克，乃令解围，各去城九里而为垒。令曰："城中民出者勿获，困者赈之，使即旧业，以镇新民[1]。"三年而犹未下。

[1]意思是让围城中的人可以自由出入，不加俘虏，穷困的还加以赈济，各安生业，使新归附的人都不生恐惧。

12 或谗之于燕昭王曰："乐毅智谋过人，伐齐，呼吸之间克七十余城，今不下者两城耳。非其力不能拔，所以三年不攻者，欲久仗兵威以服齐人，南面而王耳。今齐人已服。所以未发者，以其妻子在燕故也。且齐多美女，又将忘其妻子。愿王图之[1]！"昭王于是置酒大会，引言者而让之曰[2]："先王举国以礼贤者，非贪土地以遗子孙也。遭所传德薄，不能堪命，国人不顺[3]。齐为无道，乘孤国之乱以害先王。寡人统位，痛之入骨。故广延群臣，外招宾客，以求报雠。其有成功者，尚欲与之同共燕国[4]。今乐君亲为寡人破齐，夷其宗庙[5]，报塞先仇，齐国固乐君所有，非燕之所得也。乐君若能有齐，与燕并为列国，结欢同好，以抗诸侯之难，燕国之福，寡人之愿也。汝何敢言若此？"乃斩之。赐乐毅妻以后服，赐其子以公子之服，辂车乘马，后属百两[6]，遣国相奉而致之乐毅，立乐毅为齐王。乐毅惶恐不受，拜书以死自誓，由是齐人服其义，诸侯畏其信，莫敢复有谋者。

[1]意思说：乐毅故意留两城不攻，为的是长期保持实力，使齐国人畏服，预备在齐国作王。但是自己妻子还在燕国，恐怕燕国会害他妻子的性命，所以不敢发动。然而有了齐国的美人，也不在乎原来的妻子了。[2]让是谴责的意思。[3]这几句话是说燕王哙有为国求贤之心，不料托付不得人，辜负了委任，失去人心。
[4]意思说：只要能成功，情愿和他分享燕国。[5]夷，平也。
[6]辂车是王者之车，乘马是四马，后属是后面随从的车，名为属车。都是君王的仪制。

13 顷之，昭王薨，惠王立。惠王自为太子时，尝不快于乐毅。田单闻之，乃纵反间于燕[1]，宣言曰："齐王已死，城之不拔者二耳。乐毅与燕新王有隙，畏诛而不敢归，以伐齐为名，实欲连兵南面王齐，齐人未附，故且缓攻即墨以待其事。齐人所惧，唯恐他将之来，即墨残矣。"燕王固已疑乐毅。得齐反间，乃使骑劫代将而召乐毅。乐毅知王不善，代之[2]，遂奔赵。燕将士由是愤惋不和。

[1]纵反间是派间谍到敌国内部去造谣破坏。这是《孙子兵法》

中兵谋之一。［2］不善，代之，是说对他不怀好意，所以派人接替他。

14 田单乃令城中人：食，必祭其先祖于庭[1]。飞鸟皆翔舞而下城中，燕人怪之。田单因宣言曰："当有神师下教我。"有一卒曰："臣可以为师乎？"因反走。田单起引还，坐东向，师事之[2]。卒曰："臣欺君。"田单曰："子勿言也！"因师之。每出约束，必称神师[3]。乃宣言曰："吾唯惧燕军之劓所得齐卒[4]，置之前行[5]，即墨败矣。"燕人闻之，如其言。城中见降者尽劓，皆怒，坚守唯恐见得。单又纵反间，言吾惧燕人掘吾城外冢墓，可为寒心。燕军尽掘冢墓，烧死人。齐人从城上望见，皆涕泣，共欲出战，怒自十倍。田单知士卒之可用，乃身操版锸[6]，与士卒分功，妻妾编于行伍之间，尽散饮食飨士。令甲卒皆伏，使老弱女子乘城，遣使约降于燕。燕军皆呼万岁。田单又收民金，得千镒[7]，令即墨富豪遗燕将曰："即降，愿无掳掠吾族家[8]。"燕将大喜，许之，燕军益懈。田单乃收城中得牛千余，为绛缯衣[9]，画以五采龙文，束兵刃于其角，而灌脂束苇于其尾[10]，烧其端，凿城数十穴，夜纵牛，壮士五千随其后。牛尾热，怒而奔燕军。燕军大惊，视牛皆龙文，所触尽死伤，而城中鼓噪从之，老弱皆击铜器为声，声动天地。燕军大骇败走，齐人杀骑劫，追亡逐北，所过城邑皆叛燕复为齐。田单兵日益多，乘胜，燕日败亡，走至河上，而齐七十余城皆复焉。乃迎襄王于莒，入临淄，封田单为安平君。

［1］古人每吃饭必留出一点东西为祭。［2］古人以坐在西边面朝东为上坐。［3］这是田单深恐自己威信不够，所以假称神师，利用神权来加强民众信念，和后来陈胜用篝火狐鸣的方法是一样的，但篝火狐鸣事《通鉴》却删去了。［4］劓是割鼻子。［5］置之前行是放在军队的前列。［6］版锸是筑城的工具。［7］二十两为一镒。［8］《史记》族家下有妻妾二字，《通鉴》删去，恐不是原意。［9］缯，绢也。［10］脂是油，苇是芦草。

15 赵王封乐毅于观津，尊宠之，以警动于燕、齐[1]，燕惠王乃使人让乐毅，且谢之曰[2]："将军过听，以与寡人有隙，遂捐燕归赵[3]，将军自为计则可矣，而亦何以报先王之所以遇将军之意乎？"乐毅报书曰："昔伍子胥说听于阖闾，而吴远迹至郢；夫差弗是也[4]，赐之鸱夷而浮之江[5]。吴王不寤先论之可以立功，故沈子胥而不悔，子胥不早见主之不同量，是以至于入江而不化[6]。夫免身立功以明先王之迹，臣之上计也[7]。离毁辱之诽谤，堕先王之名，臣之所大恐也[8]。临不测之罪，以幸为利，义之所不敢出也[9]。臣闻古之君子，交绝不出恶声,忠臣去国,不洁其名[10]。臣虽不佞,数奉教于君子矣,唯君王之留意焉!"于是燕王复以乐毅子间为昌国君,而乐毅往来复通燕[11],卒于赵,号曰望诸君[12]。

[1]表示赵国重用乐毅,使燕、齐两国都不敢轻视。 [2]谢字含有问候及道歉两个意思,与现在谢字的解释不尽同。 [3]捐,弃也。 [4]意思说:阖闾信任伍子胥,所以吴国能远征到楚国的都城,而夫差不以伍子胥为然。 [5]鸱夷是皮囊。 [6]意思说:吴王不明白伍子胥从前的计划可以立功,所以不惜杀害他,伍子胥也不明白两个君主的气量是不相同的,所以沉到江中,冤魂还不散。 [7]这是说:自身也能安全,功业也能建立,使先王所行的事为人所共见,这是最好的办法。 [8]这是说:我若陷于诽谤,使先王英名受损,是我所最害怕的。堕读为隳,音辉。 [9]这是说:为了自己逃罪而帮助别国危害燕国,这是我所决不肯做的事。这封信的主要意思在此。 [10]忠臣虽然到了不得已而去国,也决不肯专顾自己的名声好听,委过于别人。 [11]意思说:仍与燕国的关系不断。 [12]望诸是个沼泽之名。

16 田单相齐,过淄水,有老人涉淄而寒[1],出水不能行,田单解其裘而衣之。襄王恶之,曰:"田单之施于人,将以取我国乎!不早图,恐后之变也[2]。"左右顾无人,岩下[3]有贯珠者[4]，襄王呼而问之曰："汝闻吾言乎？"对曰："闻之。"王曰："汝以为何如？"对曰："王不如因以为己善，王嘉单之善，下令曰：'寡人忧民之饥也，单收而食之，寡人忧民之寒也，单解裘而衣之，寡人忧劳百姓；而单亦忧之，称寡人之意。'单有是善而王嘉之，单之善亦王之善也[5]！"王曰："善。"乃赐单牛酒。后数日，贯珠者复见王曰："王朝日宜召田单而揖之于庭，口劳之。乃布令求百姓之饥寒者收谷之。"乃使人听于闾里，闻大夫之相与语者曰："田单之爱人，嗟，乃王之教也！"

[1] 北方的水流到冬季都很浅，所以往往可以赤足走过去，古书上这种记载很多。[2] 这时的齐王是田氏，田氏在从前的齐国就是极力笼络人心，因而把齐国夺过来了。所以齐襄王也怕田单有同样的野心。[3] 岩下就是殿廊下。[4] 贯珠者是穿珠子的工人。[5] 这个工人劝齐王将田单的好意作为自己的好意，进一步争取民众的拥护，这样一来，指导齐王以正路，并且免田单于嫌疑了。

17 田单将攻狄[1]，往见鲁仲连[2]。鲁仲连曰："将军攻狄不能下也。"田单曰："臣以即墨破亡余卒破万乘之燕[3]，复齐之墟，今攻狄而不下何也？"上车弗谢而去。遂攻狄，三月不克。齐小儿谣曰："大冠若箕，修剑拄颐。攻狄不能下，垒枯骨成丘[4]。"田单乃惧,问鲁仲连曰:"先生谓单不能下狄,请闻其说。"鲁仲连曰:"将军之在即墨,坐则织蒉[5],立则仗锸,为士卒倡,曰:'无可往矣,宗庙亡矣,今日尚矣,归于何党矣[6]!'当此之时,将军有死之心,士卒无生之气,闻君言莫不挥泣奋臂而欲战,此所以破燕也。当今将军东有夜邑之奉[7],西有淄上之娱[8],黄金横带而驰骋淄、渑之间[9],有生之乐,无死之心,所以不胜也。"田单曰:"单之有心,先生志之矣[10]。"明日,乃厉气循城,立于矢石之所,援枹鼓之[11],狄人乃下。以上均赧王三十六年

[1]狄是齐国一个地名,在高苑县境,当时也许有反抗行为,所以要去攻它。 [2]鲁仲连是战国时一个义士。 [3]古人对朋友也自称臣,臣与仆是一样的意思。 [4]这个歌谣是以箕、颐、丘三字成韵的,大冠若箕形容田单戴的武冠高大,修剑拄颐形容他带的剑长达下颏。底下两句说他战事无功,白死了许多人。 [5]蒉是草织的篮子。 [6]这是当时田单勉励即墨人的歌谣。往、亡、尚、党四字成韵。末两句说今天要勉力呀,看你们走到哪一边呀!
[7]夜读为掖,音益。这是他的封邑。 [8]淄上大概是田单的别业。 [9]黄金饰带和大冠已经不是春秋时代的服装,恐怕齐国也受了胡服的影响了。胡服见下篇。 [10]这两句是说我的内心要听你的支配了。 [11]枹音福,是鼓槌。

赵武灵王胡服骑射

古时战争以兵车为主，马是驾车的，不是骑的，到春秋末年才偶然有骑马的事。到了战国时代，赵国和匈奴接触，知道骑兵射击术的厉害，感觉中国的车战老方法是不够用的，如果不学习敌人的长处就不能抵抗敌人的侵略，赵武灵王是首先实行军制改革的，这件事的影响几乎与商鞅变法不相上下，都是顺应时代要求的措置。古代的衣冠制度，上衣下裳，只适宜于席地而坐。脚上穿鞋子，头上梳髻，骑马也是不便的。所以要学习骑射，首先还要改胡服。胡服是什么呢？就是窄袖长袍，皮靴皮带，头上戴插有羽毛的帽子（武冠）。这种装束，逐步为秦、汉所采用，武士的服装大都如此。以后从北朝到唐、宋，更正式定为公服，无论文武，都穿袍靴。古人动辄称中国为冠带之国，事实上到北朝以后已经废去古代的冠带了。起源就在赵武灵王的提倡胡服。

他这种积极的改革，起初也遭到不少保守派的反对。幸亏有一个忠臣肥义赞助他。其间两方面辩论的话载于《史记·赵世家》的很详细，比商鞅和甘龙辩论的话多得多。司马光是不赞成改革的，所以《通鉴》中把这番话删去不少，颇为可惜。肥义说："论至德者不和于俗，成大功者不谋于众。"与商鞅的话正相同，很可能是受了商鞅的影响（这时离商鞅大约五十年），而赵武灵王的言论："先王不同俗，何古之法？帝王不相袭，何礼之循？伏羲神农教而不诛，黄帝尧舜诛而不怒，及至三王，随时制法，因事制礼。法度制令各顺其宜，衣服器械各便其用。故礼也不必一道，而便国不必古。圣人之兴也，不相袭而王，夏殷之衰也，不易礼而灭。然则反古未可非，而循礼未足多也。……故谚曰：以书御者不尽马之情（不能靠书本上的知识来驾马）。以古制今者不达事之变。循法之功不足以高世，法古之学不足以制今。"这是何等明通痛快的见解！至于他亲身到秦国去视察，想从河套南下袭取咸阳，又是何等伟大果敢的抱负！这人的确是战国时代一个杰出人才，不料为了家事而在内乱中牺牲。然而赵国从此扩大起来，东边占有河北南部，逐渐成为繁荣的地区，北边开发了新的边境，阻止了匈奴的南侵。这些都是他重要的成就。

本篇第一节叙出令的经过，第二节叙微行入秦，第三节叙灭中山,第四至第六节叙内乱的始末。

1 赵武灵王北略中山之地,至房子[1],遂至代[2]。北至无穷[3],西至河,登黄华之上[4]。与肥义谋胡服骑射以教百姓。曰:"愚者所笑,贤者察焉。虽驱世以笑我,胡地中山吾必有之[5]。"遂胡服。国人皆不欲,公子成称疾不朝[6]。王使人请之曰:"家听于亲,国听于君。今寡人作教易服,而公叔不服,吾恐天下议己也。制国有常,利民为本;从政有经,令行为上。明德先论于贱,而从政先信于贵,故愿慕公叔之义以成胡服之功也[7]。"公子成再拜稽首曰:"臣闻中国者,圣贤之所教也,礼乐之所用也,远方之所观赴也,蛮夷之所则效也。今王舍此而袭远方之服[8],变古之道,逆人之心,臣愿王孰图之也[9]。"使者以报,王自往请之曰:"吾国东有齐、中山,北有燕、东胡[10],西有楼烦[11]、秦、韩之边,今无骑射之备,则何以守之哉?先时中山负齐之强兵[12],侵暴吾地,系累吾民[13],引水围鄗[14]。微社稷之神灵[15],则鄗几于不守也。先君丑之。故寡人变服骑射,欲以备四境之难,报中山之怨。而叔顺中国之俗,恶变服之名,以忘鄗事之丑,非寡人之所望也。"公子成听命,乃赐胡服,明日服而朝。于是始出胡服令,而招骑射焉。 周赧王八年(前三〇七)

[1]房子在今河北省临城县境。 [2]代是山西北部雁门关一带地方。 [3]无穷似乎是边塞上一个地名。 [4]黄华山今地不详。 [5]意思是说：要想取得胡与中山之地，必须采用胡服骑射的战术，即使大家都笑我，也一定要达到这个目的。 [6]公子成是武灵王的叔父。 [7]这几句话的意思是说：法制是有一定的，总以有利于民为原则，政治是有一定的，总要能令出唯行。讲恩德是要先从卑贱的人下手，讲政治则必须从尊贵的人立起榜样。所以要藉公叔的威望做成这件事。 [8]舍即古捨字。 [9]孰即熟字。 [10]东胡是河北东北部的地方。 [11]楼烦是山西省岚县一带地。 [12]大概中山得齐国的支援，曾经侵略赵国。 [13]系累是用绳子捆绑。 [14]鄗是河北高邑县。 [15]微，无也。

2 赵武灵王爱少子何，欲及其生而立之。 赧王十五年（前二九八）

十六年五月戊申，大朝东宫，传国于何。王庙见礼毕，出临朝，大夫悉为臣，肥义为相国，并傅王[1]。武灵王自号主父。主父欲使子治国，身胡服，将士大夫西北略胡地，将自云中、九原南袭咸阳[2]。于是诈自为使者入秦，欲以观秦地形及秦王之为人。秦王不知，已而怪其状甚伟，非人臣之度，

使人逐之；主父行已脱关矣，审问之，乃主父也。秦人大惊。赧王十六年（前二九九）

[1]以相国兼太傅，相国是行政首长，太傅照料国王个人的事情。
[2]云中、九原是山西、陕西长城外的地方。

3 赵主父与齐、燕共灭中山，迁其王于肤施[1]，归行赏大赦，置酒酺五日[2]。赧王二十年（前二九五）

[1]肤施即今延安一带。 [2]酺音葡。群众聚会狂欢饮食以度国庆，称为大酺。汉代还有此风俗。

4 赵主父封其长子章于代，号曰安阳君。安阳君素侈，心不服其弟。主父使田不礼相之。李兑谓肥义曰："公子章强壮而志骄，党众而欲大，田不礼忍杀而骄，二人相得，必有阴谋。夫小人有欲，轻虑浅谋，徒见其利，不见其害，难必不久矣。子任重而势大，乱之所始而祸之所集也。子何不称疾毋出，而传政于公子成？毋为祸梯[1]，不亦可乎？"肥义曰："昔者主父以王属义也，曰：'毋变而度，毋易而虑，坚守一心，以殁而世[2]。'义再拜受命而籍之[3]。今畏不礼之难，而忘吾籍，变孰大焉？

33

谚曰：'死者复生，生者不愧[4]。'吾欲全吾言，安得全吾身乎？子则有赐而忠我矣[5]。虽然，吾言已在前矣，终不敢失。"李兑曰："诺，子勉之矣，吾见子已今年耳[6]！"涕泣而出[7]。

[1]祸梯是祸乱的阶梯，祸从此起的意思。 [2]古书中而字多作汝字解，这是勉励肥义始终效忠于新王的意思。 [3]籍是写在簿子上的意思。 [4]这两句话是说：假使死者再活起来，活的人要不感觉有什么对不起他才好。 [5]你对我的好意是可感的。 [6]已，止也。意思是我能和你见面只到今年为止了。 [7]肥义报答赵武灵王和荀息报答晋献公的话（见《左传》）可以参看。荀息身死而事不成，肥义虽死而使命终能完成，这是因为晋献公已死而武灵王尚存的原故。

5 李兑数见公子成以备田不礼，肥义谓信期曰："公子章与田不礼声善而实恶[1]，内得主而外为暴，矫令以擅一旦之命，不难为也。今吾忧之，夜而忘寐，饥而忘食，盗出入不可以不备。自今以来，有召王者，必见吾面，我将以身先之。无故而后王可入也[2]。"信期曰："善。"

[1]意思说表面是好的，内心是坏的。 [2]这是肥义保护少

主,思虑周密的地方,预防意外的事变。

6 主父使惠文王朝群臣而自从旁窥之,见其长子傫然也[1],反北面为臣,诎于其弟[2],心怜之。于是乃欲分赵而王公子章于代,计未决而辍。主父及王游沙丘[3],异宫。公子章、田不礼以其徒作乱,诈以主父令召王。肥义先入,杀之。高信即与王战[4]。公子成与李兑自国至[5],乃起四邑之兵入距难[6],杀公子章及田不礼,灭其党。公子成为相,号安平君;李兑为司寇[7]。是时惠文王少,成、兑专政。公子章之败也,往走主父,主父开之[8],成、兑因围主父。公子章死,成、兑谋曰:"以章故围主父。即解兵,吾属夷矣[9]!"乃遂围之,令宫中人后出者夷,宫中人悉出,主父欲出不得,又不得食,探雀鷇而食之[10]。三月余,饿死沙丘宫。以上赧王二十年(前二九五)

[1]傫音蕾,懒散而没有精神的样子。 [2]诎与屈同义。[3]沙丘在河北省巨鹿县境。 [4]高信即上文之信期,与王战是协同王对公子章作战的意思。 [5]自国至就是从国都邯郸来。[6]四邑等于说四境。距与拒同义。 [7]司寇是掌刑法的长官。

[8]开之是开门收容他。 [9]夷,灭也。意思说:一旦停战之后,我们就要被牺牲了。 [10]鷇是鸟卵刚孵化的。音扣。

35

七国连兵

汉初兼采秦的郡县制和周的封建制,在中央所直辖的郡县以外,又分封了些同姓子弟,成立若干王国。大的王国兼有五六郡的地盘,而中央所直辖的倒只有十五郡。到了文帝时代,同姓的关系渐渐疏远了,诸侯渐渐不听号令了,中央的统治力渐渐薄弱了。所以贾谊预料到将来要变成纷争的局面,为这件事大担心事,主张把这些王国分裂开来,多立些诸侯,削减他们的力量。到了景帝时代,削弱诸侯的要求愈来愈迫切,晁错又提出这项计划。不料吴楚七国叛变的形势已成,景帝还想归罪于晁错,企图缓和诸侯的反对,晁错的生命就这样被牺牲了。

由于周亚夫的智谋卓越,很快就把变乱平定下去,汉王朝的地位才得保全,然而这个问题始终没有妥善的解决方法。到了武帝时代,主父偃又旧事重提,制定了一个分封诸侯王子的办法,把一国分成几国。以后的王国就和中央直辖的郡处于同等地位,郡与国互相错杂,而且国相和郡守同样由中央任命,国王不能直接处理国事，连王宫的私事也由中央所派的王傅来监督。所以武帝以后，事实上只有郡县，诸侯等于空名，汉王朝的权力才能集中于中央。这是地方制度确立的起原，以后历朝大致都逃不出这个范围。

本篇第一节叙吴王濞阴谋的起原和晁错削地的主张。第二、三节叙吴楚七国起兵和汉廷的布置。第四节叙袁盎陷害晁错。第五节叙周亚夫的战略。

1 初，孝文时，吴太子入见，得侍皇太子饮、博。吴太子博争道，不恭[1]；皇太子引博局提吴太子杀之[2]。遣其丧归葬。至吴，吴王愠曰："天下同宗[3]，死长安即葬长安，何必来葬为？"复遣丧之长安葬。吴王由此稍失藩臣之礼，称疾不朝。京师知其以子故，系治、验问吴使者[4]；吴王恐，始有反谋。后使人为秋请[5]，文帝复问之，使者对曰："王实不病；汉系治使者数辈[6]，吴王恐，以故遂称病。夫'察见渊中鱼不祥'[7]；唯上弃前过，与之更始[8]！"于是文帝乃赦吴使者归之，而赐吴王几杖[9]，老，不朝。吴得释其罪，谋亦益解[10]。然其居国[11]，以铜、盐故，百姓无赋[12]；卒践更辄予平贾[13]；岁时存问茂材[14]，赏赐闾里；他郡国吏欲来捕亡人者，公共禁弗予[15]。如此者四十余年。晁错数上书言吴过，可削[16]。文帝宽不忍罚，以此吴日益横。及帝即位，错说上曰：

"昔高帝初定天下,昆弟少,诸子弱,大封同姓,齐七十余城,楚四十余城,吴五十余城,封三庶孽[17],分天下半。今吴王前有太子之郤[18],诈称病不朝,于古法当诛。文帝弗忍,因赐几杖。德至厚,当改过自新;反益骄溢,即山铸钱[19],煮海水为盐,诱天下亡人谋作乱。今削之亦反,不削亦反。削之,其反亟,祸小[20];不削,反迟,祸大。"上令公卿、列侯、宗室杂议,莫敢难;独窦婴争之,由此与错有郤。及楚王戊来朝,错因言:"戊往年为薄太后服[20],私奸服舍[22],请诛之。"诏赦,削东海郡。及前年,赵王有罪,削其常山郡;胶西王卬以卖爵事有奸[23],削其六县。汉景帝前三年(前一五四)

[1]争道是赌博时为了著棋所走的路子发生争执。 [2]提是掷的意思。 [3]天下同宗意即天下一家。 [4]系治、验问就是拘押、审讯。 [5]汉制诸侯入朝,春曰朝,秋曰请。 [6]数辈是几班人的意思。 [7]这是一句古谚语,意思说:总要包涵一点,不要太精明了。 [8]更始是重新做人的意思。 [9]赐几杖是优待老年的表示。 [10]解即懈字。 [11]居国是在他的本国。 [12]吴国有铜山可以铸钱,有海可以煮盐,所以无须向百姓收别的税。 [13]践更是汉代特别名词,意思是应征充当徭役。予平贾是政府用优厚的代价付给应征的人。 [14]茂材是优秀分子。 [15]意思是公然包庇亡命的人不交出。以上五件事都是收买人

心的举动。 [16]晁亦作朝,音同。 [17]庶出的儿子。 [18]郤与隙同。 [19]即山铸钱,是就在矿山附近设造币厂。 [20]亟与急同。 [21]薄太后是景帝的祖母。 [22]服舍是居丧的地方。 [23]有奸是有弊病。

2 廷臣方议削吴。吴王恐削地无已,因发谋举事。念诸侯无足与计者,闻胶西王勇,好兵,诸侯皆畏惮之,于是使中大夫应高[1]口说胶西王曰:"今者主上任用邪臣,听信谗贼,侵削诸侯,诛罚良重[2],日以益甚。语有之曰:'狋糠及米[3]。'吴与胶西知名诸侯也,一时见察,不得安肆矣。吴王身有内疾[4],不能朝请,二十余年,常患见疑,无以自白,胁肩累足[5],犹惧不见释。窃闻大王以爵事有过。所闻诸侯削地,罪不至此,此恐不止削地而已。"王曰:"有之。子将奈何?"高曰:"吴王自以为与大王同忧,愿因时循理,弃躯以除患于天下[6],意亦可乎?"胶西王瞿然骇曰[7]:"寡人何敢如是?主上虽急,固有死耳,安得不事[8]?"高曰:"御史大夫晁错营惑天子[9],侵夺诸侯,诸侯皆有背叛之意,人事极矣。彗星出,蝗虫起,此万世一时;而愁劳圣人所以起也[10]。吴王内以晁错为诛,外从大王后车,方洋天下[11],所向者降,所指者下,莫敢不服。大王诚幸而许之一言,则吴王率楚王略函谷关,守荥阳敖仓之粟[12],距汉兵,治次舍[13],须大王[14],

大王幸而临之，则天下可并，两主分割，不亦可乎？"王曰："善。"归报吴王，吴王犹恐其不果，乃身自为使者，至胶西面约之。胶西群臣或闻王谋，谏曰："诸侯地不能当汉十二[15]，为叛逆以忧太后[16]，非计也。今承一帝，尚云不易。假令事成，两主分争，患乃益生。"王不听，遂发使约齐、菑川、胶东、济南[17]，皆许诺。

[1]中大夫是宫内的官。 [2]良重即甚重。 [3]狧就是舔的意思，先舔外面的糠，以后就轮到米了。 [4]病在里面为内疾。 [5]胁肩是耸肩，累足是两只脚叠起来，表示畏惧的意思。 [6]意思是顺应时势，主持正理，牺牲个人，为天下除害。换句话说，就是起兵废帝。 [7]瞿音惧，惊愕的意思。 [8]意思是怎么可以不事奉。 [9]营惑是包围蛊惑的意思。 [10]前人解释此句，说：愁劳正是圣人所由兴起。这种解释不一定对，也可能是说心怀忧惧的圣人所以因此而奋起。 [11]方洋就是翱翔的意思。 [12]荥阳的敖仓是秦汉以来积存粮食的地方。 [13]次舍是指预备住宿的地方。 [14]须是等候的意思。 [15]十二是十分之二。 [16]以忧太后是说害得太后担心事。 [17]这几国都在今山东境内。

3 及削吴会稽、豫章郡书至[1]，吴王遂先起兵，诛汉吏二千石以下[2]……吴王悉其士卒，下令国中曰："寡人年六十二,身自将;少子年十四,亦为士卒先;诸年上与寡人同,下与少子等,皆发[3]。"凡二十余万人。南使闽、东越[4],闽、东越亦发兵从。吴王起兵于广陵[5],西涉淮,因并楚兵,发使遗诸侯书,罪状晁错,欲合兵诛之。吴、楚共攻梁[6],破棘壁[7],杀数万人,乘胜而前,锐甚。梁孝王遣将军击之,又败梁两军,士卒皆还走。梁王城守睢阳[8]。初文帝且崩,戒太子曰:"即有缓急,周亚夫真可任将兵[9]。"及七国反书闻,上乃拜中尉[10]周亚夫为太尉[11],将三十六将军往击吴、楚,遣曲周侯郦寄击赵,将军栾布击齐,复召窦婴拜为大将军,使屯荥阳,监齐、赵兵。

[1]这时吴国都城在今扬州。会稽是苏南和浙江的地区,豫章是江西地区。 [2]二千石以下的官就是郡守以下的官。 [3]诸是凡的意思,发等于现代所谓动员。 [4]闽是福建,东越是浙东。 [5]今扬州。 [6]梁国都城在今开封。 [7]大约在今河南省宁陵县附近。 [8]睢阳今河南省商丘县。 [9]周亚夫是周勃的儿子,在屯兵细柳的时候,文帝看出他有将帅才。所以遗令说:"万一有急事,周亚夫的确是可以胜任将帅的。" [10]中尉等于首都卫戍司令。 [11]太尉是最高军事首长。

4 初,晁错所更令三十章,诸侯喧哗。错父闻之,从颍川来[1],谓错曰:"上初即位,公为政用事[2],侵削诸侯,疏人骨肉,口语多怨,公何为也[3]?"错曰:"固也,不如此,天子不尊,宗庙不安。"父曰:"刘氏安矣而晁氏危,吾去公归矣。"遂饮药死,曰:"吾不忍见祸逮身。"后十余日,吴楚七国俱反,以诛错为名。上与错议出军事,错欲令上自将兵而身居守;又言徐、僮之旁[4],吴所未下者可以予吴。错素与吴相袁盎不善,错所居坐,盎辄避;盎所居坐,错亦避,两人未尝同堂语。及错为御史大夫,使吏按盎受吴王财物,抵罪;诏赦以为庶人。吴、楚反,错谓丞、史曰[5]:"袁盎多受吴王金钱,专为蔽匿,言不反;今果反,欲请治盎,宜知其计谋。"丞、史曰:"事未发,治之有绝[6],今兵西向,治之何益?且盎不宜有谋[7]。"错犹与未决[8],人有告盎,盎恐,夜见窦婴,为言吴所以反,愿至前,口对状。婴入言,上乃召盎。盎入见,上方与错调兵食,上问盎:"今吴、楚反,于公意何如?"对曰:"不足忧也。"上曰:"吴王即山铸钱,煮海为盐,诱天下豪杰,白头举事;此其计不百全,岂发乎[9]?何以言其无能为也?"对曰:"吴铜、盐之利则有之,安得豪杰而诱之?诚令吴得豪杰,亦且辅而为谊[10],不反矣。吴所诱皆无赖子弟、亡命铸钱奸人,故相诱以乱。"错曰:"盎策之善。"上曰:"计将安出?"盎对曰:"愿屏左右[11]。"上屏人,独错在。盎曰:"臣所言人臣不得知。"乃屏错;错趋避东厢,甚恨。上卒问盎,对曰:

"吴、楚相遗书言高皇帝王子弟各有分地,今贼臣晁错擅适诸侯[12],削夺之地,以故反,欲西共诛错,复故地而罢。方今计独有斩错,发使赦吴、楚七国,复其故地,则兵可毋血刃而俱罢[13]。"于是上默然良久,曰:"顾诚何如?吾不爱一人以谢天下[14]。"盎曰:"愚计出此,唯上孰计之。"乃拜盎为太常[15],密装治行。后十余日,上令丞相青、中尉嘉、廷尉欧劾奏:"错不称主上德信,欲疏群臣、百姓,又欲以城邑予吴,无臣子礼,大逆无道。错当要斩[16],父母妻子同产无少长皆弃市[17]。"制曰:"可[18]。"错殊不知。壬子,上使中尉召错,绐载行市,错衣朝衣,斩东市。上乃使袁盎与吴王弟子宗正德侯通使吴[19]。谒者仆射邓公为校尉[20],上书言军事,见上。上问曰:"道军所来,闻晁错死,吴、楚罢不[21]?"邓公曰:"吴为反数十岁矣,发怒削地,以诛错为名,其意不在错也。且臣恐天下之士拑口不敢复言矣[22]。"上曰:"何哉?"邓公曰:"夫晁错患诸侯强大不可制,故请削之以尊京师,万世之利也。计画始行,卒受大戮,内杜忠臣之口,外为诸侯报仇。臣窃为陛下不取也。"于是帝喟然长息曰:"公言善,吾亦恨之!"

[1]颍川是汉的一郡,在今郑州之南。 [2]汉朝人不但下对上的敬语称"公",有时上对下也称"公",却不一定是特别尊敬的意思。 [3]意思说何必惹人说闲话。 [4]徐、僮两县名,属临

淮郡,今安徽省泗县附近。［5］丞、史是御史大夫的属官。［6］意思说事情如果未发作,追究起来可以除根。［7］意思说袁盎不像是参与吴王计划的。［8］犹与是迟疑的意思。［9］意思说如果不是有十分周密的计划,岂肯发动了。［10］辅而为谊是说帮助他做正当的事。［11］屏左右是叫旁人暂退。［12］适即谴谪之谪。［13］不必交战都可以罢兵。［14］只问这个办法有效无效,我不惜为天下而牺牲一人。［15］太常是管宗庙祭祀的官。［16］要即古腰字。［17］弃市是死刑,在市街上执行。［18］制曰可,是汉朝皇帝批准的公文用语。［19］宗正是管皇族事务的官。［20］谒者是传达官,谒者仆射就是传达长,射读如夜。［21］意思说:"你从前方来,听见晁错死了,吴、楚两国会不会罢兵呢?"不即古否字。［22］拑音潜。闭也。

5 太尉亚夫言于上曰:"楚兵剽轻,难与争锋,愿以梁委之,绝其食道,乃可制也。"上许之。亚夫乘六乘传,将会兵荥阳[1]。发至霸上[2],赵涉遮说亚夫曰:"吴王素富,怀辑死士久矣,此知将军且行,必置间人[3]于殽、渑厄狭之间[4]。且兵事尚神密,将军何不从此右去,走蓝田,出武关[5],抵洛阳?间不过差一二日,直入武库[6],击鸣鼓,诸侯闻之,以为将军从天而下也。"太尉如其计,至洛阳,喜曰:"七国反,吾乘传至此,不自意全[7],今吾据荥阳,荥阳以东无足忧者。"使吏搜殽、渑间,果得吴伏兵。乃请赵涉为护军[8]。太尉引兵东北走昌邑[9],吴攻梁急,梁数使使条侯求救[10],条侯不许。又使使诉条侯于上。上使告条侯救梁。亚夫不奉诏,坚壁不出;而使弓高侯等将轻骑出淮泗口,绝吴、楚兵后,塞其饷道[11]。梁使中大夫韩安国及楚相张尚弟羽为将军,羽力战,安国持重,乃得颇败吴兵。吴兵欲西,梁城守,不敢西,即走条侯军,会下邑[12]欲战,条侯坚壁不肯战。吴粮绝卒饥,数挑战,终不出。条侯军中夜惊,内相攻击,扰乱至帐下,亚夫坚卧不起,顷之复定。吴奔壁东南陬[13],亚夫使备西北,已而其精兵果奔西北,不得入。吴、楚士卒多饥死叛散,乃引而去。二月,亚夫出精兵追击,大破之。吴王濞弃其军[14],与壮士数千人夜亡走;看见没,你楚王戊自杀。 以上均景帝前三年

[1]六乘传是汉时最重要迅速的驿车。 [2]霸上是长安向东行的第一站。 [3]间人是指刺客。 [4]殽是殽山,渑是渑池,是由函谷到洛阳的山路。 [5]改从长安向东南行。 [6]武库是军械库。在洛阳。 [7]意思是想不到居然平安到达。 [8]护军是一种军职。 [9]昌邑,后改为山阳郡,今山东省金乡县北。 [10]条侯就是周亚夫的封号,忽称太尉,忽称条侯,忽称亚夫,这是《通鉴》采用旧史未及改归一致的地方。 [11]饟即古饷字。 [12]下邑是梁国的一个县。 [13]东南陬就是东南角。 [14]濞音僻。

张骞通西域

　　为了要解除匈奴对中国西北部的威胁，必须破坏匈奴与西域的联合。在匈奴盛强时代，它的疆域西面包括甘肃，并且势力达到青海的羌中，汉和西方的交通完全掌握在匈奴手里，要打通这条走道是非常困难的。中国以前对于西方的认识也非常薄弱，道里遥远，山川阻隔，语言不通，风俗不同，这样冒险的远征事业，几乎是不能想象的。由于时世的需要，于是出现了一个空前的探险家张骞，开辟了中国和西方的交通，沟通了中西文化。

　　张骞是公元前一三八年出使的，目的在联络月氏，共同对付匈奴，但是不得不取道匈奴，终于被匈奴扣留了十余年，最后仍然逃走，达到目的地，可是形势已经变更，月氏也没有报复匈奴的意思了。张骞回来的时候，另取南道，经过现在的青海，又为匈奴所捕获，经过一年多，方才逃回。这是张骞第一步的事业。最初的目的虽然没有达到，然而经历了许多西方国家，获得了不少的地理知识，他知道了大夏是西方的大国，而大夏的东南有身毒（印度），身毒又与中国的蜀中相近，可以另从西南方面开辟通往西域的道路，这是张骞第二步的事业。因为熟习匈奴情形，在卫青、霍去病出征的大战役中，张骞也参加立功，这是张骞第三步事业。张骞又知道乌孙的力量可以制匈奴，如果劝诱乌孙结为同盟，可以断匈奴右臂，可以达到原来的目的。虽然问题仍没有完全解决，但是乌孙近旁各国都因此与汉日渐接近，到西域的道路终于畅通无阻，西方的名产也源源而来了，这是张骞第四步事业。以他一生的精力，克服无数的困苦挫折，一直到临死的前一年方才回国。抱负的宏远，意志的坚强，是非常值得后人崇敬的。

本篇第一节叙张骞第一次出使月氏十几年的总经过。第二节叙张骞所获得的地理知识大概。第三节叙张骞再出使乌孙。第四节根据《汉书·西域传》叙西域的形势。第五、六节叙张骞以后汉朝对西域的措置。第七节叙乌孙与汉和亲的关系。第八节叙物产交流。第九、十、十一节叙李广利出征大宛，得宛马，完成对西域的军事行动。第十二节叙破大宛后的结果。

假使我们将《汉书》张骞本传及匈奴、西域等传综合起来与《通鉴》对勘，就可以看出《通鉴》的剪裁工夫是非常细密灵巧的，既没有浪费笔墨的地方，也没有遗漏的地方。现在本篇所摘录的也颇具有全面性、系统性，不仅是张骞本人的事迹，同时是汉代与西域关系的一篇总述。

1 初,匈奴降者言:"月氏[1]故居敦煌[2]、祁连间[3],为强国,匈奴冒顿[4]攻破之。老上单于杀月氏王[5],以其头为饮器。余众遁逃远去,怨匈奴,无与共击之。"上募能通使月氏者,汉中[6]张骞以郎应募[7],出陇西[8],径匈奴中[9];单于得之,留骞十余岁。骞得间亡向月氏[10],西走数十日至大宛[11]。大宛闻汉之饶财,欲通不得,见骞,喜,为发导译[12]抵康居[13],传致大月氏。大月氏太子为王,既击大夏[14],分其地而居之,地肥饶,少寇,殊无报胡之心。骞留岁余,竟不能得月氏要领[15],乃还;并南山[16],欲从羌中归[17],复为匈奴所得,留岁余。会伊稚斜逐于单[18],匈奴国内乱,骞乃与堂邑氏奴甘父逃归[19]。上拜骞为太中大夫[20],甘父为奉使君[21]。骞初行时百余人,去十三岁,唯二人得还。汉武帝元朔三年(前一二六)

[1]月氏是西域国名,亦作月氐,月支,读如"肉支"。其地在今甘肃中部及青海东部一带。后为匈奴所攻破,西迁至中央亚细亚一带,占有今克什米尔、阿富汗及葱岭东西之地。下文云:既击大夏,分其地而居之。即指此事。 [2]敦煌本为匈奴浑邪王之地,汉置敦煌郡,治今甘肃敦煌县。 [3]祁连山即天山。 [4]冒顿

是汉初匈奴有名的君长。其父为头曼单于。后射杀头曼单于而自立，东灭东胡，西击走月氏，南并楼烦等地，成为与汉对峙的强国。〔5〕老上单于名稽粥。匈奴的君主在单于的称号上另有一专名。老上单于即冒顿单于之子。这个冒字读如墨。〔6〕汉中为汉郡之一，今陕西南郑县一带。〔7〕汉代的郎是皇帝的侍从官，员额无一定，职务亦无一定，资格亦无一定，或因文学，或因武术，或因专门技能，或因父兄关系，或因家财关系，都可以作郎。〔8〕陇西也是汉郡之一，在今甘肃东南部。〔9〕径匈奴中是经过匈奴的地界。〔10〕间是乘机的意思，亡是逃走。〔11〕大宛是西域国名，今苏联乌兹别克共和国境内。〔12〕导译是向导兼通译。〔13〕康居也是西域国名，在今维吾尔自治区北境及中央亚细亚一带。〔14〕大夏也在今苏联乌兹别克共和国南撒马尔罕一带地方。〔15〕意思是说张骞在月氏住了一年多，始终没有得到月氏的具体表示。〔16〕南山指南祁连山，并即傍字。张骞想避免匈奴的阻挠，所以取南道回长安，南道当然离匈奴的势力远些。〔17〕那时的羌族散居于今甘肃及青海。〔18〕于单是伊稚斜的侄子。〔19〕堂邑氏是个复姓。据《史记》，这个名叫甘父的本来也是胡人。〔20〕太中大夫是掌议论的官。〔21〕奉使君是特赐甘父的称号，并不是官名，也不是爵名。

2 初，张骞自月氏还，具为天子言西域诸国风俗："大宛在汉正西,可万里。其俗土著耕田[1];多善马,马汗血[2];有城郭、室屋如中国。其东北则乌孙[3],东则于阗[4],于阗之西,则水皆西流,注西海[5];其东,水东流,注盐泽[6]。盐泽潜行地下,其南则河源出焉[7]。盐泽去长安可五千里。匈奴右方居盐泽以东,至陇西长城;南接羌,鬲汉道焉[8]。乌孙、康居、奄蔡[9]、大月氏,皆行国[10],随畜牧,与匈奴同俗。大夏在大宛西南,与大宛同俗。臣在大夏时,见邛竹杖、蜀布[11],问曰:'安得此?'大夏国人曰:'吾贾人[12]往市之身毒[13]。'身毒在大夏东南可数千里,其俗土著,与大夏同。以骞度之,大夏去汉万二千里,居汉西南;今身毒国又居大夏东南数千里,有蜀物,此其去蜀不远矣。今使大夏,从羌中,险,羌人恶之;少北,则为匈奴所得;从蜀,宜径,又无寇[14]。"天子既闻大宛及大夏、安息[15]之属皆大国,多奇物,土著颇与中国同业,而兵弱,贵汉财物;其北有大月氏、康居之属,兵强,可以赂遗设利朝也[16]。诚得而以义属之[17],则广地万里,重九译[18],致殊俗,威德遍于四海,欣然以骞言为然。
元狩元年(前一二二)

[1]土著是说有固定的城郭田宅,不随畜牧移徙。 [2]大宛所产的一种名马,据说汗从前肩膊出,好像血一般,能日行千里。
[3]乌孙先居敦煌、祁连之间,后逐大月氏而建乌孙国。在今维

吾尔自治区温宿以北,伊宁以南的地方。〔4〕于阗即今和田。〔5〕西海指青海。〔6〕盐泽,汉时亦名蒲昌海,即今维吾尔自治区若羌县北的罗布泊。〔7〕河源指黄河发源处。〔8〕鬲即隔字。〔9〕奄蔡是西域国名,后人考证在今克里米亚半岛。〔10〕行国即游牧之国。〔11〕邛山在四川西部。〔12〕贾音古,即从事贸易的人。〔13〕身毒之身音眷,后称天竺,即今印度。〔14〕这几句话的意思是说:现在出使到大夏,从羌中走很危险,而且羌人很厌恶我们,稍向北走,又为匈奴所掳,若从蜀通过去,这条路应当是直接的,又没有敌人。〔15〕安息是今伊朗。〔16〕意思是说:大月氏、康居等国兵力强盛,可以用赠送厚礼的方法使它们来朝贡。〔17〕以义属之,是说不用武力而用正当的方法使它们归附。〔18〕重九译是极言经过许多次展转的翻译,方能彼此相通。并不一定是九次。

3 浑邪王既降汉[1],汉兵击逐匈奴于幕北[2],自盐泽以东空无匈奴,西域道可通。于是张骞建言:"乌孙王昆莫本为匈奴臣,后兵稍强,不肯复朝事匈奴,匈奴攻不胜而远之。今单于新困于汉,而故浑邪地空无人,蛮夷俗恋故地,又贪汉财物。今诚以此时厚币赂乌孙,招以益东,居故浑邪之地,与汉结昆弟,其势宜听,听则是断匈奴右臂也[3]。既连乌孙,自其西大夏之属皆可招来而为外臣。"天子以为然,拜骞为中郎将[4]，将三百人，马各二匹，牛羊以万数，赍金币帛直数千巨万[5]；多持节副使，道可便，遣之他旁国[6]。骞既至乌孙，昆莫见骞，礼节甚倨。骞谕指曰[7]："乌孙能东居故地，则汉遣公主为夫人；结为兄弟，共距匈奴，匈奴不足破也。"乌孙自以远汉，未知其大小；素服属匈奴日久，且又近之，其大臣皆畏匈奴，不欲移徙。骞留久之，不能得其要领，因分遣副使使大宛、康居、大月氏、安息、身毒、于阗及诸旁国。乌孙发译道送骞还，使数十人、马数十匹随骞报谢，因令窥汉大小。是岁骞还到，拜为大行[8]。后岁余，骞所遣使通大夏之属者，皆颇与其人俱来，于是西域始通于汉矣。 元鼎二年（前一一五）

[1]浑邪一作昆邪，是匈奴部落名，在今甘肃省武威、张掖一带。前一二一年，浑邪王屡次为汉兵所败，单于要惩办他，他就带了手下人众归降中国，因此，他从前的辖境内就没有匈奴人了。 [2]幕即古漠字，幕北指大戈壁以北。 [3]这段话的意思是：如果乌孙能听从我们的主意，回到浑邪的辖境，再在原处建立乌孙国，乌孙就会永远同我们和好，这样就把匈奴右边（西边）一只膀臂斩断了。

[4]中郎将是稍次于将军的官号。 [5]巨万大约等于百万。[6]多持节副使是说多派些副使，各人持节，作为汉的代表，顺道就派他们到附近各国去。 [7]谕指是以汉廷的意旨晓谕他们。

[8] 大行是掌接待外宾的官,即大鸿胪。

4 西域凡三十六国,南北有大山,中央有河,东西六千余里,南北千余里。东则接汉玉门阳关[1],西则限以葱岭[2]。河有两源,一出葱岭,一出于阗,合流东注盐泽。盐泽去玉门阳关三百余里。自玉门阳关出西域有两道。从鄯善傍南山北,循河西行至莎车,为南道;南道西逾葱岭,则出大月氏、安息。自车师前王庭随北山循河西行至疏勒,为北道;北道西逾葱岭,则出大宛、康居、奄蔡焉。故皆役属匈奴[3],匈奴西边日逐王置僮仆都尉,使领西域[4],常居焉耆[5]、危须[6]、尉黎间[7],赋税诸国,取富给焉。

[1] 汉时于敦煌郡置玉门关及阳关。 [2] 葱岭在今维吾尔自治区疏勒、蒲犁之西,昆仑、天山都发脉于此。 [3] 故即旧也。 [4] 僮仆都尉是匈奴所置的官名。 [5] 焉耆即今维吾尔自治区之焉耆。 [6] 危须在焉耆东。 [7] 尉黎在今维吾尔自治区鄯善之北。

5 乌孙王既不肯东还,汉乃于浑邪王故地置酒泉郡,稍发徙民以充实之;后又分置武威郡[1],以绝匈奴与羌通之道。天子得宛汗血马,爱之,名曰"天马"。使者相望于道以求之。

诸使外国，一辈大者数百，少者百余人，人所赍操，大放博望侯时[2]，其后益习而衰少焉[3]。汉率一岁中使多者十余，少者五六辈，远者八九岁，近者数岁而反[4]。以上均元鼎二年（前一一五）

[1]酒泉、武威是至今还沿用的地名，两郡加上张掖、敦煌，称为河西四郡，形成伸向西北的走廊，就是现在甘肃省的大部分。
[2]放即古仿字，张骞曾以军功封博望侯。这句话的意思是说：大家所携带的装备大都仿照张骞的成例。 [3]益习而衰少是说：对于外国情形知道得更清楚，就不像从前那样多了。 [4]反即古返字。

6 博望侯既以通西域尊贵，其吏士争上书言外国奇怪利害求使。天子为其绝远，非人所乐往，听其言，予节募吏民，毋问所从来[1]，为具备人众遣之，以广其道。来还不能无侵盗币物及使失指[2]，天子为其习之，辄覆按致重罪，以激怒令赎，复求使[3]。使端无穷，而轻犯法[4]。其吏卒亦辄复盛推外国所有，言大者予节，言小者为副[5]。故妄言无行之徒皆争效之。其使皆贫人子，私县官赍物[6]，欲贱市以私其利。外国亦厌汉使人人有言轻重[7]，度汉兵远不能至，而禁其食物以苦汉使。汉使乏绝，积怨至相攻击[8]。而楼兰、车师小国当空道，攻汉使王恢等尤甚，而匈奴奇兵又时遮击之[9]。使者争言西域皆有城邑，兵弱易击。于是天子遣浮沮将军[10]公孙贺将万五千骑出九原二千余里[11]，至浮沮井而还；匈河将军赵破奴将万余骑出令居数千里，至匈河水而还；以斥逐匈奴不使遮汉使，皆不见匈奴一人。乃分武威、酒泉地置张掖、敦煌郡，徙民以实之。元鼎六年（前一一一）

[1]予节是给予出使的符节。毋问所从来是不追究出身经历。
[2]使失指是执行使命犯了错误。 [3]这几句话的意思是：回来之后，不免发觉有贪赃溺职的罪，皇帝因为他们既已熟习外国情形，就故意将他们定罪，让他们不得不再求出使以赎罪。 [4]这是说：借故出使的人很多，犯法的人也很多。 [5]这是说：下级官吏士兵也都极力铺张外国的物产，说得规模大的就给予使节，小的就派充副使。 [6]汉代人称政府为县官，这是说出使的人隐匿公家财物，私自出卖，侵吞货价。 [7]意思是说：汉使在外国所说的话，人人轻重不一，为外国所厌恶。 [8]这是说：汉使穷困之后，常生仇恨，以至与外国冲突起来。 [9]按汉时出西域有南北两道，南道从楼兰，北道从车师，两国常常挡住孔道，匈奴又加以拦击。空即孔字。 [10]浮沮井是匈奴地名。当时汉遣公孙贺出兵，希望他能达到浮沮井，所以以浮沮为号，下文匈河将军也是这个意思。 [11]九原在今山西北部。

7 乌孙使者见汉广大,归报其国,其国乃益重汉。匈奴闻乌孙与汉通,怒,欲击之;又其旁大宛、月氏之属皆事汉;乌孙于是恐,使使愿得尚汉公主,为昆弟[1]。天子与群臣议许之。乌孙以千匹马聘汉女。汉以江都王建女细君为公主,往妻乌孙,赠送甚盛。乌孙王昆莫以为右夫人,匈奴亦遣女妻昆莫,以为左夫人。公主自治宫室居,岁时一再与昆莫会,置酒饮食,昆莫年老,言语不通,公主悲愁思归,天子闻而怜之,间岁遣使者以帷帐锦绣给遗焉。昆莫曰:"我老。"欲使其孙岑陬尚公主[2]。公主不听,上书言状。天子报曰:"从其国俗,欲与乌孙共灭胡[3]。"岑陬遂妻公主,昆莫死,岑陬代立为昆弥[4]。

[1]尚公主就是娶公主,娶帝王之女称"尚",帝王之女嫁人称"降"。 [2]岑陬据说是乌孙的官称。 [3]意思是说:因为要与乌孙联合,共灭匈奴,只可随从他们的风俗了。 [4]昆弥即昆莫,是乌孙建国的王号。

8 是时汉使西逾葱岭,抵安息。安息发使以大鸟卵[1]及犁靬[2]善眩人献于汉[3],及诸小国驩潜[4]、大益、车师[5]、扜罙、苏薤之属,皆随汉使献见天子,天子大悦。西国使更来更去。天子每巡狩海上，悉从外国客。大都多人则过之[6]，散财帛以赏赐，厚具以饶给之，以览示汉富厚焉。大角抵，出奇戏诸怪物[7]，多聚观者。行赏赐，酒池肉林，令外国客遍观名仓库府藏之积，见汉之广大，倾骇之。大宛左右多蒲萄，可以为酒；多苜蓿[8]，天马嗜之；汉使采其实以来，天子种之于离宫别观旁极望。然西域以近匈奴，常畏匈奴使，待之过于汉使焉。 以上元封六年（前一〇五）

[1]大鸟卵即今之鸵鸟卵。 [2]犁靬即大秦国，指罗马帝国。靬音轩。 [3]善眩人指善于吞刀吐火等幻术的人，眩与幻同。 [4]骊靬、大益、扜采、苏薤均西域国名。据《史记》，均在大宛之西，今中亚细亚一带。扜音乌，采与弥同，薤音泻。 [5]车师一作姑师，在今维吾尔自治区吐鲁番一带。 [6]大都多人则过之，大概是经过繁盛都市的意思。 [7]角抵是古代摔跤的游戏。 [8]蒲萄和苜蓿都是以前中国所无而此后遍植于全国各处的。葡萄（我国古代曾叫"蒲萄"等名称）和苜蓿两个名词都是外国语的译音。武帝首先把这两种植物栽在他的苑囿里。

9 汉使入西域者言："宛有善马在贰师城[1]，匿不肯与汉使。"天子使壮士车令等持千金及金马以请之。宛王与其群臣谋曰："汉去我远，而盐水中数败[2]，出其北有胡寇，出其南乏水草，又且往往而绝邑，乏食者多[3]，汉使数百人为辈来，而常乏食，死者过半，是安能致大军乎？无奈我何。贰师马，宛宝马也。"遂不肯予汉使。汉使怒，妄言椎金马而去[4]。宛贵人怒曰："汉使至轻我！"遣汉使去，令其东边郁成王遮攻，杀汉使，取其财物。于是天子大怒，诸尝使宛姚定汉等言："宛兵弱，诚以汉兵不过三千人，强弩射之，可尽虏矣。"天子尝使浞野侯以七百骑虏楼兰王[5]，以定汉等言为然；而欲侯宠姬李氏，乃拜李夫人兄广利为贰师将军，发属国六千骑及郡国恶少年数万人，以往伐宛[6]；期至贰师城取善马，故号贰师将军。赵始成为军正[7]，故浩侯王恢使导军[8]，而李哆为校尉[9]，制军事。 太初元年（前一〇四）

[1]贰师城是大宛国的城名。 [2]盐水是沙漠地区，数败是说行军常有死亡。 [3]意思是说：若从北道走，受匈奴的侵扰；从南道走，又苦于道中没有城郭居民，食物不足。 [4]意思是汉使以"椎破金马返回中国"相恐吓。胡注误会，以为真椎破金马而去，非也。下文明言：宛贵人遣汉使去。 [5]赵破奴以军功封浞野侯。 [6]郡国中恶少年是各处无职业的少年。按汉朝制度，这种人是要强迫服兵役的。 [7]军正是军法官。 [8]导军是作行军的向导。 [9]校尉官职略次于将军。

10 汉既亡浞野之兵[1]，公卿议者皆愿罢宛军，专力攻胡。天子业出兵诛宛，宛小国而不能下，则大夏之属渐轻汉，而宛善马绝不来，乌孙、轮台易苦汉使[2]，为外国笑。乃案言伐宛尤不便者邓光等[3]。赦囚徒，发恶少年及边骑，岁余而出敦煌者六万人，负私从者不与[4]，牛十万，马三万匹，驴、橐驼以万数[5]，赍粮兵弩甚设[6]。天下骚动，转相奉伐宛五十余校尉。宛城中无井，汲城外流水。于是遣水工徙其城下水，空以穴其城[7]。益发戍甲卒十八万酒泉、张掖北，置居延、休屠屯兵以卫酒泉[8]，而发天下吏有罪者、亡命者及赘婿、贾人、故有市籍、父母大父母有市籍者凡七科适为兵[9]；及载糒给贰师[10]，转车人徒相连属；而拜习马者二人为执、驱马校尉[11]，备破宛择取其善马云。

[1] 赵破奴兵败为匈奴所俘，是前一年的事。 [2] 现在维吾尔自治区还有轮台这个地名。 [3] 意思是把最不赞成讨伐大宛的人办罪示威。 [4] 负私从者是携带私人物资随军前往的。不与，即不计在内。 [5] 橐驼即古骆驼字。 [6] 这句话的意思是说远征军队所带的粮食兵器非常完备。 [7] 意思是说：大宛城里没有井，需要城外水泉的供给，于是派了水利工程师，把城外的水道改通别处，穿通城墙，加以围困。 [8] 居延属张掖郡，休屠属武威郡，屠音除。 [9] 适即谪字。"七科适"是汉代的专门名词。一是犯

法的官吏，二是逃亡的人，三是自己不立家业而入赘人家作女婿的。四是商人，五是从前经营过商业的，六、七是父母或祖父母曾经营商业的。这七种人有首先被征发服兵役的义务。 [10]糒是干饭。音倍。[11]意思是：预先指定两个懂得马性的人，一个作执马校尉，一个作驱马校尉。

11 于是贰师后复行，兵多，所至小国莫不迎，出食给军。至轮台，轮台不下，攻数日，屠之。自此而西，平行至宛城，兵到者三万。宛兵迎击汉兵，汉兵射败之；宛兵走入保其城。贰师欲攻郁成城[1]，恐留行而令宛益生诈，乃先至宛，决其水原移之，则宛固已忧困。围其城，攻之四十余日。宛贵人谋曰："王毋寡匿善马[2]，杀汉使，今杀王而出善马，汉兵宜解，即不解[3]，乃力战而死，未晚也。"宛贵人皆以为然，共杀王。其外城坏，虏宛贵人勇将煎靡。宛大恐，走入城中，持王毋寡头，遣人使贰师约曰："汉无攻我，我尽出善马恣所取，而给汉军食。即不听我，我尽杀善马，康居之救又且至[4]；至，我居内，康居居外，与汉军战。孰计之何从[5]！"是时，康居候视汉兵尚盛，不敢进。贰师闻宛城中新得汉人，知穿井，而其内食尚多，计以为来诛首恶者毋寡，毋寡头已至，如此不许，则坚守，而康居候汉兵罢来救宛，破汉军必矣。乃许宛之约。宛乃出其马，令汉自择之，而多出食食汉军。汉军取其善马

数十匹，中马以下牝牡三千余匹，而立宛贵人之故时遇汉善者[6]名昧蔡为宛王[7]，与盟而罢兵。以上太初三年（前一〇二）

[1]郁成城是大宛的一座城名。 [2]毋寡是王的名字，毋一作母。 [3]按汉代语法，"即"是"假使"的意思。 [4]按古代语法，"且"是"就会"的意思。 [5]孰即熟字。 [6]遇汉善者，就是对汉抱亲善态度的人。 [7]昧蔡之蔡读若察。

12 自大宛破后，西域震惧，汉使入西域者益得职。于是自敦煌西至盐泽往往起亭[1]，而轮台、渠犁[2]皆有田卒数百人[3]，置使者、校尉领护[4]，以给使外国者[5]。太初四年（前一〇一）

[1]亭是驿站一类的建筑，汉代内地处处有亭。 [2]渠犁在轮台以东。 [3]田卒是屯田兵。 [4]使者等于特派员，校尉等于驻屯军司令。 [5]给使外国者是以屯田的粮食供应派往外国的使节。

赵充国屯田

西汉时代，汉族与羌族之间起了摩擦。主要是由于羌族与匈奴之间的关系，威胁中国的边防，所以不得不把羌人强迫南移，好断绝匈奴的勾结。但是当时的官吏贪残不法，对羌族肆行迫害，引起反抗，以致兵连祸结，一直绵延到东汉末年，并且几乎酿成重大事端，也是无可讳言的错误。

汉朝人的奏议，议论通达，规画详明，是向来大家公认的。尤其是赵充国的屯田奏，不但使得当时的君臣一致赞许，并且为后人所爱好诵读。也就是当时对羌族政策的反映。

《通鉴》将这篇文章发生的背景写得原原本本，关于这篇文章的反复讨论情形也有详尽的记载，首尾最为完具，所以几乎不必删节。

第一节说明匈奴不断地勾结羌族，威胁汉与西域的交通，赵充国指出严密戒备的必要。第二节说汉廷任用非人，无故残害了羌族的领袖，以致失去他们的信任，引起不必要的仇恨，结果不得不由赵充国这位老将亲自出马。第三节说赵充国的用兵持重，以威信招抚羌人，不妄杀戮。第四节说赵充国和辛武贤两人的意见不一致，后者主张急速击破甲、开，而前者认为背叛的是先零，并不是甲、开，应当分别对待。可是朝廷大臣都不赞成赵充国的话，诏书下去，责备他，命令他即刻进兵。第五节载赵充国的复奏，反复说明先击甲、开，徒然促成羌族全部的团结，将来需用更大的兵力，拖延更长的岁月，如果先击先零，甲、开自然服从，即使不服，也不难再用武力。第六节述汉廷重行考虑，毕竟以赵充国的话为有理，果然出其不意，一举就把先零打败了。对甲、羌，则极力表示善意，不究既往。第七节说先零已经大部分被解决，汉廷还要催促大军前进，继续作战，赵充国认为军事不赶快结束，是很危险的。他追溯从前湟中地方粮价贱的时候，建议收买一百万石就可以应付羌人任何事变，不料朝廷只批准四十万石，这是失败的根原。因此在第八节指出派出军队，输送粮食，费用浩大，不能持久，建议举办水利、建筑、交通、屯垦种种事业，以期节省政府开支。第九节载汉廷的回报，问他：按照这个计划，究竟几时才能解决羌事。第十节又载他的第二次奏文：他说可以希望在几个月内解决，因而举出撤回大军，留一万屯田兵，有十二利。第十一节载汉廷第二次回报，问他所谓几个月究竟是今年冬天呢，还是几时？撤兵之后，羌人又来侵扰屯田，又怎么办？第十二节又载他的复奏说，预料在明春，可以全部解决。以北面的边防为比，由西到东绵延一万多里，也不过用几千人驻守。现在骑兵虽已撤回，羌人也不敢轻兵远来，大举进犯。至于小小侵掠，这是边境常有的事，不能一律完全免除。凡是用兵，必须权衡得失，如果真能灭绝羌人，或者永远禁绝他们来犯，那也罢了。同样不能，徒然消耗自己的实力，是不值得的。第十三节说汉廷的大臣到此也不能不佩服赵充国的远见，起初怀疑反对的，也都赞成了，不过还不肯完全放弃作战。第十四节说次年夏天，果然解决，连屯兵也撤回了。赵充国始终坚持用兵不是上策，不肯附和苟同，终于用事实证明了他的见解的正确。

1 初，武帝开河西四郡[1]，隔绝羌与匈奴相通之路[2]，斥逐诸羌，不使居湟中地[3]。及帝即位[4]，光禄大夫义渠安国使行诸羌[5]，先零[6]豪言[7]："愿时度湟水北，逐民所不田处畜牧。"安国以闻。后将军[8]赵充国劾安国奉使不敬[9]。是后羌人旁缘前言，抵冒度湟水[10]，郡县不能禁。既而先零与诸羌种豪二百余人，解仇、交质、盟诅[11]。上闻之，以问赵充国[12]。对曰："羌人所以易制者，以其种自有豪，数相攻击，势不壹也。往三十余岁，西羌反时，亦先解仇合约攻令居[13]，与汉相距，五六年乃定。匈奴数诱羌人，欲与之共击张掖、酒泉地，使羌居之。间者，匈奴困于西方，疑其更遣使至羌中与相结。臣恐羌变未止此,且复结联他种,宜及未然为之备。"后月余,羌侯狼何[14]果遣使至匈奴藉兵[15],欲击鄯善、敦煌以绝汉道。充国以为狼何势不能独造此计,疑匈奴使已至羌中,先零、罕、开乃解仇作约[16]。到秋马肥,变必起矣。宜遣使者行边兵,豫为备敕,视诸羌,毋令解仇,以发觉其谋。于是两府复白遣义渠安国行视诸羌[17],分别善恶。 汉宣帝元康四年(前六二)

[1]河西四郡指武威、张掖、酒泉、敦煌。 [2]羌是种族名,分布于今甘肃、青海。 [3]湟中指湟水左右的地方,湟水即今西宁河,发源青海,入黄河。 [4]帝指宣帝。 [5]光禄大夫是一种在内廷备差遣顾问的官,行是巡视的意思。 [6]先零是羌的一种,零读若怜。 [7]豪是部落的首领。 [8]汉代有前、后、左、右将军,是次于大将军的一种高级军事长官。但不一定领兵,也可以参与政事,与丞相、御史大夫地位略相等。 [9]汉代习惯,所谓不敬就是不忠于职事的意思。 [10]这句话的意思是说:后来羌人借口已经向义渠安国请求有案,于是不由分说,渡过湟水。 [11]意思说:大家解除仇怨,互派人质,订结盟誓。反映羌人内部一向是不团结的。 [12]赵充国是西北人,又是个职业军人,积有经验,所以要征求他的意见。 [13]令居是汉时护羌都尉治所,在今甘肃境。 [14]据《汉书·赵充国传》,狼何是小月氏种。

[15]藉即借字。 [16]罕、开都是羌的别种。 [17]两府指丞相府及御史大夫府,西汉时代大政是由两府联合决定的。

2 义渠安国至羌中,召先零诸豪三十余人,以尤桀黠者皆斩之[1];纵兵击其种人,斩首千余级。于是诸降羌及归义羌侯杨玉等怨怒[2],无所信乡[3]。遂劫略小种背叛,犯塞攻城邑,杀长吏。安国以骑都尉将骑二千屯备羌。至浩亹[4],为虏所击,失亡车重兵器甚众。安国引还,至令居以闻。时赵充国年七十余,上老之;使丙吉问谁可将者[5]。充国对曰:"无逾于老臣者矣!"上遣问焉,曰:"将军度羌虏何如,当用几人?"充国曰:"百闻不如一见,兵难遥度,臣愿驰至金城[6],图上方略。羌戎小夷,逆天背叛,灭亡不久,愿陛下以属老臣。勿以为忧!"上笑曰:"诺。"乃大发兵诣金城。夏四月,遣充国将之以击西羌。 神爵元年(前六一)

[1]桀黠是桀骜狡猾的意思。 [2]杨玉先曾归降,所以称为归义羌侯。 [3]乡即向字。无所信向,是没有信心。 [4]浩亹,读作告门,在今甘肃省皋兰西南。 [5]丙吉此时居御史大夫之任,是宣帝的恩人,最为亲信。 [6]汉金城郡治所即今甘肃省皋兰县。

3 赵充国至金城,须兵满万骑,欲渡河,恐为虏所遮,即夜遣三校衔枚先渡[1]，渡辄营陈[2]；会明毕，遂以次尽渡。虏数十百骑来，出入军旁。充国曰："吾士马新倦，不可驰逐，此皆骁骑难制，又恐其为诱兵也。击虏以殄灭为期，小利不足贪。"令军勿击。遣骑候四望陕中无虏[3]，夜引兵上至落都[4]，召诸校司马谓曰："吾知羌虏不能为兵矣。使虏发数千人守杜四望陕中[5]，兵岂得入哉！"充国常以远斥候为务[6]，行必为战备，止必坚营壁，尤能持重，爱士卒，先计而后战。遂西至西部都尉府[7]，日飨军士，士皆欲为用。虏数挑战，充国坚守，捕得生口[8]，言羌豪相数责曰："语汝无反，今天子遣赵将军来，年八九十矣，善为兵。今请欲壹斗而死，可得邪？"初，䍐、开豪靡当儿使弟雕库来告都尉曰："先零欲反。"后数日果反。雕库种人颇在先零中，都尉即留雕库为质。充国以为无罪，乃遣归告种豪：大兵诛有罪者，明白自别，毋取并灭。天子告诸羌人：犯法者能相捕斩，除罪，仍以功大小赐钱有差；又以其所捕妻子财物尽与之。充国计欲以威信招降䍐、开及劫掠者，解散虏谋，徼其疲剧[9]，乃击之。

[1]汉时以一队为一校。 [2]陈即古阵字。 [3]陕即今峡字，山峭而夹水曰陕。 [4]落都，山名，在今青海省乐都县。 [5]杜，塞也。 [6]远斥候是向远处派出斥候，警备严密的意思。 [7]汉代边郡辽远地方，别设都尉，西部都尉是属酒泉郡的。 [8]生口是

活捉到的人。［9］微其疲剧就是乘其疲劳。

4 时，上已发内郡兵屯边者合六万人矣。酒泉太守辛武贤奏言："郡兵皆屯备南山[1]，北边空虚，势不可久。若至秋冬乃进兵，此虏在境外之策。今虏朝夕为寇，土地寒苦，汉马不耐冬。不如以七月上旬赍三十日粮，分兵出张掖、酒泉，合击罕、开在鲜水上者[2]。虽不能尽诛，但夺其畜产，虏其妻子，复引兵还，冬复击之，大兵仍出，虏必震坏。"天子下其书充国，令议之。充国以为："一马自负三十日食，为米二斛四斗[3]，麦八斛，又有衣装兵器，难以追逐。虏必商军进退，稍引去，逐水草，入山林。随而深入，虏即据前险，守后厄，以绝粮道，必有伤危之忧，为夷狄笑，千载不可复。而武贤以为可夺其畜产，虏其妻子，此殆空言，非至计也。先零首为叛逆，他种劫略[4]。故臣愚策，欲捐罕、开暗昧之过，隐而勿章，先行先零之诛，以震动之，宜悔过反善[5]。因赦其罪，选择良吏知其俗者，拊循和辑，此全师、保胜、安边之策。"天子下其书公卿议者[6]，咸以为先零兵盛，而负罕、开之助，不先破罕、开，则先零未可图也。上乃拜侍中许延寿为强弩将军[7]，即拜酒泉太守武贤为破羌将军[8]，赐玺书嘉纳其策[9]。以书敕让充国曰[10]："今转输并起，百姓烦扰，将军将万余之众，不早及秋共水草之利，争其畜食，欲至冬，虏皆当畜食，多藏匿山中，依险阻。将军士寒，手足皲瘃[11]，宁有利哉！将军不念中国之费，欲以岁数而胜敌[12]。将军谁不乐此者[13]！今诏破羌将军武贤等将兵，以七月击罕羌，将军其引兵并进，勿复有疑！"

[1]南山指南祁连山。 [2]鲜水，据齐召南说，即青海。 [3]古代以十斗为一斛。 [4]他种劫略是说别种只是被先零裹胁，并非出于本心。 [5]捐是弃置的意思。意思是说罕、开罪状并未显著，不如暂时放在一边，不揭穿。先把先零办了，他们害怕，应该会悔过的。 [6]下其书是把原奏交下，由大臣会议。根据第十三节，议者二字应属上句。 [7]侍中是亲近的贵臣。 [8]即拜是在辛武贤的酒泉太守本任上加派"破羌将军"的名义。 [9]汉代皇帝给臣下的信名为玺书。 [10]让是斥责的意思。 [11]皲是皮肤皴裂，音军。瘃即冻疮。 [12]意思是：延长岁月以求胜。 [13]意思是：凡作将军的，谁不愿意这样呢？

5 充国上书曰："陛下前幸赐书，欲使人谕罕以大军当至，汉不诛罕，以解其谋。臣故遣开豪雕库宣天子至德；罕、开之属皆闻知明诏。今先零羌杨玉阻石山木[1]，候便为寇，罕羌未有所犯，乃置先零，先击罕，释有罪，诛无辜，起壹难，就两害，诚非陛下本计也。臣闻兵法：'攻不足者守有余[2]。'

69

又曰:'善战者致人,不致于人[3]。'今罕羌欲为敦煌、酒泉寇,宜饬兵马,练战士,以须其至。坐得致敌之术,以逸击劳,取胜之道也。今恐二郡兵少,不足以守,而发之行攻[4],释致虏之术而从为虏所致之道[5],臣愚以为不便。先零羌虏欲为背畔,故与罕、开解仇结约,然其私心不能无恐汉兵至而罕、开背之也。臣愚以为其计常欲先赴罕、开之急以坚其约,先击罕羌,先零必助之。今虏马肥,粮食方饶,击之恐不能伤害,适使先零得施德于罕羌,坚其约,合其党。虏交坚党合,精兵二万余人迫胁诸小种,附着者稍众,莫须之属不轻得离也[6]。如是虏兵浸多[7],诛之用力数倍。臣恐国家忧累,由十年数,不二三岁而已[8]。于臣之计,先诛先零已,则罕、开之属不烦兵而服矣。先零已诛,而罕、开不服,涉正月击之,得计之理,又其时也[9]。以今进兵,诚不见其利。"

[1]此四字据颜师古说,为阻依山之木石以自保固。 [2]这句话的意思是:攻敌虽嫌人数不足,自守则有余。 [3]这句话的意思是:善于作战的,要引致敌人,而不为敌人所引致。 [4]意思说:既然考虑到两郡的兵数太少,守还不够,何以倒要起兵前往攻敌? [5]意思说:舍弃引致敌人的方法,反而采取为敌人所引致的方法。 [6]莫须也是羌的一种。 [7]浸是逐渐的意思。 [8]意思是:少说也要十年,不能两三年就完结。 [9]意思说:

到正月边头再进击。

6 戊申，充国上奏。秋七月甲寅，玺书报从充国计焉[1]。充国乃引兵至先零在所，虏久屯聚懈弛，望见大军，弃车重，欲度湟水，道厄陿；充国徐行驱之。或曰："逐利行迟。"充国曰："此穷寇，不可迫也。缓之则走不顾，急之则还致死[2]。"诸校皆曰："善。"虏赴水溺死者数百，降及斩首五百余人。虏马牛羊十万余头，车四千余两[3]。兵至罕地，令军毋燔聚落、刍牧田中[4]。罕羌闻之，喜曰："汉果不击我矣。"豪靡忘使人来言，愿得还复故地。充国以闻，未报。靡忘来自归，充国赐饮食，遣还谕种人。护军以下皆争之[5]，曰："此反虏不可擅遣。"充国曰："诸君但欲便文自营，非为国家忠计也[6]！"语未卒[7]，玺书报令靡忘以赎论[8]。后罕竟不烦兵而下。

[1] 宋洪迈在所著的《容斋随笔》里说：赵充国这次上奏，是六月戊申。到七月甲寅，已经得到诏书批准。从金城到长安一千四百五十里，不过费七天工夫，中间还要经过大臣的会议。可以证明汉代行政效率之高，及驿递制度之完善。洪氏这话大体是对的。不过七月甲寅是指批准的日子，不是赵充国接到诏书的日子。然而七天工夫，西安已经接到兰州的来文，而且就作出决定，的确古人是很讲究行政效率的。从整个记载来看，也可以想见汉代政府

办事颇有积极负责的精神,有了错误,立刻纠正。［2］意思是:如果进逼太紧,就会回头拼死了。［3］两即今辆字。［4］意思是:不许焚烧村庄房屋,不许在田地牧放马牛。［5］护军是将军、校尉以下的军官。［6］意思是:诸君只想个人不受处分就算了,并不是忠心为国家打算。［7］卒,终也。［8］汉律有赎罪法,以赎论就是援照赎罪法赦免。

7 上诏破羌、强弩将军诣屯所,以十二月与充国合,进击先零。时羌降者万余人矣,充国度其必坏,欲罢骑兵,屯田以待其敝。作奏未上,会得进兵玺书。充国子中郎将卬惧,使客谏充国曰:"诚令兵出,破军杀将,以倾国家,将军守之可也。即利与病,又何足争[1]? 一旦不合上意,遣绣衣来责将军[2],将军之身不能自保,何国家之安?"充国叹曰:"是何言之不忠也!本用吾言,羌虏得至是邪[3]? 往者举可先行羌者,吾举辛武贤,丞相御史复白遣义渠安国,竟沮败羌。金城、湟中谷斛八钱[4],吾谓耿中丞[5]:'籴三百万斛谷,羌人不敢动矣。'耿中丞请籴百万斛,乃得四十万斛耳;义渠再使,且费其半。失此二策,羌人致敢为逆。失之毫厘,差以千里,是既然矣[6]。今兵又不决,四夷卒有动摇,相因而起,虽有知者不能善其后。羌独足忧邪[7]! 吾固以死守之,明主可为忠言[8]。"

[1]这几句话的意思是：即使打败仗，坏了国家的事，你只遵照命令去办就是了，管他什么利弊呢？ [2]绣衣是御史之称，御史查办事件，身穿绣衣，手执斧钺，可以逮捕人。 [3]意思是：当初若用我的计策，羌人能有今天这样猖獗么？ [4]谷价一斛只值八个钱，是非常低廉的时价。 [5]中丞是司农中丞，为财务行政长官，耿中丞名寿昌。 [6]意思说：这是已经过去的事了。 [7]意思说：兵连祸结，前途不堪设想，可忧虑的岂但是西羌？知即智字。 [8]意思说：明达的君主是可以和他讲实话的。

8 遂上屯田奏曰："臣所将吏士、马牛食所用粮谷、茭稿[1]，调度甚广。难久不解，徭役不息，恐生他变。为明主忧，诚非素定庙胜之策[2]。且羌易以计破，难用兵碎也。故臣愚心以为击之不便。计度临羌[3]东至浩亹，羌虏故田及公田，民所未垦，可二千顷以上，其间邮亭多坏败者[4]。臣前部士入山，伐林木六万余枚，在水次。臣愿罢骑兵，留步兵万二百八十一人，分屯要害处，冰解漕下[5]，缮乡亭，浚沟渠，治湟陿以西道桥七十所，令可至鲜水左右。田事出[6]，赋人三十亩[7]，至四月草生，发郡骑及属国胡骑各千就草[8]，为田者游兵[9]，以充入金城郡，益积畜，省大费。今大司农所转谷，至者足支万人一岁食，谨上田处及器用簿[10]。"

9 上报曰："即如将军之计,虏当何时伏诛,兵当何时得决？孰计其便,复奏。"

［1］茭稿是干草。［2］庙胜是在庙堂上决胜的意思。［3］临羌属金城郡,其西北即塞外。［4］汉代的邮亭,兼具招待过客、传送文书,以及警备巡逻等作用。［5］意思是：等冰融化了,就可以运木料顺流而下。［6］田事出指春耕开始的时候。［7］赋就是分配。［8］就草等于现在的放青。［9］为田者游兵是保护耕作的人。［10］屯田的地点及所需器用的清册。

10 充国上状曰："臣闻帝王之兵,以全取胜,是以贵谋而贱战。'百战而百胜,非善之善者也。故先为不可胜,以待敌之可胜[1]。'蛮夷习俗虽殊于礼义之国,然其欲避害就利,爱亲戚,畏死亡,一也。今虏亡其美地荐草[2],愁于寄托[3],远遁,骨肉心离,人有叛志,而明主班师罢兵,万人留田,顺天时,因地利,以待可胜之虏,虽未即伏辜,兵决可期月而望。羌虏瓦解,前后降者万七百余人,及受言去者凡七十辈[4]。此坐支解羌虏之具也[5]。臣谨条不出兵留田便宜十二事：步兵九校,吏士万人,留屯以为武备,因田致谷,威德并行,一也。又因排折羌虏,令不得归肥饶之地,贫破其众,以成羌虏相叛之渐,二也。居民得并田作,不失农业,三也。军马一月之食,度支田士一岁,罢骑兵以省大费,四也。至春省甲士,卒循河、湟漕谷至临羌,以示羌虏,扬威武传世折冲之具[6],五也。以闲暇时下先所伐材,缮治邮亭,充入金城,六也。兵出,乘危侥幸[7];不出,令反叛之虏窜于风寒之地,离霜露、疾疫、瘃堕之患,坐得必胜之道,七也。无经阻、远追、死伤之害,八也。内不损威武之重,外不令虏得乘间之势,九也。又无惊动河南大开使生他变之忧,十也。治湟陿中道桥,令可至鲜水,以制西域,伸威千里,从枕席上过师[8],十一也。大费既省,徭役豫息,以戒不虞,十二也。留屯田,得十二便;出兵,失十二利;唯明诏采择。"

[1] 这几句是《孙子》上的话。意思是不要浪战,要自己随时警戒准备以待机。 [2] 荐草是稠密的茂草。 [3] 意思是苦于无处安身。 [4] 受言去是接受约束而去。 [5] 意思是说坐而制胜的办法。 [6] 意思大概是以御敌的力量示人。 [7] 意思是:出兵不可必胜,即使胜利,也是冒着危险而侥幸的。 [8] 从枕席上过师是形容行军之安稳便利。

11 上复赐报曰:"兵决可期月而望者,谓今冬邪?谓何时也?将军独不计虏闻兵颇罢,且丁壮相聚,攻扰田者[1]及道上屯兵,复杀略人民,将何以止之?将军孰计复奏[2]!"

〔1〕田者就是种田的人。〔2〕孰即熟字，意思是详细考虑一下。

12 充国复奏曰："臣闻兵以计为本，故多算胜少算。先零羌精兵，今余不过七八千人，失地远客分散、饥冻叛还者不绝。臣愚以为虏破坏可日月冀，远在来春，故曰兵决可期月而望。窃见北边自敦煌至辽东，万一千五百余里。乘塞列地有吏卒数千人，虏数以大众攻之而不能害。今骑兵虽罢，虏见屯田之士精兵万人，从今尽三月，虏马羸瘦，必不敢捐其妻子于他种中，远涉河山而来为寇；亦不敢将其累重〔1〕，还归故地。是臣之愚计所以度虏且必瓦解其处，不战而自破之策也。至于虏小寇盗，时杀人民，其原未可卒禁〔2〕。臣闻战不必胜，不苟接刃，攻不必取，不苟劳众〔3〕。诚令兵出，虽不能灭先零，但能令虏绝不为小寇，则出兵可也。即今同是，而释坐胜之道，从乘危之势〔4〕，往终不见利，空内自疲敝，贬重以自损，非所以示蛮夷也。又大兵一出，还不可复留，湟中亦未可空，如是，徭役复更发也。臣愚以为不便。臣窃自惟念：奉诏出塞，引军远击，穷天下之精兵，散车甲于山野，虽无尺寸之功，偷得避嫌之便，而无后咎余责，此人臣不忠之利，非明主社稷之福也〔5〕。"

［1］将其累重是说带着家属和财产。 ［2］意思是：不能一下子根本禁绝。 ［3］意思是：没有把握就不要随便作战。 ［4］意思是：虽然不能灭掉先零，只要真能免除小的侵犯，也还值得。既然同样不能，而放弃可以坐而制胜的办法，去做冒险的行动，那就不对了。 ［5］这是说：苟且获得避嫌的方便，一点功效没有，却可以推卸责任，不致惹起事后的责难，这只是个人取巧的打算，对于国家是有损的。

13 充国奏每上，辄下公卿议臣。初是充国计者什三；中什五，最后什八。有诏诘前言不便者，皆顿首服。魏相曰[1]："臣愚不习兵事利害。后将军数画军策，其言常是。臣任其计必可用也[2]。"上于是报充国，嘉纳之。亦以破羌、强弩将军数言当击，于是两从其计。……以上均神爵元年

［1］魏相是当时的丞相。 ［2］任是保证的意思。

14 夏五月，赵充国奏言："羌本可五万人军，凡斩首七千六百级，降者三万一千二百人，溺河湟、饿死者五六千人，定计遗脱与煎巩、黄羝俱亡者不过四千人[1]，羌靡忘等自诡必得[2]。请罢屯兵。"奏可。充国振旅而还。所善浩星赐迎说

充国曰[3]："众人皆以破羌、强弩出击，多斩首生降，虏以破坏[4]。然有识者以为虏势穷困，兵虽不出，即自服矣。将军即见，宜归功于二将军出击，非愚臣所及，如此将军计未失也。"充国曰："吾年老矣，爵位已极，岂嫌伐一时事，以欺明主哉[5]？兵势国之大事，当为后法。老臣不以余命，壹为陛下明言兵之利害，卒死，谁当复言之者[6]？"卒以其意对。 神爵二年（前六〇）

[1]煎巩、黄羝也是羌的别种。 [2]自诡必得是自己保证一定追捕得来。 [3]浩星赐是人名，浩星是复姓。 [4]以、已二字古通用。 [5]意思是："我年纪老了，官爵也无可再加了，怎么可以为避免夸功的嫌疑，不向明达的君主说实话呢？" [6]意思是："我若仓猝死了，还有谁肯说这些话？"卒即猝字。

贾让治河三策

黄河为害，是历史上一个最难解决的问题。从汉武帝时代起，就占了历史上大篇幅的记载。《史记》的《河渠书》，《汉书》的《沟洫志》，都作过重点的叙述。武帝亲自视察黄河决口，带了随从官员大家动手参加堵塞工作，并且作了一首歌来纪念这事。到了元帝永光五年（前三八），又在河北、山东交界的清河左近决了口，这一区域的人民从此就长期不得安居，而黄河也没有固定可循的河道。因此才有下列的议论。

第一节是负责河堤的专员提出意见，不主张筑堤而主张疏浚河道，请求招聘专门人才，征询方略。第二节就是历史上有名的贾让治河三策。他的大意是说黄河下游民居田地过于与河接近，筑堤防水，本来不是正当办法，现在又在堤以内筑几层堤，占得不留余地，水势受到迫束，所以容易溃决。最好把这一部分地区的民居让开，使黄河得有自己选择道路的机会，选择定了，自然顺轨安流。至于迁移民居的费用，是可以将年年堵口筑堤的费用相抵而有余的。其次则多修水渠，用来灌溉，同时也可以减弱水势，也还不失为补救的办法。据他的计画，可以保证几百年的国富民安。至于年年修堤，耗费无穷，仍然经常不免灾害，这是最下之策。

以上是成帝时代的事，到了王莽执政，很有意于建设事业，又大规模征聘专家。其中比较有力量的建议者，一为关并，他的主张大略与贾让相同。二为韩牧，主张尽量恢复大禹的九河故道。王横却说：现在的情形与昔不同，必须把黄河移到平妥的地方，依傍太行山脚，由高处流到低处，东北入海。不能拘定所谓九河故道。桓谭是主持这次讨论的人，他说这几种意见之中，必有一种是正确的，应该精密考验，慎重决定。兴起工来，也可以养活些无业游民，比徒然赈济他们总值得些。但王莽专好空谈，仍无结果。这就是第三节的大意。

1 骑都尉平当使领河堤[1]，奏："九河[2]今皆寘灭[3]。按经义，治水有决河深川，而无堤防壅塞之文[4]。河从魏郡以东多溢决[5]，水迹难以分明[6]，四海之众不可诬[7]，宜博求能浚川疏河者。"上从之。 汉成帝绥和二年（前七）

[1]平当的本官是骑都尉，而差使是管理河堤。 [2]九河是大禹治河时下游分流的水道，见《禹贡》。 [3]寘与填同。 [4]意

思是说:按照经义,治水只有疏导的办法,没有用堤防来堵塞的办法。

［5］魏郡是汉时一郡,包括后世河南的彰德,河北的大名一带。

［6］当时黄河漫溢,没有一定的轨道,不知道它究竟要从哪条路走,所以说:水迹难以分明。　［7］意思说:群众是不好欺骗的。

2 待诏贾让奏言[1]:"治河有上中下策。古者立国居民,疆理土地,必遗川泽之分,度水势所不及。大川无防,小水得入,陂障卑下,以为汙泽[2],使秋水多得其所休息,左右游波,宽缓而不迫。夫土之有川,犹人之有口也。治土而防其川,犹止儿啼而塞其口。岂不遽止?然其死可立而待也。故曰:'善为川者,决之使道;善为民者,宣之使言[3]。'盖堤防之作,近起战国,雍防百川[4],各以自利。齐与赵、魏以河为竟[5]。赵、魏濒山[6],齐地卑下[7],作堤去河二十五里。河水东抵齐堤,则西泛赵、魏;赵、魏亦为堤去河二十五里。虽非其正,水尚有所游荡[8]。时至而去,则填淤肥美[9],民耕田之;或久无害,稍筑宫宅,遂成聚落;大水时至漂没,则更起堤防以自救,稍去其城郭,排水泽而居之,湛溺自其宜也[10]。今堤防陿者去水数百步[11],远者数里,于故大堤之内,复有数重,民居其间,此皆前世所排也[12]。河从河内、黎阳至魏郡、昭阳[13],东西互有石堤,激水使还,百余里间,河再西三东,迫阨如此,不得安息。今行上策,徙冀州之民当水冲者[14],决黎阳遮害亭[15]，放河使北入海；河西薄大山，东薄金堤，势不能远泛滥，期月自定[16]。难者将曰：'若如此，败坏城郭、田庐、冢墓以万数，百姓怨恨。'昔大禹治水，山陵当路者毁之。故凿龙门[17]，辟伊阙[18]，析底柱[19]，破碣石[20]，堕断天地之性。此乃人功所造，何足言也[21]？今濒河十郡治堤，岁费且万万；及其大决，所残无数。如出数年治河之费，以业所徙之民，遵古圣之法，定山川之位，使神人各处其所而不相奸[22]；且大汉方制万里，岂其与水争咫尺之地哉？此功一立，河定民安，千载无患，故谓之上策。若乃多穿漕渠于冀州地，使民得以溉田，分杀水怒[23]，虽非圣人法，然亦救败术也。可从淇口以东为石堤[24]，多张水门。恐议者疑河大川难禁制，荥阳漕渠足以卜之[25]。冀州渠首尽当仰此水门，诸渠皆往往股引取之。旱则开东方下水门，溉冀州；水则开西方高门，分河流[26]。民田适治，河堤亦成。此诚富国安民，兴利除害，支数百岁，故谓之中策。若乃缮完故堤，增卑倍薄[27]，劳费无已，数逢其害，此最下策也。"以上同绥和二年

[1]凡上书应聘的都称为待诏，以备随时顾问。这时哀帝访求能治水的，所以贾让以待诏的资格上这篇奏议。 [2]意思是说：把低洼的地方拦筑起来，成为潴水的地方。 [3]这几句都是周朝的召公谏止厉王监谤的话，见《国语》。意思是：善于治理河道的，

要分泄导引使它畅通,善于治理百姓的,要开导他们使他们肯说话。

〔4〕雍与壅同。 〔5〕竟与境同。 〔6〕濒山是说赵、魏两国以太行山为边界。 〔7〕齐地在今山东半岛,濒海,所以比较起来是低地。 〔8〕意思说:两堤之间有五十里的余地,可以容水自由徘徊。

〔9〕填淤肥美是说经过河水泛滥以后,淤泥把地变得更肥了。〔10〕湛与沉同。 〔11〕陿与峡同。 〔12〕意思说:这都是过去的人所侵占的地区。 〔13〕黎阳属河内郡,昭阳属魏郡。 〔14〕冀州指今河北地区。 〔15〕遮害亭在今河南浚县境内,这里有"金堤"。

〔16〕期月是一年数月之间。 〔17〕龙门是山名,在山西省河津与陕西省韩城之间。 〔18〕伊阙也是山名,在洛阳之南,两山相对,仿佛古时城门的双阙,伊水从其间经过,故以为名。 〔19〕底柱即今三门峡,在河南省陕县黄河中。 〔20〕碣石也是山名,所在地说者不一,似以在河北省临榆附近为可信。 〔21〕意思说:自然的障碍尚且可以征服,何况人造的呢? 〔22〕这里的"神"是指"自然",不相奸是彼此不相犯。 〔23〕分杀水怒是分减水势的猛烈。 〔24〕淇口在今河南省浚县境。 〔25〕荥阳漕渠足以卜之,《汉书》作下之。似当以作下字为是。下是可以容纳一部分的意思。

〔26〕意思是:河北各渠都靠水门来节制,旱的时候供给水源,涝的时候从上游流去。 〔27〕意思是:把低的加高,薄的加厚。

…………

3 又征能治河者以百数。其大略异者，长水校尉[1]平陵关并言[2]："河决率常于平原[3]、东郡左右[4]，其地形下而土疏恶。闻禹治河时，本空此地，以为水猥盛则放溢，少稍自索[5]，虽时易处，犹不能离此。上古难识。近察秦、汉以来，河决曹[6]、卫[7]之域，其南北不过百八十里，可空此亭，勿以为官亭民室而已。"御史[8]临淮[9]韩牧以为："可略于《禹贡》九河处穿之，纵不能为九，但为四、五，宜有益。"大司空掾[10]王横言："河入勃海[11]，地高于韩牧所欲穿处。往往天常连雨，东北风，海水溢西南出，浸数百里[12]，九河之地已为海所渐矣[13]。禹之行河，水本随西山下东北去[14]。《周谱》云[15]：'定王五年，河徙。'则今所行非禹之所穿也。又秦攻魏，决河灌其都，决处遂大，不可复补。宜却徙完平处更开空[16]，使缘西山足，乘高地而东北入海，乃无水灾。"司空掾沛国[17]桓谭典其议[18]，为甄丰言[19]："凡此数者必有一是；宜详考验，皆可豫见。计定然后举事，费不过数亿万，亦可以事诸浮食无产业民[20]，空居与行役同当衣食，衣食县官而为之作，乃两便[21]。可以上继禹功，下除民疾。"时莽但崇空语，无施行者[22]。 平帝元始四年（四）

[1]长水校尉是官名，汉代八校尉之一，管一部分的军队。 [2]平陵是右扶风的一县，今陕西省咸阳县境。 [3]平原是汉郡之一，

今山东省平原一带。［4］东郡也是汉郡之一，今河南省濮阳一带。［5］猥，多也。索，尽也。［6］曹是古国名，今山东省菏泽。［7］卫也是古国名，今河南省卫辉。［8］汉代的御史兼受理文书、纠察、弹劾的职务。［9］临淮也是汉郡之一，今安徽省盱眙一带。［10］大司空掾就是大司空的僚属，西汉末年，御史大夫改称大司空。［11］勃海即渤海。［12］意思是：海水向西南方面泛溢几乎达到几百里。［13］意思是：九河流域已经被海水浸灌。［14］西山指太行山。［15］《周谱》是周代帝王的年谱。［16］空音孔，即孔穴也。［17］沛国，《汉书》作沛郡，是对的。在西汉时应称沛郡，其治所在今安徽省宿县境。［18］典其议是主持这次的会议。［19］甄丰就是当时的大司空。［20］事就是给这些人分配工作。［21］两便是说：无业之人，闲着没事，和做工是同样需要衣食的；现在政府供给他们衣食，叫他们去修治河道，是为公私两便。［22］当时正是王莽执政的时代，计划很多，成绩却很少。

班超出使西域

东汉初年，由于国力渐次充实，为解决北方的边患，从明帝永平十六年（七三）开始，再度对时常犯边的北匈奴展开积极攻势，并且继承武帝时代的政策，再度企图截断匈奴与西域的关系，恢复汉与西域的交通。杰出的军事、外交家班超就担负了这项重大的任务，与西汉的张骞成为前后相映的人物。他出身于文学、史学家的家庭，怀抱着卓越不凡的志趣，只同著三十六个官长士兵出发，争取了西域五十几国的内向，在辽远的地区重新树立了汉朝的威信。他的成就是惊人的。在历史上与同时窦宪的驱迫北匈奴向欧洲迁徙，同样是非常重大的事件。

《通鉴》这段记载，大部分取材于《后汉书·班超本传》，原文资料是完整的，文笔也非常简净劲健，是《后汉书》中最精彩的一篇，所以《通鉴》改造的地方极少。但是依然可以看出《通鉴》删节得更为扼要，更为明净。如果对照起来看，很可以给我们以技巧上的启发。

全篇分为三大段，第一大段中记班超初次的成功。其中第一节记鄯善的态度不明，汉使陷于危境。第二节记班超冒险攻斩匈奴使者，迫使鄯善附汉。第三节记进一步向于阗树立威信，因而诸国望风归附，西域复通。第二大段记班超继续完成定西域的事业。其中第四节载其请兵原奏。第五节记汉廷派徐干将兵佐超。第六节记李邑的谗害，班超的宽大为怀。第七节记班超以少胜多，击败莎车，威震西域。第八节记班超所得关于西方的地理知识。第三大段是班超一生的总述。第九节记他年老思归，回到洛阳，才一月即死。第十节记他告诫任尚的话，以宽和简易为施政纲要。

一

1 ……（窦）固[1]使假司马[2]班超与从事[3]郭恂俱使西域。超行到鄯善[4]，鄯善王广奉超礼敬甚备，后忽更疏懈[5]。超谓其官属曰："宁觉广礼意薄乎？"官属曰："胡人不能常久，无他故也。"超曰："此必有北虏使来，狐疑未知所从故也。明者睹未萌，况已著邪？"乃召侍胡，诈之曰[6]："匈奴使来数日，今安在乎？"侍胡惶恐曰："到已三日，去此三十里。"超乃闭侍胡，悉会其吏士三十六人[7]，与共饮。酒酣，因激怒之曰："卿曹与我俱在绝域[8]，今虏使到才数日，而王广礼敬即废。如令鄯善收吾属送匈奴[9]，骸骨长为豺狼食矣，为之奈何？"官属皆曰："今在危亡之地，死生从司马！"超曰："不入虎穴，不得虎子。当今之计，独有因夜以火攻虏，使彼不知我多少，必大震怖，可殄尽也。灭此虏，则鄯善破胆，功成事立矣。"众曰："当与从事议之。"超怒曰："吉凶决于今日。从事文俗吏[10]，闻此必恐而谋泄，死无所名，非壮士也。"众曰："善。"汉明帝永平十六年（七三）

[1] 窦固是窦融的侄子，光武帝的女婿。明帝时预备继武帝的事业，击匈奴，通西域，以窦固为将帅，班超就在他的部下。[2] 假司马是次于军司马的官名。[3] 从事是幕僚官。[4] 鄯善是西域国名，在今维吾尔自治区东部，出玉门关，经白龙堆，首先到鄯善国。[5] 意思是：后来礼貌不及从前。[6] 侍胡是接待汉使的胡人。[7] 吏士是手下的军官及士兵。[8] 卿曹即卿等，卿是古代上对下的客气称呼。[9] 收是捕捉的意思。[10] 意思说：从事是个庸俗的文吏。

2 初夜，超遂将吏士往奔虏营。会天大风，超令十人持鼓藏虏舍后，约曰："见火然[1]，皆当鸣鼓大呼。余人悉持兵弩，夹门而伏。"超乃顺风纵火，前后鼓噪，虏众惊乱。超手格杀三人[2]，吏兵斩其使及从士三十余级，余众百许人悉烧死。明日乃还，告郭恂，恂大惊，既而色动。超知其意，举手曰："掾虽不行,班超何心独擅之乎[3]?"恂乃悦。超于是召鄯善王广,以虏使首示之,一国震怖。超告以汉威德,"自今以后,勿复与北虏通。"广叩头,愿属汉无二心。遂纳子为质[4]。

[1]然即古燃字。 [2]格是斗击的意思。 [3]掾是对从事的官称,意思说:"你虽然没有同去,我难道想独占这次的功劳么?"这与下文李邑那件事都是极力描写东汉官僚贪功忌才的恶劣作风。

[4]古时外国表示服从,常派子弟到中国朝廷作人质,即下文所谓遣子入侍。

3 还白窦固,固大喜,具上超功效,并求更选使使西域。帝曰:"吏如班超,何故不遣,而更选乎?今以超为军司马,令遂前功[1]。"固复使超使于阗[2],欲益其兵。超愿但将本所从三十六人,曰:"于阗国大而远,今将数百人,无益于强。如有不虞[3],多益为累耳。"是时于阗王广德雄张南道,而匈奴遣使监护其国。超既至于阗,广德礼意甚疏。且其俗信巫,巫言:"神怒,何故欲向汉?汉使有騧马[4],急求取以祠我。"广德遣国相私来比就超请马,超密知其状,报许之,而令巫来自取马。有顷巫至,超即斩其首;收私来比,鞭笞数百,以巫首送广德,因责让之。广德素闻超在鄯善诛灭虏使,大惶恐,即杀匈奴使者而降。超重赐其王以下,因镇抚焉。于

是诸国皆遣子入侍。西域与汉绝六十五载[5],至是乃复通焉。超,彪之子也[6]。 以上均永平十六年

[1]遂是继续完成的意思。 [2]于阗即今维吾尔自治区之和田。 [3]不虞即不测。 [4]骃音瓜,黄黑色马。 [5]按王莽时代,焉耆击杀王骏,西域遂与汉断绝往还,到此时大约六十多年。 [6]班彪,字叔皮,初仕窦融,为窦融画策事汉。有文才,尝作《汉书》未成,由其子班固续成。

二

4 班超欲遂平西域,上疏请兵曰:"臣窃见先帝欲开西域,故北击匈奴,西使外国,鄯善、于阗即时向化。今拘弥[1]、莎车[2]、疏勒[3]、月氏、乌孙、康居复愿归附,欲共并力破灭龟兹[4],平通汉道。若得龟兹,则西域未服者百分之一耳。前世议者皆曰:取三十六国,号为断匈奴右臂。今西域诸国,自日之所入,莫不向化,大小欣欣,奉贡不绝。唯延耆[5]、龟兹独未服从,臣前与官属三十六人奉使绝域,备遭艰厄;自孤守疏勒,于今五载,胡夷情数,臣颇识之,问其城郭大小,皆言倚汉与依天等。以是效之[6],则葱岭可通,龟兹可伐。今宜拜龟兹侍子白霸为其国王,以步骑数百送之,与诸国连兵,岁月之间,龟兹可禽。以夷狄攻夷狄,计之善者也。臣见莎车、

疏勒，田地肥广，草牧饶衍[7]，不比敦煌、鄯善间也，兵可不费中国，而粮食自足。且姑墨[8]、温宿[9]二王特为龟兹所置，既非其种，更相厌苦，其势必有降者；若二国来降，则龟兹自破。愿下臣章，参考行事[10]，诚有万分，死复何恨！臣超区区，特蒙神灵，窃冀未便僵仆[11]，目见西域平定，陛下举万年之觞[12]，荐勋祖庙，布大喜于天下。"章帝建初五年（八〇）

[1]拘弥在今和田附近。 [2]莎车为今维吾尔自治区之叶尔羌。 [3]疏勒地名至今尚沿用，在今维吾尔自治区。 [4]龟兹，在今维吾尔自治区之库车。 [5]延耆即焉耆，今维吾尔自治区有此地名。 [6]效即验也。 [7]草牧饶衍是说草木茂盛，畜牧繁殖。 [8]姑墨在今维吾尔自治区拜城附近。 [9]温宿也是维吾尔自治区的地名。 [10]意思是：希望把我的奏章发交主管机关酌办。 [11]意思是：希望乘我未死。 [12]意思说：西域平定之后，廷臣进贺，奉觞称万岁。据《汉旧仪》，皇帝受贺时，举起酒杯，要说一句，"敬举君之觞"。

5 书奏，帝知其功可成，议欲给兵。平陵徐干上疏，愿奋身佐超。帝以干为假司马，将弛刑及义从千人就超[1]。先是莎车以为汉兵不出，遂降于龟兹，而疏勒都尉番辰亦叛。会徐干适至，超遂与干击番辰，大破之，斩首千余级。欲进攻龟兹,以乌孙兵强,宜因其力,乃上言:"乌孙大国,控弦十万,故武帝妻以公主,至孝宣帝卒得其用,今可遣使招慰,与共合力。"帝纳之。以上同建初五年(八〇)

[1]意思是带着充军的罪犯及志愿兵共一千人到班超那里去。

6 帝拜班超为将兵长史[1],以徐干为军司马,别遣卫候李邑护送乌孙使者[2],邑到于阗,值龟兹攻疏勒,恐惧不敢前,因上书陈西域之功不可成,又盛毁超:"拥爱妻,抱爱子,安乐外国,无内顾心。"超闻之,叹曰:"身非曾参,而有三至之谗[3],恐见疑于当时矣。"遂去其妻。帝知超忠,乃切责邑曰:"纵超拥爱妻,抱爱子,思归之士千余人,何能尽与超同心乎?"令邑诣超受节度,诏:"若邑任在外者,便留与从事[4]。"超即遣邑将乌孙侍子还京师。徐干谓超曰:"邑前亲毁君,欲败西域,今何不缘诏书留之,更遣他吏送侍子乎?"超曰:"是何言之陋也!以邑毁超,故今遣之。内省不疚,何恤人言[5]!快意留之,非忠臣也。"建初八年(八三)

[1]将兵长史是汉代一种官称。大将军之下置长史,其不置将军而长史特将者,称将兵长史。 [2]卫候是一种军职。 [3]意思说:曾参大孝,尚且有谣言说他杀人,惊动了曾母。我恐怕也要

被疑了。《战国策》:"鲁人有与曾参同姓名者杀人,人告其母,其母织自若也。及三人告知,其母投杼下机,逾墙而走。"[4]诏书的意思是叫班超察看,如果李邑在外胜任,就留住他办事,不然就调开他。 [5]意思说:自问没有亏心的事,何必怕人说话?《论语》:孔子曰:"内省不疚,夫何忧何惧?"《左传》:《诗》云:"礼仪不愆,何恤乎人之言?"就是这两句话的出处。

7 是岁,班超发于阗诸国兵共二万五千人击莎车,龟兹王发温宿、姑墨、尉头[1]兵合五万人救之。超召将校及于阗王议曰:"今兵少不敌,其计莫若各散去;于阗从是而东,长史亦于此西归,可须夜鼓声而发。"阴缓所得生口[2]。龟兹王闻之大喜,自以万骑于西界遮超,温宿王将八千骑于东界邀于阗。超知二虏已出,密召诸部勒兵,驰赴莎车营。胡大惊乱奔走,追斩五千余级,莎车遂降,龟兹等因各退散。自是威震西域。章和元年(八七)

[1]尉头是西域国名,在今维吾尔自治区乌什县。 [2]意思是:故意把所捕获的俘虏放走。

三

8 西域都护定远侯班超遣掾甘英使大秦、条支,穷西海[1],

皆前世所不至，莫不备其风土，传其珍怪焉。及安息西界，临大海欲渡，船人谓英曰："海水广大，往来者逢善风，三月乃得渡，若遇迟风，亦有二岁者。故入海，人皆赍三岁粮，海中善使人思土恋慕，数有死亡者。"英乃止。 和帝永元九年（九七）

[1]西海指地中海，大秦、条支都是濒地中海的国家。可见当时已经注意到远西的交通。

9 班超久在绝域，年老思土，上书乞归曰："臣不敢望到酒泉郡，但愿生入玉门关。谨遣子勇随安息献物入塞。及臣生在，令勇目见中土朝廷。"久之未报，超妹曹大家上书曰[1]："蛮夷之性，悖逆侮老[2]，而超旦暮入地，久不见代，恐开奸宄之原，生逆乱之心[3]。而卿大夫咸怀一切[4]，莫肯远虑；如有卒暴，超之气力不能从心，便为上损国家累世之功，下弃忠臣竭力之用，诚可痛也！故超万里归诚，自陈苦急，延颈逾望[5]，三年于今，未蒙省录[6]。妾窃闻古者十五受兵，六十还之[7]。亦有休息，不任职也。故妾敢触死为超求哀，匄超余年[8]，一得生还，复见阙庭；使国家无劳远之虑，西域无仓卒

之忧。超得长蒙文王葬骨之恩[9]，子方哀老之惠[10]。"

94

帝感其言，乃征超还。八月，超至洛阳，拜为射声校尉[11]。九月卒[12]。

[1]曹大家是班超之妹，嫁扶风曹寿，博学高才，在宫中为女师，号曰大家。家字读若姑。 [2]意思说：外国的习惯不尊重年老的人。 [3]这几句话是说：班超随时有死亡之可虑，日久没有见到接任的人，恐怕西域诸国引起野心，会要反叛。 [4]一切是苟且偷安的意思。 [5]逾，即遥也。 [6]意思是没有蒙皇帝注意。 [7]十五岁拿到分配的兵器，到六十岁缴还，这是极言兵役最长的期限。证明班超早已到了退休的年龄。 [8]匄与丐同，乞也。 [9]这是引用周文王的故事。《新序》："周文王作灵台，掘地得死人之骨，王曰：'更葬之！'吏曰：'此无主矣。'文王曰：'有天下者，天下之主也，有一国者，一国之主也；寡人固其主，又安求之主！'遂更葬之。天下皆曰：'文王贤矣，泽及朽骨，而况于人乎！'" [10]田子方，魏文侯之师也，见君之老马弃之，曰："少尽其力，老而弃之，非仁也。"于是收而养之。见《后汉书注》。 [11]射声校尉是八校尉之一，所领的是射击兵。 [12]据《后汉书》，班超死时年七十一。

10 超之被征，以戊己校尉任尚代为都护[1]。尚谓超曰："君侯在外国三十余年[2]，而小人猥承君后，任重虑浅，宜有以诲之。"超曰："年老失智。君数当大位，岂班超所能及哉！

必不得已，愿进愚言：塞外吏士本非孝子顺孙，皆以罪过徙补边屯[3]；而蛮夷怀鸟兽之心，难养易败。今君性严急，水清无大鱼，察政不得下和。宜荡佚简易，宽小过，总大纲而已。"超去，尚私谓所亲曰："我以班君当有奇策，今所言平平耳。"尚后竟失边和，如超所言[4]。以上均永元十四年（一○二）

[1] 戊己校尉是镇守西域的领兵官，元帝以后所设。戊己二字前人虽有解释，意义不明。 [2] 班超封定远侯，所以任尚称之为君侯。 [3] 汉代的制度，征发出征及驻守边境的，以罪犯占主要成分，所以说本非孝子顺孙，驾驭这种人不可太苛刻。 [4] 过了几年，在殇帝延平元年（一○六），任尚为西域诸国所攻，被征还，从此汉在西域的威望削弱了下来。

党锢

东汉盛行征辟制度，中央政府及各级政府都可以从乡里所推崇的有名人物中，不拘资格，聘任作大小官吏。因此之故，乡里的公评占有很大的势力，失去舆论拥护的就很难出头。这样发展下去，就形成一种所谓处士（在野的人）的势力。他们自以为得到舆论的拥护，热心政治活动，与当时据有重要位置的宦官集团就起了利害冲突，以致酿成所谓党锢之祸。党锢二字的解释就是在朝的势力痛恨这班处士揭发了他们的短处，于是把这班处士看成一党，彼此互相牵连，一概加以党人之名，逮捕起来，或杀或囚。

《通鉴》在党锢问题的记载中，特别着重表现他们的思想行动。《通鉴》借黄琼之死作引子，一步一步把党锢中的人物介绍出来，具有巧妙的手法。

第一大段由黄琼说起，黄琼本身就是名士的领袖，他的丧事就等于名士大会。再从吊客中的徐稚说到郭泰。郭泰更是处士中的典型人物，必须加倍描写。以他为中心，再说到符融和李膺，又将郭泰所赏识的人一一介绍，一茅容，二孟敏，三申屠蟠，四庾乘，五魏昭，六左原，七范滂，八黄允，九仇香。中间顺便提起郭泰的识时通变，明哲保身，又与其他处士不同。以上到第九节为止，都只是一般的介绍。

及至延熹八年（一六五）以后，冲突展开了，始于李膺等人的惩罚贪吏而反得罪，这是第十节。政府迫于舆论，不得不恢复李膺的职位，以致引起宦官集团更深的仇恨，这是第十一节。以上为第二段。

以后便是党锢事件本身的记载。第十二节记党人的缘起。第十三节记汝南、南阳两郡名士的气势嚣张。第十四节记名士对宦官集团的严厉攻击。第十五、十六节记宦官集团的报复。第十七节记党狱的扩大，牵涉到大臣的罢免。第十八节记同情于党人的愈多，军人反以不列名于党人为耻。第十九节记外戚的窦武也出来抗议，党狱才稍为缓和。第二十节记窦太后临朝，政局稍变，窦武、陈蕃以党人的魁首执政，谋诛宦官，

第二十一节记诛宦官的布置。第二十二节记诛宦官的失败。以上都是双方的斗争经过，是第三段。

以后第四段便是党祸的结局。第二十三节先将党籍中重要人物作一总述。第二十四节记宦官加党人以叛逆的罪名。第二十五节记李膺之死，第二十六节记范滂之死。第二十七节记

被祸党人的总数。第二十八节记郭泰的明哲保身。第二十九节记张俭、夏馥等人亡命的艰苦。第三十节记陈寔、何颙的从中斡旋。第三十一节记袁闳。第三十二节记申屠蟠。末后两人，都是预料党人必将遭祸，而苦心想全身于事外的。

一

1 延熹七年春二月丙戌，邟乡[1]忠侯黄琼薨[2]。将葬，四方远近名士会者六七千人。初，琼之教授于家，徐稚从之咨访大义，及琼贵，稚绝不复交。至是，稚往吊之，进酹哀哭而去[3]，人莫知者。诸名士推问丧宰[4]，宰曰："先时有一书生来，衣粗薄而哭之哀，不记姓字[5]。"众曰："必徐孺子也[6]。"于是选能言者陈留茅容轻骑追之[7]，及于涂。容为沽酒市肉，稚为饮食[8]。容问国家之事，稚不答。更问稼穑之事，稚乃答之。容还，以语诸人。或曰："孔子云：'可与言而不与言，失人。'然则孺子其失人乎！"太原郭泰曰："不然。孺子之为人，清洁高廉，饥不可得食，寒不可得衣，而为季伟饮酒食肉，此为已知季伟之贤故也[9]。所以不答国事者，是'其智可及，其愚不可及'也[10]。"汉桓帝延熹七年（一六四）

[1]邟乡是地名，属颍川郡。 [2]黄琼是黄香之子，为人正直，通达政体，官至太尉，年七十九卒。 [3]酹音类，祭奠时以酒浇

地也。［4］丧宰是主办丧事的人。［5］意思是不肯留下姓名。
［6］徐稚字孺子。［7］陈留是汉郡之一，在今开封一带。［8］为读去声，意思是：徐稚为了茅容的缘故，才肯吃喝。［9］茅容字季伟。
［10］"其智可及，其愚不可及"，是孔子指宁武子说的，郭泰拿来比方茅容。这是说茅容极力韬晦，不求人知。

2 泰博学，善谈论，初游雒阳[1]，时人莫识。陈留符融一见嗟异，因以介于河南尹李膺[2]。膺与相见曰："吾见士多矣，未有如郭林宗者也[3]。其聪识通朗，高雅密博，今之华夏，鲜见其俦。"遂与为友。于是名震京师。后归乡里，衣冠诸儒送至河上[4]，车数千两；膺唯与泰同舟而济，众宾望之，以为神仙焉。

［1］雒阳即洛阳。［2］河南尹是东汉首都所在的地方行政首长。［3］郭泰字林宗。［4］衣冠指士大夫。

3 泰性明知人，好奖训士类，周游郡国。茅容年四十余，耕于野，与等辈避雨树下，众皆夷踞相对[1]，容独危坐愈恭[2]。泰见而异之，因请寓宿。旦日，容杀鸡为馔，泰谓为己设[3]；容分半食母，余半庋置，自以草蔬与客同饭。泰曰："卿贤哉远矣[4]！郭林宗犹减三牲之具以供宾旅[5]，而卿如此，乃我

100

友也。"起，对之揖，劝令从学，卒为盛德。巨鹿孟敏客居太原[6]，荷甑堕地[7]，不顾而去。泰见而问其意，对曰："甑已破矣，视之何益？"泰以为有分决[8]，与之言，知其德性，因劝令游学，遂知名当世。陈留申屠蟠家贫，佣为漆工；鄢陵[9]庾乘少给事县廷为门士[10]；泰见而奇之。其后皆为名士。自余或出于屠沽卒伍，因泰奖进成名者甚众。

[1]夷踞是蹲在地下。 [2]危坐是正襟尽前而坐。 [3]郭泰以为茅容杀鸡是为款待自己。 [4]意思说："你真是个了不起的贤人啊！" [5]三牲之具是指养亲之物，宾旅即宾客。郭泰是个好客的人，从他自己口中说出来了。 [6]巨鹿是汉郡之一，今河北省平乡、柏乡一带。 [7]荷读去声。是背负的意思。 [8]有分决就是爽快果断的意思。 [9]鄢陵县属颍川郡，今县在河南省许昌以东。 [10]汉代称郡县政府为府廷、县廷。门士就是守门的人。

4 陈国童子魏昭请于泰曰[1]："经师易遇，人师难遭[2]，愿在左右，供给洒扫。"泰许之。泰尝不佳[3]，命昭作粥；粥成进泰，泰呵之曰[4]："为长者作粥，不加意敬，使不可食！"以杯掷地[5]。昭更为粥重进，泰复呵之。如此者三，昭姿容无变。泰乃曰："吾始见子之面，而今而后，知卿心耳！"遂友而善之。

［1］陈国今河南省淮阳一带。东汉时仍西汉旧制，以郡与王国并置，王国即相当于郡。 ［2］经师指学问可以为人师表的，人师指品行道德可以为人师表的。 ［3］不佳是不舒服。 ［4］呵是斥责。 ［5］古代的杯就是现在的碗，到六朝才有碗字。

5 陈留左原为郡学生，犯法见斥，泰遇诸路，为设酒肴以慰之。谓曰："昔颜涿聚，梁甫之巨盗[1]，段干木，晋国之大驵[2]，卒为齐之忠臣，魏之名贤。蘧瑗、颜回尚不能无过，况其余乎？慎勿恚恨[3]，责躬而已。"原纳其言而去。或有讥泰不绝恶人者，泰曰："人而不仁，疾之已甚，乱也[4]。"原后忽更怀忿，结客欲报诸生。其日，泰在学，原愧负前言，因遂罢去。后事露，众人咸谢服焉。

［1］传说颜涿聚本是个大盗，后来学于孔子，并且作了齐国的大夫。与段干木事皆见《吕氏春秋》。 ［2］驵音zǎng，是狡猾的市侩。 ［3］恚音慧，恨怒也。 ［4］这句话出在《论语》，意思说：不仁之人，若过分加以仇恨，就要造成祸乱。

6 或问范滂曰："郭林宗何如人？"滂曰："隐不违亲，贞不绝俗[1]，天子不得臣，诸侯不得友，吾不知其他。"

［1］意思说：虽然隐居，却并不抛弃父母，虽然性情高尚，却并不摒绝世事。

7 泰尝举有道，不就[1]。同郡宋冲素服其德，以为自汉元以来，未见其匹[2]，尝劝之仕。泰曰："吾夜观乾象[3]，昼察人事，天之所废，不可支也。吾将优游卒岁而已[4]。"然犹周旋京师，诲诱不息。徐稚以书戒之曰："大木将颠，非一绳所维，何为栖栖不遑宁处[5]？"泰感悟曰："谨拜斯言，以为师表。"

［1］有道是汉代选举科目之一。 ［2］汉元是说汉代初年。 ［3］乾象指天上的星象。 ［4］"优哉游哉！聊以卒岁"是《诗经》上的话。 ［5］意思说：大局将坏，一个人的力量是维持不住的，何必东奔西走，不暇安居呢？

8 济阴黄允以隽才知名[1]，泰见而谓曰："子高才绝人，足成伟器，年过四十，声名著矣。然至于此际，当深自匡持[2]。不然，将失之矣。"后司徒[3]袁隗欲为从女求姻[4]，见允叹曰："得婿如是，足矣。"允闻而黜遣其妻。妻请大会宗亲为别，因于众中攘袂数允隐慝十五事而去[5]，允以此废于时。初，允与汉中晋文经并恃其才智,曜名远近,征辟不就[6]。托言疗病京师,不通宾客;公卿大夫遣门生旦暮问疾,郎吏杂坐其门[7],犹不得见;三公所辟召者辄以询访之,随所臧否,以为与夺[8]。符融谓李膺曰:"二子行业无闻,以豪杰自置[9],遂使公卿问疾,王臣坐门[10],融恐其小道破义,空誉违实,特宜察焉。"膺然之。二人由是名论渐衰,宾徒稍省,旬日之间,惭叹逃去,后并以罪废弃[11]。

[1]济阴也是汉郡之一,今山东省菏泽一带。[2]匡持是自己检束行为的意思。[3]司徒在东汉即相当于西汉的丞相。

[4]从女即侄女。[5]攘袂就是卷起袖子。袂音妹。[6]汉代朝廷特聘人才,不拘资格,授以官职,名为征辟。特别是东汉,由征辟而入仕的最多。[7]郎吏是泛指一切中央政府的官属。[8]意思说:赏罚之权操在他们手里。臧否就是好坏。否音痞。

[9]意思是:自命为豪杰。[10]王臣是王室的臣子,即指上文的郎吏。[11]这一节是说当时的名士也有不少拥有虚名并无实际,因而被人看穿的。

9 陈留仇香至行纯默,乡党无知者。年四十,为蒲亭长[1]。民有陈元,独与母居,母诣香告元不孝,香惊曰:"吾近日过元舍,庐落整顿,耕耘以时,此非恶人,当是教化未至耳。

母守寡养孤,苦身投老[2],奈何以一旦之忿,弃历年之勤乎?且母养人遗孤,不能成济,若死者有知,百岁之后,当何以见亡者?"母涕泣而起。香乃亲到元家,为陈人伦孝行,譬以祸福之言,元感悟,卒为孝子。考城令河内[3]王奂署香主簿[4],谓之曰:"闻在蒲亭,陈元不罚而化之,得无少鹰鹯之志邪[5]?"香曰:"以为鹰鹯不若鸾凤,故不为也。"奂曰:"枳棘之林非鸾凤所集,百里非大贤之路。"乃以一月奉资香[6],使入太学[7]。郭泰、符融赍刺谒之[8],因留宿。明旦泰起,下床拜之曰:"君,泰之师,非泰之友也。"香学毕归乡里,虽在宴居,必正衣服,妻子事之若严君。妻子有过,免冠自责,妻子庭谢思过;香冠,妻子乃敢升堂,终不见其喜怒声色之异。不应征辟,卒于家。 以上均延熹七年(一六四)

[1]蒲亭属陈留郡考城县。长是亭长,亭长相当于后世的乡长。[2]苦身投老的意思是辛苦了一辈子。[3]河内也是汉郡之一,今河南省的北部。[4]主簿是县府的属官,署就是委派的意思。[5]鹰鹯比喻除恶唯恐不力的人。[6]奉即古俸字。[7]太学是汉代首都的最高学府。[8]赍刺是携带名片。

二

10 宛陵[1]大姓羊元群罢北海郡[2],臧污狼籍[3];郡舍溷轩有奇巧[4]，亦载之以归。河南尹李膺表按其罪；元群行赂宦官，膺竟反坐。单超弟迁为山阳太守[5]，以罪系狱，廷尉[6]冯绲考致其死[7]；中官相党，共飞章诬绲以罪[8]。中常侍苏康、管霸固天下良田美业[9]，州郡不敢诘，大司农刘祐移书所在，依科品没入之[10]。帝大怒，与膺、绲俱输作左校[11]。延熹八年（一六五）

[1]宛陵是东汉时河南府所属的一县。 [2]罢北海郡是从北海太守的任上回来。北海郡在今山东省的东北部。 [3]臧即古脏字。 [4]溷轩是厕所。 [5]山阳郡在今山东省的南部。 [6]廷尉是掌刑狱的首长。 [7]意思是拷问以后定成死罪。 [8]飞章是纷纷上奏。 [9]固是把持垄断的意思。 [10]依科品是根据法律条文。 [11]输作左校是罚充官营工场的苦工。

11 陈蕃数言李膺、冯绲、刘祐之枉，请加原宥，升之爵任。言及反覆，诚辞恳切,以至流涕;帝不听。应奉上疏曰："夫忠贤武将，国之心膂。窃见左校弛刑徒[1]冯绲、刘祐、李膺等，诛举邪臣，肆之以法；陛下既不听察，而猥受谮诉。遂令忠臣同愆元恶[2]，自春迄冬，不蒙降恕；遐迩观听，为之叹息。夫立政之要，记功忘失[3]。是以武帝舍安国于徒中[4]，宣帝征张敞于亡命[5]。绲前讨蛮荆[6]，均吉甫之功[7]；祐数临督司[8]，有不吐茹之节[9]；膺著威幽、并，遗爱度辽[10]。今三垂蠢动[11]，王旅未振[12]，乞原膺等，以备不虞。"书奏，乃悉免其刑。久之，李膺复拜司隶校尉[13]。时小黄门[14]张让弟朔为野王令[15]，贪残无道；畏膺威严，逃还京师，匿于兄家合柱中。膺知其状，率吏卒破柱取朔，付洛阳狱，受辞毕[16]，即杀之。让诉冤于帝，帝召膺，诘以不先请便加诛之意[17]。对曰："昔仲尼为鲁司寇，七日而诛少正卯[18]。今臣到官已积一旬，私惧以稽留为愆，不意获速疾之罪。诚自知衅责，死不旋踵，特乞留五日，克殄元恶，退就鼎镬[19]，始生之愿也。"帝无复言，顾谓让曰："此汝弟之罪，司隶何愆？"乃遣出。自此，诸黄门、常侍[20]皆鞠躬屏气，休沐[21]不敢出宫省[22]。帝怪问其故，并叩头泣曰："畏李校尉。"时朝廷日乱，纲纪颓弛，而膺独持风裁，以声名自高。士有被其容接者，名为登龙门云[23]。 以上延熹八年

[1] 弛刑徒是做工的罪犯。 [2] 意思是：忠臣和最坏的分子同样治罪。 [3] 意思是：应当记人之功，忘人之过。 [4] 景帝时，韩安国从狱中被特赦拜官，原文误作武帝。 [5] 宣帝时，杨恽被诛，张敞因为连带关系亡命，宣帝忽然想起了他，找了来作刺史。 [6] 指冯绲曾在南方镇压反叛。 [7] 吉甫是周宣王的功臣。 [8] 指刘祐曾为司隶校尉。 [9]《诗经》上有两句话："柔

亦不茹,刚亦不吐。"意思是:软弱的不欺压,强横的也不畏惧。
[10]指李膺曾为渔阳太守、乌桓校尉及度辽将军,在东北地区都有他的遗爱。 [11]垂是边境的意思,三垂指东北、西北及北方。
[12]王旅即王师。 [13]司隶校尉是督察首都附近的地方长官。
[14]小黄门是宫内太监的一种官名。 [15]野王是河内郡属县之一。 [16]受辞是接受供词。 [17]问他为什么不先请示就杀人。 [18]少正卯是春秋时代鲁国的大夫,据说此人"心逆而险,行僻而坚,言伪而辩,记丑而博,顺非而泽"。孔子摄鲁相,首先将他办罪。 [19]鼎镬是古代烹饪的器具,相传的酷刑是用鼎镬来把人煮死。 [20]常侍也是一种内官。 [21]休沐是下班休息的日期。 [22]宫省即宫禁。 [23]龙门在今山西,是黄河流过的地方。相传因为水流湍急,鱼类都上不去。若有幸而腾跃上去的,就变成了龙,所以地名叫龙门。

三

12 初,帝为蠡吾侯[1],受学于甘陵周福[2]。及即位,擢福为尚书[3]。时同郡河南尹房植有名当朝,乡人为之谣曰:"天下规矩,房伯武;因师获印,周仲进[4]。"二家宾客互相讥揣,遂各树朋徒,渐成尤隙。由是甘陵有南北部,党人之议自此始矣。延熹九年(一六六)

[1]蠡吾即今河北省蠡县。桓帝是以蠡吾侯继承帝位的。[2]甘陵是汉代属于清河国的一县,今山东省清平县。[3]尚书是东汉时代在皇帝左右掌行政事务的官。[4]伯武、仲进是房植及周福的号。

13 汝南太守宗资以范滂为功曹[1],南阳太守成瑨以岑晊为功曹,皆委心听任,使之褒善纠违[2],肃清朝府[3]。滂尤刚劲,疾恶如仇。滂甥李颂素无行,中常侍唐衡以属资,资用为吏,滂寝而不召。资迁怒,捶书佐朱零[4],零仰曰:"范滂清裁,今日宁受笞而死,滂不可违。"资乃止。郡中中人以下,莫不怨之。于是二郡为谣曰:"汝南太守范孟博,南阳宗资主画诺;南阳太守岑公孝,弘农成瑨但坐啸[5]。"

[1]功曹为郡府的属官,主要职掌为人事。[2]意思是责成他两人褒奖良善,纠举邪恶。[3]汉朝人对郡县政府,或称朝,或称府,或连称朝府。[4]书佐是办文书的事务员。[5]孟博、公孝是范滂及岑晊的号。

14 太学诸生三万余人,郭泰及颍川贾彪为其冠[1],与李膺、陈蕃、王畅更相褒重。学中语曰:"天下模楷,李元礼;不畏强御,陈仲举;天下俊秀,王叔茂[2]。"于是中外承风,竞以臧否相尚，自公卿以下，莫不畏其贬议，屣履到门[3]。

[1]颍川是汉郡之一,在今河南省许昌一带。 [2]元礼、仲举、叔茂是李膺、陈蕃、王畅的号。 [3]屣履是鞋跟没有穿上的意思,极言趋附唯恐不及。

15 宛有富贾张汜者[1]，与后宫有亲，又善雕镂玩好之物，颇以赂遗中官，因此得显位，用势纵横。岑晊与贼曹史张牧劝成瑨收捕汜等[2]；既而遇赦，瑨竟诛之，并收其宗族宾客，杀二百余人，后乃奏闻。小黄门晋阳赵津贪暴放恣，为一县巨患。太原太守平原刘瓆使郡吏王允讨捕，亦于赦后杀之。于是中常侍侯览使张汜妻上书讼冤[3]，宦者因缘诉瑨、瓆。帝大怒，征瑨、瓆皆下狱。有司承旨，奏瑨、瓆罪当弃市。

[1]宛即河南的南阳。 [2]贼曹史主缉捕盗贼事。 [3]中常侍也是太监的一种官名。

16 符节令汝南蔡衍[1]、议郎刘瑜表救成瑨[2]、刘瓆，言甚切厉，亦坐免官。瑨、瓆竟死狱中。瑨、瓆素刚直，有经术，知名当时，故天下惜之。岑晊、张牧逃窜获免。

〔1〕符节令是管符节的官。 〔2〕议郎是议论朝政的官。

17 河南张成善风角[1]，推占当赦，教子杀人。司隶李膺督促收捕，既而逢宥获免；膺愈怀愤疾，竟按杀之。成素以方伎交通宦官，帝亦颇讯其占[2]；宦官教成弟子牢修上书告膺等养太学游士，交结诸郡生徒，更相驱驰，共为部党，诽讪朝廷，疑乱风俗[3]。于是天子震怒，班下郡国，逮捕党人，布告天下，使同忿疾。案经三府[4]，太尉陈蕃却之曰："今所按者，皆海内人誉，忧国忠公之臣，此等犹将十世宥也[5]，岂有罪名不章而致收掠者乎[6]？"不肯平署[7]。帝愈怒，遂下膺等于黄门北寺狱[8]，其辞所连及，太仆颍川杜密[9]、御史中丞陈翔及陈寔[10]、范滂之徒二百余人。或逃遁不获，皆悬金购募，使者四出相望。陈寔曰："吾不就狱，众无所恃。"乃自往请囚。范滂至狱，狱吏谓曰："凡坐系者，皆祭皋陶[11]。"滂曰："皋陶古之直臣，知滂无罪，将理之于帝[12]；如其有罪，祭之何益？"众人由此亦止。陈蕃复上书极谏，帝讳其言切，诧以蕃辟召非人，策免之。

〔1〕风角是候四方四隅之风以占吉凶的术数。 〔2〕意思是：皇帝也有时去问卜。 〔3〕意思说：李膺为名望所归，所以一班游士奉为党魁，专与朝廷为难，摇惑人心。 〔4〕三府是太尉、司徒、

司空的官府。［5］意思说：即使到了十代以后，有罪还该赦免。语出《左传》。［6］收掠是逮捕鞭打。［7］平署即连署的意思。［8］北寺狱是宫内特置的监狱。［9］太仆是管车马的官，九卿之一。［10］御史中丞掌图书档案，兼监察职权。［11］皋陶为古代公正法官，所以习惯上犯人要祭他。陶读若遥。［12］这个帝指天而言。

18 时党人狱所染逮者皆天下名贤[1]，度辽将军皇甫规自以西州豪杰[2]，耻不得与，乃自上言：''臣前荐故大司农张奂[3]，是附党也，又臣昔论输左校时，太学生张凤等上书讼臣，是为党人所附也，臣宜坐之。''朝廷知而不问。 以上均延熹九年（一六六）

［1］染逮是牵连逮捕的意思。［2］皇甫规是当时有名的将帅，他是酒泉人，所以说是西州豪杰。［3］大司农是掌财政的官，亦九卿之一。

19 陈蕃既免，朝臣震栗[1]，莫敢复为党人言者。贾彪曰：''吾不西行，大祸不解。''乃入洛阳，说城门校尉窦武[2]、尚书魏郡霍谞等，使讼之。武上疏曰：''陛下即位以来，未闻善政，常侍、黄门竞行谲诈，妄爵非人。伏寻西京，佞臣执政[3]，终丧天下。今不虑前事之失，复循覆车之轨。臣恐二世之难必将复及，赵高之变不朝则夕[4]。近者奸臣牢修造设党议，遂收前司隶校尉李膺等逮考，连及数百人，旷年拘录，事无效验[5]。臣惟膺等建忠抗节，志经王室，此诚陛下稷、契、伊、吕之佐[6]，而虚为奸臣贼子之所诬枉，天下寒心，海内失望。惟陛下留神澄省[7]，时见理出，以厌人鬼喁喁之心[8]。今台阁近臣[9]，尚书朱寓、荀绲、刘祐、魏朗、刘矩、尹勋等，皆国之贞士，朝之良佐；尚书郎张陵[10]、妫皓、苑康、杨乔、边韶、戴恢等，文质彬彬，明达国典，内外之职，群才并列。而陛下委任近习，专树饕餮，外典州郡，内干心膂。宜以次贬黜，案罪纠罚；信任忠良，平决臧否，使邪正毁誉，各得其所，宝爱天官[11]，唯善是授。如此，咎征可消，天应可待。间者，有嘉禾、芝草、黄龙之见。夫瑞生必于嘉士，福至实由善人，在德为瑞，无德为灾。陛下所行不合天意，不宜称庆。"书奏，因以病上还城门校尉、槐里侯印绶[12]。霍谞亦为表请。帝意稍解，使中常侍王甫就狱讯党人范滂等，皆三木囊头[13]，暴于阶下[14]。甫以次辩诘曰："卿等更相拔举，迭为唇齿[15]，其意如何？"滂曰："仲尼之言，'见善如不及，见恶如探汤[16]。'滂欲使善善同其清，恶恶同其污，谓王政之所愿闻，不悟更以为党。古之修善，自求多福；今之修善，身陷大戮。身死之日，愿埋滂于首阳山侧[17]，上不负皇天，下不愧夷齐。"甫愍然为之改容，乃得并解桎梏[18]。李膺等又多引宦官子弟，宦官惧，请帝以天时宜赦。六月庚申，赦天下，改元。党人二百余人皆归田里，书名三府，禁锢终身。永康元年（一六七）

[1]震栗是恐惧的意思。 [2]城门校尉是掌首都城门守卫的官。 [3]西京指西汉时代。这是说弘恭、石显一班人。 [4]意思说：恐怕秦二世皇帝的灾难一定又会到来，赵高之变只在早晚之间了。二世就是赵高害死的。 [5]意思说拘禁了经年，并无实在罪状。 [6]后稷等都是古代的贤臣。 [7]澄省是澄清省察的意思。 [8]喁喁是众人向慕的意思，喁音鱼。 [9]台阁指尚书。 [10]东汉的尚书分曹任事，属官名为尚书郎。西汉时代丞相府的职务都归了尚书。 [11]意思是天命有德，人君不可以私授。 [12]古时辞职的官要缴还印绶。 [13]三木囊头是说头颈及手足都有木械，并且把头蒙盖起来。 [14]暴即古曝字。 [15]迭为唇齿是互相鼓吹。 [16]意思说：与邪恶相接触，仿佛碰到滚热的水一样。语出《论语》。 [17]首阳山是周初伯夷、叔齐所隐居饿死的地方。 [18]在手曰桎，在足曰梏，都是刑具。

20 初，窦太后之立也，陈蕃有力焉[1]。及临朝，政无大小皆委于蕃。蕃与窦武同心戮力[2]以奖王室，征天下名贤李膺、杜密、尹勋、刘瑜等，皆列于朝廷，与共参政事。于是天下之士莫不延颈想望太平。而帝乳母赵娆及诸女尚书旦夕在太后侧[3]。中常侍曹节、王甫等共相朋结,谄事太后。太后信之,数出诏命,有所封拜。蕃、武疾之,尝共会朝堂,蕃私谓武曰:"曹节、王甫等自先帝时操弄国权,浊乱海内,今不诛之,后必难图。"武深然之。蕃大喜,以手推席而起。
灵帝建宁元年（一六八）

[1]桓帝延熹八年,将立采女田圣为皇后,太尉陈蕃极力主张立窦后。现在桓帝已死,灵帝即位,窦后作了太后,所以很感激陈蕃,因此起用了他。 [2]就是同心合力的意思。 [3]女尚书是管文书的官内官。

21……于是武、蕃以朱寓为司隶校尉,刘祐为河南尹,虞祁为洛阳令。武奏免黄门令魏彪[1],以所亲小黄门山冰代之,使冰奏收长乐尚书郑飒[2]送北寺狱。蕃谓武曰:"此曹子便当收杀[3],何复考为？"武不从,令冰与尹勋、侍御史祝瑨杂考飒,辞连及曹节、王甫。勋、冰即奏收节等,使刘瑜内奏[4]。

[1]黄门令也是太监的一种官名。 [2]飒读如杀。长乐是太后宫名,太后临朝听政,所以设长乐尚书。 [3]此曹子就是这班

小人的意思。[4]内即纳字。

22 九月辛亥,武出宿归府[1]。典中书者先以告长乐五官史朱瑀[2],瑀盗发武奏,骂曰:"中官放纵者自可诛耳,我曹何罪?而当尽见族灭!"因大呼曰:"陈蕃、窦武奏白太后废帝,为大逆!"乃夜召素所亲壮健者长乐从官史共普、张亮等十七人,歃血共盟[3],谋诛武等。曹节白帝曰:"外间切切[4],请出御德阳前殿[5]。"令帝拔剑踊跃,使乳母赵娆[6]等拥卫左右[7],取棨信[8],闭诸禁门。召尚书官属,胁以白刃,使作诏板,拜王甫为黄门令,持节至北寺狱,收尹勋、山冰。冰疑,不受诏,甫格杀之[9],并杀勋;出郑飒。还兵劫太后,夺玺绶,令中谒者守南宫[10],闭门绝复道[11]。使郑飒等持节,及侍御使谒者捕收武等。武不受诏,驰入步兵营[12],与其兄子步兵校尉绍共射杀使者,召会北军五校士数千人屯都亭[13]。下令军士曰:"黄门常侍反,尽力者封侯重赏。"陈蕃闻难,将官属诸生八十余人[14],并拔刃突入承明门。到尚书门[15],攘臂呼曰:"大将军忠以卫国,黄门反逆,何云窦氏不道邪?"王甫时出与蕃相遇,适闻其言而让蕃曰:"先帝新弃天下,山陵未成,武有何功,兄弟父子并封三侯!又设乐饮宴,多取掖廷宫人,旬日之间资财巨万。大臣若此,为是道邪[16]?公为宰辅,苟相阿附,复何求贼!"使剑士收蕃,蕃拔剑叱甫,辞色逾厉。遂执蕃送北寺狱。黄门从官驺蹋踧蕃曰[17]："死老魅，复能损我曹员数，夺我曹禀假不[18]？"即日杀之。 以上均建宁元年

[1]陈蕃此时官为太傅，归府是从宫内归太傅府。 [2]长乐宫有女尚书五人，五官史主之。下文从官长也是长乐宫的侍从长。 [3]唼通作歃，意思是饮血订盟。 [4]切切是急迫的意思。[5]德阳前殿是洛阳宫的正殿，相当于长安的未央前殿。 [6]烧音饶。 [7]这时新立的灵帝只有十二三岁。 [8]槃是有衣之戟，信是印信。 [9]格杀是当时击毙。 [10]中谒者是内廷掌门户的官。 [11]洛阳南、北宫之间有复道相通。复道是内中可以往来而外面看不见的走道，等于有楼屋的走廊。 [12]步兵即五校之一。 [13]都亭是京城外的大驿站。 [14]将是率领的意思。[15]承明门、尚书门都是洛阳的宫门。 [16]"为是道邪"是说："这难道是正当的道理吗？" [17]驺是骑士。 [18]这两句话的意思是："还能够削减我们的员额吗？还能够夺去我们的薪俸吗？"

四

23 初，李膺等虽废锢，天下士大夫皆高尚其道，而污秽朝廷[1]。希之者唯恐不及，更共相标榜，为之称号。以窦武、陈蕃、刘淑为三君，君者言一世所宗也[2]；李膺、荀翌、杜

密、王畅、刘祐、魏朗、赵典、朱㝢为八俊,俊者言人之英也;郭泰、范滂、尹勋、巴肃及南阳宗慈、陈留夏馥、汝南蔡衍、泰山羊陟为八顾,顾者言能以德行引人者也;张俭、翟超、岑晊、苑康及山阳刘表、汝南陈翔、鲁国孔昱、山阳檀敷为八及,及者言能导人追宗者也[3];度尚及东平张邈、王孝、东郡刘儒、泰山胡母班、陈留秦周、鲁国蕃向[4]、东莱王章为八厨,厨者言能以财救人者也。及陈、窦用事,复举拔膺等;陈、窦诛,膺等复废。建宁二年(一六九)

[1]污秽朝廷是贱视朝廷的意思。 [2]宗是奉为主的意思。[3]此句"能"字前原有"其"字,与上下文不一律,且语法亦不合,显为衍文。此乃《通鉴》采录范书,未及刊正者。 [4]这个蕃字读若皮。

24 宦官疾恶膺等,每下诏书,辄申党人之禁。侯览怨张俭尤甚,览乡人朱并素佞邪,为俭所弃[1],承览意指,上书告俭与同乡二十四人别相署号,共为部党,图危社稷,而俭为之魁。诏刊章捕俭等[2]。冬十月,大长秋曹节等因此讽有司奏[3]"诸钩党者[4]故司空虞放及李膺、杜密、朱㝢、荀翌、翟超、刘儒、范滂等,请下州郡考治"。是时上年十四,问节等曰:"何以为钩党?"对曰:"钩党者,即党人也。"上曰:"党人何用为恶,而欲诛之邪?"对曰:"皆相举群辈,欲为不轨[5]。"上曰:"不轨欲如何?"对曰:"欲图社稷。"上乃可其奏。

[1]东汉时讲究乡评,品行不端的必为正人所不齿。 [2]刊章是当时行政上的术语,大概是在奏章上削去姓名不宣布的意思。 [3]大长秋是皇后宫内的官。 [4]钩党是互相牵引而聚为朋党的意思。 [5]不轨即不法。

25 或谓李膺曰:"可去矣!"对曰:"事不辞难,罪不逃刑,臣之节也。吾年已六十,死生有命,去将安之?"乃诣诏狱[1],考死。门生故吏并被禁锢。侍御史蜀郡景毅子顾为膺门徒[2],未有录牒[3],不及于谴;毅慨然曰:"本谓膺贤,遣子师之,岂可以漏脱名籍,苟安而已!"遂自表免归。

[1]诏狱是奉诏特设的监狱。 [2]蜀郡是汉郡之一,治所在成都。 [3]未有录牒就是未曾登记。

26 汝南督邮吴导受诏捕范滂[1],至征羌[2],抱诏书闭传舍[3],伏床而泣,一县不知所为。滂闻之曰:"必为我也。"即自诣狱。县令郭揖大惊,出,解印绶,引与俱亡,曰:"天下大矣,子何为在此?"滂曰:"滂死则祸塞,何敢以罪累君;

又令老母流离乎？"其母就与之诀，滂白母曰："仲博孝敬，足以供养，滂从龙舒君归黄泉，存亡各得其所；惟大人割不可忍之恩，勿增感戚！"仲博者，滂弟也。龙舒君者，滂父龙舒侯相显也[4]。母曰："汝今得与李、杜齐名，死亦何恨？既有令名，复求寿考，可兼得乎？"滂跪受教，再拜而辞。顾其子曰："吾欲使汝为恶，恶不可为；使汝为善，则我不为恶。"行路闻之，莫不流涕。

[1]督邮是汉代郡守的佐官。主纠察属县。 [2]征羌是汝南郡的一县，在今河南省郾城附近。 [3]传舍即旅邸。 [4]龙舒是汉侯国之一，属庐江郡，今安徽省舒城。范滂之父显曾为龙舒侯相，故称为龙舒君。

27 凡党人死者百余人，妻子皆徙边[1]。天下豪杰及儒学有行义者，宦官一切指为党人。有怨隙者，因相陷害，睚眦之忿[2]，滥入党中。州郡承旨，或有未尝交关[3]，亦离祸毒，其死、徙、废、禁者，又六七百人。

[1]徙边是充军到边塞。 [2]睚眦是张目怒视，读若厓柴。 [3]交关是有来往的意思。

28 郭泰闻党人之死，私为之恸曰："《诗》云：'人之云亡，邦国殄瘁[1]。'汉室灭矣，但未知'瞻乌爰止，于谁之屋[2]'耳！"泰虽好臧否人伦，而不为危言核论[3]，故能处浊世而怨祸不及焉。

[1]殄，尽也；瘁，病也。语出《诗经·瞻卬》篇。 [2]意思是：不知道民众会归向什么地方去了。语出《诗经·正月》篇。 [3]意思是：不危言耸听，不作深刻之论。

29 张俭亡命困迫，望门投止[1]，莫不重其名行，破家相容。后流转东莱[2]，止李笃家。外黄[3]令毛钦操兵到门[4]，笃引钦就席曰："张俭负罪亡命，笃岂得藏之？若审在此，此人名士，明廷宁宜执之乎[5]？"钦因起抚笃曰："蘧伯玉耻独为君子[6]，足下如何专取仁义？"笃曰："今欲分之，明廷载半去矣。"钦叹息而去。笃导俭经北海戏子然家[7]，遂入渔阳出塞[8]。其所经历，伏重诛者以十数，连引收考者布遍天下，宗亲并皆殄灭，郡县为之残破。俭与鲁国孔褒有旧[9]，亡抵褒，不遇。褒弟融年十六，匿之。后事泄，俭得亡走，国相收褒、融送狱[10]，未知所坐[11]。融曰："保纳舍藏者融也[12]，当坐。"褒曰："彼来求我，非弟之过。"吏问其母，母曰："家事任长[13]，妾当其辜。"一门争死，郡县疑不能决，乃上谳之[14]，诏书竟坐褒。及党禁解，俭乃还乡里。后为卫尉[15]，卒年八十四。夏馥闻张俭亡命，叹曰："孽由己作，空污良善，一人逃死，祸及万家，何以生为？"乃自剪须变形，入林虑山中[16]，隐姓名，为冶家佣，亲突烟炭[17]，形貌毁瘁，积二三年，人无知者。馥弟静载缣帛追求饷之，馥不受，曰："弟奈何载祸相饷乎？"党禁未解而卒。

[1]形容困急之甚，望门投人，以求收容。 [2]东莱是汉郡之一，治所在今山东省掖县。 [3]外黄是汉县名，在今河南省杞县东。但外黄令不应当到东莱去，所以可能是黄县之误。今山东省有此县。 [4]操兵是拿着武器。 [5]明廷是对县令的尊称，与明府同。 [6]蘧伯玉是春秋时代卫国的贤大夫。 [7]戏音西。
[8]渔阳也是汉郡之一，今北京以东，天津以北，长城以南的地区。
[9]鲁国是山东省曲阜一带地方。 [10]国相即等于郡守。
[11]未知所坐是说不知谁应当判罪。 [12]意思是说：收容藏匿应当由我负责。 [13]意思说：家里的事由长辈负责。 [14]上谳是上请的意思。谳读如聂。 [15]卫尉是九卿之一，掌门卫屯兵。
[16]林虑山在河南省彰德境，虑音庐。 [17]亲突烟炭是亲自挖煤。

30 初，中常侍张让父死，归葬颍川，虽一郡毕至，而名士无往者,让甚耻之,陈寔独吊焉。及诛党人,让以寔故,多所全宥。南阳何颙素与陈蕃、李膺善,亦被收捕,乃变名姓匿汝南间,与袁绍为奔走之交。常私入洛阳,从绍计议,为诸名士罹党事者求救援,设权计,使得逃隐,所全免甚众。

31 初,太尉袁汤三子,成、逢、隗。成生绍,逢生术。逢、隗皆有名称,少历显官。时中常侍袁赦以逢、隗宰相家,与之同姓,推崇以为外援,故袁氏贵宠于世,富奢甚,不与他公族同。绍壮健有威容,爱士养名,宾客辐凑归之,辎軿、柴縠[1],填接街陌。术亦以侠气闻。逢从兄子闳少有操行,以耕学为业,逢、隗数馈之,无所受。闳见时方险乱,而家门富盛,常对兄弟叹曰:"吾先公福祚,后世不能以德守之,而竞为骄奢,与乱世争权,此即晋之三郤矣[2]。"及党事起,闳欲投迹深林,以母老不宜远遁,乃筑土室四周于庭,不为户,自牖纳饮食;母思闳时,往就视,母去,便自掩闭,兄弟妻子莫得见也。潜身十八年,卒于土室。

[1]辎軿是贵人坐的车,柴縠是穷人坐的车。 [2]三郤是春秋时代晋国的大家族,为晋厉公所杀。

32 初,范滂等非讦朝政,自公卿以下皆折节下之。太学生争慕其风,以为文学将兴,处士复用[1]。申屠蟠独叹曰:"昔战国之世,处士横议[2],列国之王至为拥彗先驱[3],卒有坑儒烧书之祸,今之谓矣。"乃绝迹于梁、砀之间[4],因树为屋,自同佣人。居二年,滂等果罹党锢之祸,唯蕃超然免于评论。
以上均建宁二年

　[1]处士指在野的知识分子。 [2]横议是高谈阔论的意思。
　[3]拥彗先驱是欢迎贵客的敬礼,彗即扫帚,表示替贵客扫除尘土。 [4]梁、砀之间指河南、安徽邻近的地区。

赤壁之战

当公元二〇〇年，曹操在官渡击败了袁绍以后，北中国都到了他的掌握之中，而且几乎有了恢复国内统一的可能。过了八年，不料为刘备与孙权的联军所挫败，使他不得不放弃征服南方的企图，从此造成了魏、蜀、吴三国鼎立的局面。这次的战役，历史上称为赤壁之战。

赤壁之战是一件具有关键性的史事。本篇从刘备与诸葛亮的结合开始。《通鉴》简扼有力地写出了诸葛亮早期对于时势的敏锐观察，同时也看到鲁肃、周瑜两个出色人物的英勇气概。几乎全部三国史的骨干都容纳在这几千字之中。

第一节简略地介绍诸葛亮登场。第二节记诸葛亮对时局的看法和他的远大计划。第三节记刘备在襄阳失陷以后的狼狈情形。第四节记鲁肃在孙权方面预见有与刘备团结之必要。第五节记诸葛亮在刘备方面也见到有与孙权团结之必要。两人意见不谋而合，诸葛亮就同了鲁肃去见孙权，说服他。第六节记孙权的部下为曹操的实力所慑服，多数主张放弃抵抗。第七节记周瑜对孙权一番慷慨陈词，才确定了抵抗方针。第八节记孙权、周瑜、鲁肃协同决定与刘备联合的作战计划。第九节记周瑜与刘备的会面。第十节记赤壁战役中孙、刘联军的策略。

其中最令人鼓舞的是诸葛亮等三人的透辟议论，孙权的兴奋情感、周瑜的严正态度，把他们的个性也都充分描绘了出来。最后形容战役中的出奇制胜，尤其是有声有色，费力不多，而精彩百倍。

1 初，琅邪诸葛亮寓居襄阳隆中，每自比管仲、乐毅；时人莫之许也。惟颍川徐庶与崔州平谓为信然。州平，烈之子也。刘备在荆州[1]，访士于襄阳司马徽。徽曰："儒生俗士，岂识时务，识时务者在乎俊杰。此间自有伏龙、凤雏[2]。"备问为谁，曰："诸葛孔明、庞士元也。"徐庶见备于新野[3]，备器之。庶谓备曰："诸葛孔明，卧龙也[4]，将军岂愿见之乎？"备曰："君与俱来。"庶曰："此人可就见，不可屈致也，将军宜枉驾顾之。"汉献帝建安十二年（二〇七）

[1]汉代的荆州包括湖北、湖南区域,不像后世专指江陵附近。此时作荆州牧的是刘表,以襄阳为根据地。他的势力范围很大,刘备的兵为曹操所破以后,因为同宗的关系,也去投奔了他。 [2]龙凤以比奇才,伏龙、凤雏比喻奇才还不曾发挥作用,指诸葛亮和庞统。庞统见后文。 [3]新野是南阳郡的一县。 [4]卧龙也是龙还不曾腾跃起来的意思。

2 备由是诣亮,凡三往乃见。因屏人曰:"汉室倾颓,奸臣窃命,孤不度德量力,欲信大义于天下[1],而智术浅短,遂用猖蹶[2],至于今日。然志犹未已,君谓计将安出[3]?"亮曰:"今曹操已拥百万之众,挟天子而令诸侯,此诚不可与争锋。孙权据有江东,已历三世,国险而民附,贤能为之用,此可与为援而不可图也[4]。荆州北据汉、沔,利尽南海,东连吴会[5],西通巴蜀,此用武之国,而其主不能守,此殆天所以资将军也。益州险塞,沃野千里,天府之土;刘璋暗弱,张鲁在北[6],民殷国富而不知存恤,智能之士思得明君。将军既帝室之胄[7],信义著于四海,若跨有荆、益,保其岩阻,抚和戎、越,结好孙权,内修政治,外观时变,则霸业可成,汉室可兴矣。"备曰:"善!"于是与亮情好日密。关羽、张飞不悦,备解之曰:"孤之有孔明,犹鱼之有水也。愿诸君勿复言。"羽、飞乃止。

〔1〕信与伸字古通用。〔2〕猖蹶是狼狈的意思。〔3〕意思说：心里总不甘心，你看应当怎样办法。〔4〕此时几个割据称雄的人，袁绍在河北，袁术在淮南，都已经失败。曹操、孙权两个人既然都不可轻视，就只有荆州的刘表父子和益州（蜀）的刘璋，比较容易对付，可以把这两个地盘夺过来。诸葛亮把当时的形势看得非常清楚，后来鼎足三分的局面，已经在他的胸中安排好了。〔5〕吴会这个名词，前人有认为是吴和会稽两地的，也有认为是一个名词的。胡三省《通鉴注》主后说。〔6〕此时张鲁据汉中，后来被曹操收抚。〔7〕刘备是汉景帝子中山靖王之后，所以说是帝室之胄。

…………

3 操以江陵有军实，恐刘备据之，乃释辎重，轻军到襄阳[1]。闻备已过，操将精骑五千急追之；一日一夜行三百余里，及于当阳之长坂[2]。备弃妻子，与诸葛亮、张飞、赵云等数十骑走，操大获其人众辎重。徐庶母为操所获，庶辞备，指其心曰："本欲与将军共图王霸之业者，以此方寸之地也。今已失老母，方寸乱矣。无益于事，请从此别。"遂诣操。张飞将二十骑拒后，飞拒水断桥，瞋目横矛曰："身是张益德也[3]，可来共决死！"操兵无敢近者。或谓备："赵云已北走。"备以手戟摘之曰[4]:"子龙不弃我走也。"顷之,云身抱备子禅,与关羽船会,得济沔[5],遇刘琦众万余人,与俱到夏口[6]。建安十三年(二〇八)

[1]这时曹操乘荆州牧刘表之死亡,大举南伐,刘备本来是依附刘表的,刘表既败,只得离开襄阳南奔。荆州人不愿意归降曹操的都跟随刘备向江陵方面而去,那时襄阳是荆州的治所,而江陵也是个重镇,曹操在所必争。襄阳、江陵都是现在沿用的地名。[2]当阳是汉县名,在今湖北省宜昌县东,长坂在当阳东北。[3]张飞字翼德,亦作益德。[4]手戟是手用的小戟,摘是投掷的意思。[5]沔是水名,在今湖北境内。[6]夏口当即今武汉地区。

4 初,鲁肃闻刘表卒,言于孙权曰:"荆州与国邻接,江山险固,沃野万里,士民殷富,若据而有之,此帝王之资也。今刘表新亡,二子不协[1],军中诸将,各有彼此[2]。刘备天下枭雄,与操有隙,寄寓于表,表恶其能而不能用也。若备与彼协心,上下齐同,则宜抚安,与结盟好;如有离违,宜别图之,以济大事。肃请得奉命吊表二子,并慰劳其军中用事者,及说备使抚表众,同心一意,共治曹操,备必喜而从命,如其克谐[3],天下可定也。今不速往,恐为操所先。"权即遣肃行。到夏口,闻操已向荆州,晨夜兼道,比至南郡而琮已降[4]，备南走，肃径迎之，与备会于当阳长坂。肃宣权旨，论天下事势，致殷勤之意。且问备曰："豫州今欲何至[5]？"备曰："与苍梧太守吴巨有旧[6]，欲往投之。"肃曰："孙讨虏聪明仁惠[7]，敬贤礼士，江表英豪咸归附之。已据有六郡[8]，兵精粮多，足以立事。今为君计，莫若遣腹心自结于东，以共济世业。而欲投吴巨，巨是凡人，偏在远郡，行将为人所并，岂足托乎？"备甚悦。肃又谓诸葛亮曰："我，子瑜友也。"即共定交。子瑜者，亮兄瑾也，避乱江东，为孙权长史。备用肃计，进住鄂县之樊口[9]。

[1] 指刘表的儿子刘琦和刘琮争位，不能合作。 [2] 各有彼此也是意见不一，各成宗派的意思。 [3] 谐是事情能成功的意思。

[4] 南郡治所就在江陵。 [5] 刘备曾为豫州刺史，故称为豫州。

[6] 苍梧是汉郡之一，在今广西梧州一带。 [7] 曹操曾表请汉帝授孙权以讨虏将军称号。 [8] 六郡指当时扬州所统之九江、丹阳、庐江、会稽、吴郡、豫章。 [9] 鄂县即今湖北省鄂州市。樊口在鄂州市西北。

5 曹操自江陵将顺江东下，诸葛亮谓刘备曰："事急矣，请奉命求救于孙将军。"遂与鲁肃俱诣孙权。亮见权于柴桑[1]，说权曰:"海内大乱,将军起兵江东[2],刘豫州收众汉南,与曹操并争天下。今操芟夷大难[3],略已平矣。遂破荆州,威震四海。英雄无用武之地,故豫州遁逃至此,愿将军量力而处之!若能以吴、越之众与中国抗衡,不如早与之绝;若不能,何不按兵束甲,北面而事之!今将军外讬服从之名,而内怀犹豫之计,事急而不断,祸至无日矣。"权曰:"苟如君言,刘豫州何不遂事之乎?"亮曰:"田横,齐之壮士耳[4],犹守义不辱;况刘豫州王室之胄,英才盖世,众士慕仰,若水之归海。若事之不济,此乃天也。安能复为之下乎?"权勃然曰:"吾不能举全吴之地,十万之众,受制于人。吾计决矣!非刘豫州莫可以当曹操者;然豫州新败之后,安能抗此难乎?"亮曰:"豫州军虽败于长坂,今战士还者及关羽水军精甲万人,刘琦合江夏战士亦不下万人。曹操之众,远来疲敝,闻追豫州,轻骑一日一夜行三百余里,此所谓强弩之末不能穿鲁缟者也[5]。故兵法忌之,曰:'必蹶上将军[6]'。且北方之人不习水战;又,荆州之民附操者,逼兵势耳,非心服也。今将军诚能命猛将统兵数万,与豫州协规同力,破操军必矣。操军破,必北还。如此,则荆、吴之势强,鼎足之形成矣。成败之机,在于今日。"权大悦,与其群下谋之。

[1]柴桑故城在今江西九江西南。 [2]江东泛指现在江、浙、皖的大部分。扬子江的下游是向东北流的,所以从中原来看,苏南和皖、浙等处是江东而不是江南。 [3]芟音三,芟夷是削平的意思。 [4]田横在汉初不愿投降而自杀。 [5]这是一句古话,鲁缟是鲁国出的一种薄绢。意思是力尽不足畏。 [6]意思说:远来疲敝,必使主帅遭受到大损失。

6 是时,曹操遗权书曰:"近者奉辞伐罪,旄麾南指,刘琮束手。今治水军八十万众,方与将军会猎于吴。"权以示群下,莫不响震失色。长史张昭等曰[1]:"曹公,豺虎也。挟天子以征四方,动以朝廷为辞;今日拒之,事更不顺。且将军大势可以拒操者,长江也;今操得荆州,奄有其地,刘表治水军,蒙冲斗舰乃以千数[2],操悉浮以沿江;兼有步兵,水陆俱下,此为长江之险已与我共之矣。而势力众寡又不可论。愚谓大计不如迎之。"鲁肃独不言。权起更衣,肃追于宇下[3]。权知其意,执肃手曰:"卿欲何言?"肃曰:"向察众人之议,专欲误将军,不足与图大事。今肃可迎操耳,如将军不可也。何以言之?今肃迎操,操当以肃还付乡党,品其名位,犹不失下曹从事[4],乘犊车,从吏卒,交游士林,累官故不失州郡也。将军迎操,欲安所归乎[5]?愿早定大计,莫用众人之议也。"

权叹息曰:"诸人持议,甚失孤望。今卿廓开大计,正与孤同。"

[1]长史相当于秘书长。 [2]蒙冲是蒙着牛皮的战船。 [3]宇下即屋檐下。 [4]下曹从事等于说:一个小小科长。 [5]这几句话的意思是说:"我总还可以在地方上保持相当的地位,至于你,他又能拿什么位置给你呢?"

7 时周瑜受使至番阳[1],肃劝权召瑜还。瑜至,谓权曰:"操虽托名汉相,其实汉贼也。将军以神武雄才,兼仗父兄之烈[2],割据江东,地方数千里,兵精足用,英雄乐业,当横行天下,为汉家除残去秽;况操自送死,而可迎之邪?请为将军筹之!今北土未平,马超、韩遂尚在关西[3],为操后患;而操舍鞍马,仗舟楫,与吴、越争衡,今又盛寒,马无藁草,驱中国士众,远涉江湖之间[4],不习水土,必生疾病。此数者用兵之患也,而操皆冒行之,将军禽操,宜在今日。瑜请得精兵数万人,进住夏口,保为将军破之。"权曰:"老贼欲废汉自立久矣,徒忌二袁[5]、吕布、刘表与孤耳。今数雄已灭,惟孤尚存。孤与老贼势不两立,君言当击,甚与孤合,此天以君授孤也。"因拔刀斫前奏案曰[6]:"诸将吏敢复有言当迎操者,与此案同!"乃罢会。

［1］番阳大概即鄱阳，孙权在此立鄱阳郡，现在还沿用此名。

［2］意思说：又凭借了父（孙坚）兄（孙策）的功业。　［3］关西指函谷关以西地。　［4］中国指中原。　［5］二袁指袁绍、袁术。

［6］奏案是陈列文书的小几，古人进食的时候有食案，呈进文书的时候有奏案文案。

8 是夜，瑜复见权曰："诸人徒见操书言水步八十万而各恐慑，不复料其虚实，便开此议，甚无谓也。今以实校之，彼所将中国人不过十五六万，且已久疲；所得表众亦极七八万耳，尚怀狐疑。夫以疲病之卒，御狐疑之众，众数虽多，甚未足畏。瑜得精兵五万，自足制之。愿将军勿虑！"权抚其背曰："公瑾[1]，卿言至此，甚合孤心。子布、元表诸人各顾妻子[2]，挟持私虑，深失所望；独卿与子敬与孤同耳[3]。此天以卿二人赞孤也。五万兵难卒合；已选三万人，船粮战具俱办。卿与子敬、程公便在前发[4]，孤当续发人众，多载资粮，为卿后援。卿能办之者诚决，邂逅不如意，便还就孤，孤当与孟德决之[5]。"遂以周瑜、程普为左右督，将兵与备并力逆操，以鲁肃为赞军校尉[6]，助画方略。

[1]周瑜字公瑾。 [2]子布是张昭,元表大概是秦松。 [3]鲁肃字子敬。 [4]程公是程普。 [5]意思说:你办得了最好,否则我自己来办。 [6]赞军校尉是参谋长的性质。

9 刘备在樊口,日遣逻吏于水次候望权军。吏望见瑜船,驰往白备,备遣人慰劳之。瑜曰:"有军任,不可得委署;倘能屈威,诚副其所望[1]。"备乃乘单舸往见瑜曰[2]:"今拒曹公,深为得计。战卒有几?"瑜曰:"三万人。"备曰:"恨少。"瑜曰:"此自足用,豫州但观瑜破之。"备欲呼鲁肃等共会语,瑜曰:"受命不得妄委署;若欲见子敬,可别过之[3]。"备深愧喜。

[1]这几句的意思说:"我有重要军事责任在身,不能随便交给别人,如果你肯自己劳驾,那是我所希望的。" [2]单舸是不带保护的兵船。 [3]"可别过之"是说:不妨另外去看他。

10 进与操遇于赤壁[1]。时操军众已有疾疫。初一交战,操军不利,引次江北。瑜等在南岸。瑜部将黄盖曰:"今寇众我寡,难与持久。操军方连船舰,首尾相接,可烧而走也。"乃取蒙冲斗舰十艘,载燥荻、枯柴,灌油其中,裹以帷幕,上建旌旗,豫备走舸[2],系于其尾。先以书遗操,诈云欲降。

时东南风急，盖以十舰最著前，中江举帆，余船以次俱进。操军吏士皆出营立观，指言盖降。去北军二里余，同时发火，火烈风猛，船往如箭，烧尽北船，延及岸上营落[3]。顷之，烟炎张天[4]，人马烧溺死者甚众。瑜等率轻锐继其后，雷鼓大震[5]，北军大坏。

操引军从华容道步走[6]，遇泥泞，道不通，天又大风，悉使羸兵负草填之，骑乃得过，羸兵为人马所蹈藉，陷泥中，死者甚众。刘备、周瑜水陆并进，追操至南郡。时操军兼以饥疫，死者太半。操乃留征南将军曹仁、横野将军徐晃守江陵，折冲将军乐进守襄阳，引兵北还。以上均建安十三年。

[1]赤壁相传在长江所经过的湖北黄冈附近。但古今对于此说多有异同。《通鉴》胡注云：《水经注》，江水自沙羡而东，右迳赤壁山北。《郡县志》：赤壁山在蒲圻西百三十里。北岸乌林与赤壁相对，即周瑜用黄盖策焚曹公船处。杜佑曰：赤壁在鄂州蒲圻县。《武昌志》曰，曹操自江陵追刘备至巴丘，遂至赤壁，遇周瑜兵大败，取华容道归。赤壁山在今嘉鱼县，对江北之乌林，巴丘今巴陵，华容今石首也。黄州赤壁非是，今之华容县则晋之安南县也。 [2]走舸是快艇，预备放火以后就逃走。 [3]营落即营垒。 [4]炎即焰字。 [5]雷即擂字。 [6]华容是南郡的一县，今湖北省监利县境。

蜀汉之亡

从公元二二一年刘备称帝起,到二三四年诸葛亮的病卒,蜀汉一直维持小康的局面,并且不断努力向中原发展。后来继任的人就只能兢兢自保而已。及至二五三年,姜维独掌军权,重复进行北伐。但是此时内政已经大不如前,国力也消耗将尽了。魏国在司马昭执政之下,窥破这种内容,就大胆地出兵向蜀进攻,突破了剑阁的天险,摧枯拉朽一般把诸葛亮辛勤缔造的蜀汉覆灭了。在历史上,由秦灭蜀,以战国时代司马错领导的为第一次,这是第二次。

当时统兵伐蜀的将帅钟会、邓艾等人心理上的矛盾造成了一种离奇变幻的局面,蜀虽灭亡,邓艾却吃了钟会的暗算而成为阶下囚。司马昭又窥破钟会拥曹(魏室)反马的内心,又在后面做"黄雀捕螳螂"的准备。姜维又利用这班人的矛盾冲突,希图造成一次突发的事变,将北军一网打尽,使蜀汉亡而复存。却不料彼此钩心斗角的结果,钟会、邓艾、姜维三个人都牺牲了生命，便宜了司马昭坐享其成，这是一次极富于戏剧性的历史事件。

《通鉴》这篇记载。将几个人的个性都暴露无遗，例如刘禅的庸懦无能，司马昭的权诈百出，姜维的智勇深沉，邓艾的粗鲁朴实，都是很突出的。写来都很有声色。

全篇分三大段。第一大段一二两节述姜维北伐的开始。第三节记魏国的内乱造成姜维大举的机会。第四节记谯周反对姜维的议论，为日后主张投降张本。以下为第二大段。第五、六、七、八、九、十节均为魏国决心伐蜀的种种布置。第十一节记蜀汉方面仓皇退却。第十二节记关口的失陷。第十三节记姜维的被迫撤退。第十四节记钟会的扩张势力。第十五节记邓艾冒险从阴平直取绵竹及诸葛瞻的壮烈战死。第十六节记刘禅南奔之计为谯周所阻，终于投降。第十七节记邓艾的受降。第十八节记姜维放弃抵抗。以上都是灭蜀的经过。以下第三大段则为灭蜀以后所起的风波。第十九节记邓艾以擅权而招忌。第二十节钟会的内心为姜维窥破，反而互相利用，陷害邓艾。第二十一节记司马昭逐步对钟会作军事布置。第二十二节记司马昭对钟会欲擒故纵的手段。第二十三节记卫瓘解决邓艾。第二十四节记钟会决计联合姜维起兵讨伐司马昭。第二十五节记姜维密谋将北军一网打尽。第二十六节记北军突然暴动，钟会、姜维都在混乱中被害。第二十七节记邓艾再起，又终于被卫瓘袭杀。

一

1 汉姜维自以练西方风俗[1]，兼负其才武，欲诱诸羌、胡以为羽翼，谓自陇以西可断而有[2]。每欲兴军大举，费祎[3]常裁制不从[4]，与其兵不过万人，曰："吾等不如丞相，亦已远矣[5]；丞相犹不能定中夏，况吾等乎？不如且保国治民，谨守社稷；如其功业，以俟能者，无为希冀侥幸，决成败于一举；若不如志，悔之无及。"及祎死[6]，维得行其志，及将数万人出石营，围狄道[7]。魏邵陵厉公嘉平五年（二五三）

[1]练是熟习的意思。姜维本天水人，所以自以为熟习西方风俗。
[2]意思是：自陇山以西可以完全占领。 [3]祎音衣。 [4]诸葛亮死后，以蒋琬、费祎两人分继其任。蒋琬有病，费祎以尚书令兼益州刺史，握重权，为人精明有见识。后来在元旦的宴会上被一个魏国来的降人刺死。 [5]蜀汉人称诸葛亮为丞相。 [6]费祎遇刺而死，就是这一年元旦的事。 [7]姜维出兵的道路是从四川边境向甘肃进攻。

2 汉姜维自狄道进拔河间[1]、临洮[2]。将军徐质与战[3]，杀其荡寇将军张嶷，汉兵乃还。魏高贵乡公正元元年（二五四）

〔1〕河间当作河关。河关也是陇西郡的一县,今甘肃省贵德县。
〔2〕临洮也是陇西郡的一县,今仍沿用此名。当时姜维从狄道向西,而并不往东,无非想收取魏国的边县,以扩充自己的势力,暂时还不想大举伐魏。 〔3〕《通鉴》叙三国事以魏为主,这里的将军是魏国方面的。

3 汉姜维闻魏分关中兵以赴淮南[1],欲乘虚向秦川[2],率数万人出骆谷,至沈岭。时长城积谷甚多而守兵少,征西将军都督雍、凉诸军事司马望及安西将军邓艾进兵据之以拒维。维壁于芒水[3],数挑战,望、艾不应。 甘露二年(二五七)

〔1〕这时魏征东大将军诸葛诞在淮南起兵反抗司马师,所以分关中兵东下去讨伐。 〔2〕秦川是秦地的通称。 〔3〕骆谷在陕西洋县的北面,沈岭、长城、芒水等地都在洋县以北,留坝以东,盩厔以南的地方。

4 是时,维数出兵,蜀人愁苦,中散大夫谯周作"仇国论"以讽之曰[1]:"或问:'往古能以弱胜强者,其术如何?'曰:'吾闻之,处大无患者常多慢,处小有忧者常思善。多慢则生乱,思善则生治,理之常也[2]。故周文养民,以少取多,勾践恤众,以弱毙强[3],此其术也。'或曰:'曩者,项强汉弱,相与战争,项羽与汉约分鸿沟，各归息民，张良以为民志已定，则难动也，率兵追羽，终毙项氏，岂必由文王之事乎？'曰：'当商、周之际，王侯世尊，君臣久固，民习所专[4]；深根者难拔，据固者难迁。当此之时，虽汉祖安能杖剑鞭马而取天下乎？及秦罢侯置守之后，民疲秦役，天下土崩，或岁易主，或月易公[5]，鸟惊兽骇，莫知所从。于是豪强并争，虎裂狼分，疾搏者获多，迟后者见吞。今我与彼，皆传国易世矣[6]，既非秦末鼎沸之时，实有六国并据之势，故可为文王，难为汉祖。夫民之疲劳，则骚扰之兆生；上慢下暴，则瓦解之形起。谚曰：射幸数跌，不如审发[7]。是故智者不为小利移目，不为意似改步[8]，时可而后动，数合而后举，故汤、武之师不再战而克，诚重民劳而度时审也。如遂极武黩征，土崩势生，不幸遇难，虽有智者，将不能谋之矣。'"甘露二年（二五七）

[1]中散大夫是掌议论的官。　[2]意思说：大国无忧患，反而容易堕落，以致生乱，小国多忧患，反而刺激向上争强的精神，可以转乱为治。　[3]周文王在岐，由方百里者起，结果是三分天下有其二，是所谓以少取多。勾践归越，吊死问疾，十年生聚，十年教训，终于灭吴，是所谓以弱毙强。　[4]意思说：统治秩序已经巩固，大家习惯成自然，没有别的心思。　[5]意思指秦末的动乱状态，甚至一个月换一个政权。　[6]此时魏国已经从曹丕传到

第三代，蜀汉也到了第二代。［7］这是以射箭作比喻，与其在屡次失败之中，希图一次的命中，还不如审慎再三而后发。［8］意思说：聪明人稳步前进，不轻于转移。

二

5 司马昭患姜维数为寇，官骑路遗求为刺客入蜀[1]，从事中郎荀勖曰[2]："明公为天下宰，宜杖正义以伐违贰，而以刺客除贼，非所以刑于四海也[3]。"昭善之。勖，爽之曾孙也[4]。元帝景元三年（二六二）

［1］官骑是随从的骑兵。 ［2］从事中郎是汉、魏间的幕僚官名。 ［3］刑于四海是《诗经》上的话，意思是做四方的榜样。 ［4］荀爽是东汉末年的名士。家世有名。

6 昭欲大举伐汉，朝臣多以为不可，独司隶校尉钟会劝之。昭谕众曰："自定寿春已来[1]，息役六年，治兵缮甲，以拟二虏。今吴地广大而下湿，攻之用功差难，不如先定巴蜀。三年之后，因顺流之势，水陆并进，此灭虢取虞之势也[2]。计蜀战士九万，居守成都及备他境不下四万，然则余众不过五万。今绊姜维于沓中[3]，使不得东顾，直指骆谷[4]，出其空虚之地，以袭汉中，以刘禅之暗，而边城外破，士女内震，其亡可知也。"

142

乃以钟会为镇西将军,都督关中。征西将军邓艾以为蜀未有衅,屡陈异议,昭使主簿师纂为艾司马以谕之[5],艾乃奉命。

[1]定寿春指讨伐诸葛诞的那件事。 [2]春秋时代,晋献公灭虢,因以灭虞。此言灭蜀可以乘势灭吴也。 [3]沓中在今甘肃省武都县北。 [4]汉中指陕西省南郑一带,由骆谷向西南可达。 [5]这是说:司马昭命自己幕府里的主簿去做邓艾军营的司马,以便传达自己的意思。

7 姜维表汉主:"闻钟会治兵关中,欲规进取,宜并遣左右车骑张翼、廖化督诸军分护阳安关口[1]及阴平之桥头[2],以防未然。"黄皓信巫鬼[3],谓敌终不自致,启汉主寝其事,群臣莫知。 以上均景元三年

[1]阳安关大概就是嘉陵江上游的阳平关口。 [2]阴平之桥头当在今甘肃省文县界。 [3]黄皓是汉主刘禅左右的小人。

8 诏诸军大举伐汉,遣征西将军邓艾督三万余人自狄道趣甘松[1]、沓中以连缀姜维;雍州刺史诸葛绪督三万余人自祁山[2]趣武街桥头[3],绝维归路。钟会统十余万众,分从斜谷[4]、骆谷、子午谷[5]趣汉中。以廷尉卫瓘持节监艾、会军事,

行镇西军司[6]。瓘，觊之子也。景元四年（二六三）

[1]甘松在今四川省松潘县西北境。[2]祁山在今甘肃省西和县西北。[3]武街在今陕西省同谷县。[4]斜谷在今陕西省褒城县。[5]骆谷、子午谷都在秦岭山中。[6]意思是以卫瓘带廷尉的本官充任邓艾和钟会两支大军的监军使，又兼钟会本军的军司，相当于副军长。这是司马昭不放心邓、钟两人的预防手段。

9 会过幽州刺史王雄之孙戎，问计将安出。戎曰："道家有言：'为而不恃[1]。'非成功难，保之难也。"或以问参相国军事平原刘寔曰[2]："钟、邓其平蜀乎？"寔曰："破蜀必矣，而皆不还。"客问其故，寔笑而不答。

[1]语出《老子》，意思是不自以为功。[2]参相国军事即司马昭的参议官。

10 秋八月，军发洛阳，大赉将士，陈师誓众。将军邓敦谓蜀未可讨，司马昭斩以徇。

11 汉人闻魏兵且至，乃遣廖化将兵诣沓中为姜维继援；张翼、董厥等诣阳安关口为诸围外助[1]。大赦，改元炎兴。敕诸围皆不得战，退保汉、乐二城[2]。城中各有兵五千人。翼、厥北至阴平,闻诸葛绪将向建威[3],留住月余待之。钟会率诸军平行至汉中。九月,钟会使前将军李辅统万人围王含于乐城,护军荀恺围蒋斌于汉城。会径过西趣阳安口,遣人祭诸葛亮墓。

[1]此时汉兵前线对魏作战的据点名为围。[2]汉、乐二城是汉城与乐城。一在陕西省沔县东南,一在城固县北。[3]建威在今甘肃西和县东北。

12 初,汉武兴督[1]蒋舒在事无称[2],汉朝令人代之,使助将军傅佥守关口,舒由是恨。钟会使护军胡烈为前锋[3],攻关口[4]。舒诡谓佥曰:"今贼至不击,而闭城自守,非良图也。"佥曰:"受命保城,惟全为功。今违命出战,若丧师负国,死无益矣。"舒曰:"子以保城获全为功,我以出战克敌为功,请各行其志。"遂率其众出。佥谓其战也,不设备。舒率其众迎降胡烈;烈乘虚袭城,佥格斗而死,佥,肜之子也[5]。钟会闻关口已下,长驱而前,大得库藏积谷。

[1]武兴是汉武都郡沮县地,蜀国以其地当要冲,置武兴督以守之。[2]在事无称是说没有成绩表现。[3]护军是一种领队的军职。[4]关口即阳安口。[5]肜音荣。

145

13 邓艾遣天水太守王颀直攻姜维营，陇西太守牵弘邀其前，金城太守杨欣趣甘松。维闻钟会诸军已入汉中，引兵还；欣等追蹑于强川口[1]，大战，维败走。闻诸葛绪已塞道屯桥头，乃从孔函谷入北道[2]，欲出绪后；绪闻之，却还三十里。维入北道三十余里，闻绪军却，寻还，从桥头过；绪趣截维，较一日不及[3]。维遂还至阴平，合集士众，欲赴关城；闻其已破，退趣白水[4]，遇廖化、张翼、董厥等，合兵守剑阁以拒会[5]。

［１］强川口为今清江与白龙江合流之口，在武都县西北。
［２］孔函谷在强川口西南。 ［３］意思是只差一天工夫，没有追到。
［４］白水在今四川省昭化县西北。 ［５］剑阁是诸葛亮在剑山之间所造，凿石架空，以通行人。

14 邓艾进至阴平，简选精锐，欲与诸葛绪自江油趣成都[1]；绪以本受节度邀姜维，西行非本诏，遂引军向白水，与钟会合。会欲专军势，密白绪畏懦不进，槛车征还[2]，军悉属会。

［１］江油是今四川县名。 ［２］槛车是囚车。

15 姜维列营守险,会攻之不能克,粮道险远,军食乏,欲引还。邓艾上言:"贼已摧折,宜遂乘之,若从阴平由邪径经汉德阳亭[1]趣涪[2],出剑阁西百里,去成都三百余里,奇兵冲其腹心,出其不意,剑阁之守必还赴涪,则会方轨而进。剑阁之军不还,则应涪之兵寡矣。"遂自阴平行无人之地七百余里,凿山通道,造作桥阁。山高谷深,至为艰险;又粮运将匮,濒于危殆。艾以毡自裹,推转而下;将士皆攀木缘崖,鱼贯而进。先登至江油,蜀守将马邈降。诸葛瞻督诸军拒艾[3],至涪,停住不进。尚书郎黄崇,权之子也[4]。屡劝瞻宜速行据险,无令敌得入平地,瞻犹豫未纳。崇再三言之,至于流涕,瞻不能从。艾遂长驱而前,击破瞻前锋,瞻退往绵竹。艾以书诱瞻曰:"若降者,必表为琅邪王[5]。"瞻怒,斩艾使,列阵以待艾。艾遣子惠唐亭侯忠出其右[6],司马师纂等出其左。忠、纂战不利,并引还,曰:"贼未可击!"艾怒曰:"存亡之分,在此一举,何不可之有?"叱忠、纂等将斩之。忠、纂驰还更战,大破,斩瞻及黄崇。瞻子尚叹曰:"父子荷国重恩,不早斩黄皓,使败国殄民,用生何为?"策马冒阵而死。

[1]德阳亭在今四川省梓潼县境。 [2]涪在今绵阳县境。涪音福。 [3]诸葛瞻即诸葛亮之子。 [4]黄权是蜀旧将,因兵降

魏,其子仍留在蜀。[5]诸葛氏原是琅邪的大家族,所以用琅邪王的名义作饵。[6]东汉以后,次于县侯的有乡侯、亭侯。

16 汉人不意魏兵卒至,不为城守调度;闻艾已入平土,百姓扰扰,皆迸山泽,不可禁制。汉主使群臣会议,或以蜀之与吴本为与国,宜可奔吴;或以为南中七郡[1],阻险斗绝,易以自守,宜可奔南。光禄大夫谯周以为[2]:"自古以来无寄他国为天子者,若入吴国,亦当臣服。且治政不殊,则大能吞小[3],此数之自然也。由此言之,则魏能并吴,吴不能并魏明矣。等为称臣,为小孰与为大?再辱之耻何如一辱[4]?且若欲奔南,则当早为之计然后可果[5],今大敌已近,祸败将及,群小之心无一可保,恐发足之日,其变不测,何至南之有乎?"或曰:"今艾已不远,恐不受降,如之何?"周曰:"方今东吴未宾,事势不得不受,受之不得不礼。若陛下降魏,魏不裂土以封陛下者,周请身诣京都,以古义争之[6]。"众人皆从周议。汉主犹欲入南,狐疑未决。周上疏曰:"南方远夷之地,平常无所供为,犹数反叛;自丞相亮以兵威逼之,穷乃率从。今若至南,外当拒敌,内供服御,费用张广,他无所取,耗损诸夷,其叛必矣。"汉主乃遣侍中张绍等奉玺绶以降于艾。北地王谌怒曰[7]:"若理穷力屈,祸败将及,便当父子君臣背城一战,同死社稷,以见先帝可也,奈何降乎?"

汉主不听。是日,谌哭于昭烈之庙,先杀妻子而后自杀。

[1]南中七郡是越嶲、朱提、牂柯、云南、兴古、建宁、永昌。 [2]光禄大夫也是掌议论的官。 [3]意思说:政治好坏的程度相同,则小的终要为大的所吞并。 [4]意思说:降魏只是一次受辱。若奔吴称臣,再与吴俱为魏所灭,又将臣服于魏,是为再度受辱。 [5]可果是可以成功。 [6]这是谯周一味劝刘禅投降,保证魏必待刘禅以王礼。 [7]谌音甚,平声。

17 张绍等见艾于雒,艾大喜,报书褒纳。汉主遣太仆蒋显别敕姜维,使降钟会;又遣尚书郎李虎送士民簿于艾,户二十八万,口九十四万,甲士十万二千,吏四万人。艾至成都城北,汉主率太子诸王及群臣六十余人,面缚[1]舆榇诣军门[2]。艾持节解缚焚榇,延请相见;检御将士[3],无得虏略,绥纳降附,使复旧业。辄依邓禹故事[4],承制[5]拜汉主禅行骠骑将军[6],太子奉车、诸王驸马都尉[7],汉群司各随高下拜为王官[8],或领艾官属;以师纂领益州刺史,陇西太守牵弘等领蜀中诸郡。艾闻黄皓奸险,收闭将杀之,皓赂艾左右,卒以得免。

［1］面缚是两手绑在背后。［2］舆榇是以车载棺自随，都是古代国君投降的仪式。［3］检御是约束的意思。［4］邓禹奉东汉光武帝命入关，便宜行事，是远征的将帅可以援用的前例。［5］承制就是代行皇帝的命令。［6］骠骑将军位次于大将军，行是暂时署理。［7］奉车、驸马都尉都是皇帝侍从的官号。唐以后始专以公主所嫁的人为驸马都尉。［8］王官指魏朝的职官。

18 姜维等闻诸葛瞻败，未知汉主所向，乃引军东入于巴[1]。钟会进军至涪，遣胡烈等追维。维至郪[2]，得汉主敕命，乃令兵悉放仗[3]，送节传于胡烈。自从东道与廖化、张翼、董厥等同诣会降。将士咸怒，拔刀斫石。于是诸郡、县、围、守皆被汉主敕，罢兵降。钟会厚待姜维等，皆权还其印绶节盖。

［1］巴是四川东部。［2］郪属广汉郡，今四川省三台县境。［3］古称兵器为仗，放仗即解除武装。

三

19 邓艾在成都，颇自矜伐，谓蜀士大夫："诸君赖遭艾，故得有今日耳，如遇吴汉之徒[1]，已殄灭矣。"艾以书言于晋公昭曰："兵有先声而后实者，今因平蜀之势以乘吴，吴人震恐，席卷之时也。然大举之后，将士疲劳，不可便用，且徐缓之。留陇右兵二万人，蜀兵二万人，煮盐兴冶，为军农要用。并作舟船，豫为顺流之事。然后发使告以利害，吴必归化，可不征而定也。今宜厚刘禅以致孙休[2]，封禅为扶风王，锡其资财，供其左右。郡有董卓坞[3]，为之宫舍；爵其子为公侯，食郡内县，以显归命之宠；开广陵[4]、城阳[5]以待吴人，则畏威怀德，望风而从矣。"昭使监军卫瓘喻艾："事当须报，不宜辄行。"艾重言曰[6]："衔命征行，奉指授之策，元恶既服；至于承制拜假[7]，以安初附，谓合权宜。今蜀举众归命，地尽南海，东接吴会，宜早镇定。若待国命，往复道途，延引日月。《春秋》之义：'大夫出疆，有可以安社稷，利国家，专之可也[8]。'今吴未宾，势与蜀连，不可拘常，以失事机。兵法：'进不求名，退不避罪。'艾虽无古人之节，终不自嫌以损国家计也[9]。"

[1]吴汉奉光武帝命伐蜀，与公孙述八战八克，遂斩述。[2]孙休是孙权第六子，此时为吴主。[3]董卓所建的郿坞此时还存在。[4]广陵是郡名，魏时广陵郡治淮阴，不治江都。[5]城阳也是郡名，今山东省莒县。[6]重言是再言之。[7]拜假就是临时任命官吏。[8]这是《春秋·公羊传》的话。[9]意思是：不为自己避嫌而妨害国家大计。

20 钟会内有异志,姜维知之,欲构成扰乱。乃说会曰:"闻君自淮南以来,算无遗策,晋道克昌,皆君之力。今复定蜀,威德振世,民高其功,主畏其谋,欲以此安归乎?何不法陶朱公泛舟绝迹,全功保身邪[1]?"会曰:"君言远矣,我不能行。且为今之道,或未尽于此也[2]。"维曰:"其他则君智力之所能,无烦于老夫矣。"由是情好欢甚,出则同轝[3],坐则同席。会因邓艾承制专事,乃与卫瓘密白艾有反状。会善效人书[4],于剑阁要艾章表白事,皆易其言,令辞指悖傲,多自矜伐;又毁晋公昭报书,手作以疑之。以上均景元四年。

[1]越大夫范蠡既与越王勾践灭吴以雪会稽之耻,鉴于勾践为人的忌刻残忍,于是扁舟五湖,泛海而止于陶,隐名自号曰陶朱公。

[2]意思是:你说得太远了,我做不到,并且现在也还不完全适用。

[3]轝是舆之或字。即小车。 [4]意思是:善于模仿别人的笔迹。

21 咸熙元年,春正月壬辰,诏以槛车征邓艾。晋公昭恐艾不从命,敕钟会进军成都,又遣贾充将兵入斜谷。昭自将大军从帝幸长安,以诸王公皆在邺,乃以山涛为行军司马,镇邺。

22 初,钟会以才能见任,昭夫人王氏言于昭曰[1]:"会见利忘义,好为事端,宠过必乱,不可大任。"及会将伐汉,西曹属[2]邵悌言于晋公曰[3]:"今遣钟会率十万余众伐蜀,愚谓会单身无任[4],不若使余人行也。"晋公笑曰:"我宁不知此邪?蜀数为边寇,师老民疲,我今伐之,如指掌耳!而众言蜀不可伐。夫人心豫怯,则智勇并竭,智勇并竭而强使之,适所以为敌禽耳[5]。惟钟会与人意同,今遣会伐蜀,蜀必可灭。灭蜀之后,就如卿虑,何虑其不能办邪[6]?夫蜀已破亡,遗民震恐,不足与共图事;中国将士各自思归,不肯与同也。会若作恶,祗自灭族耳。卿不须忧此,慎勿使人闻也。"及晋公将之长安,悌复曰:"钟会所统兵五六倍于邓艾,但可敕会取艾,不须自行。"晋公曰:"卿忘前言邪?而云不须行乎?虽然,所言不可宣也。我要自当以信意待人,但人不当负我耳,我岂可先人生心哉!近日贾护军[7]问我'颇疑钟会不[8]?'我答言:'如今遣卿行,宁可复疑卿邪?'贾亦无以易我语也。我到长安,则自了矣。"

[1]司马昭夫人王氏是王肃之女,生晋武帝及齐王攸,后谥文明皇后。 [2]丞相属官有东西曹掾。属即掾。 [3]司马昭此时爵为晋公。 [4]魏制:凡遣将帅,皆留其家属以作保证,钟会无子弟,所以说单身无任。任是担保的意思。 [5]禽即擒字。 [6]意思说:如果钟会作乱,也不怕没有法子解决他。 [7]贾护军指贾充,是晋朝的开国功臣。 [8]不读如否。

23 钟会遣卫瓘先至成都收邓艾。会以瓘兵少,欲令艾杀瓘,因以为艾罪;瓘知其意,然不可得距。乃夜至成都,檄艾所统诸将称:"奉诏收艾,其余一无所问。若来赴官军,爵赏如先;敢有不出,诛及三族。"比至鸡鸣,悉来赴瓘,唯艾帐内在焉[1]。平旦开门,瓘乘使者车,径入至艾所;艾尚卧未起,遂执艾父子,置艾于槛车。诸将图欲劫艾,整仗趣瓘营;瓘轻出迎之,伪作表草,将申明艾事,诸将信之而止。

[1]帐内是主帅的亲兵。

24 丙子,会至成都,送艾赴京师。会所惮惟艾,艾父子既禽,会独统大众,威震西土,遂决意谋反。会欲使姜维将五万人出斜谷为前驱,会自将大众随其后;既至长安,令骑士从陆道,步兵从水道,顺流浮渭入河,以为五日可到孟津[1],与骑兵会洛阳,一旦天下可定也。会得晋公书云:"恐邓艾或不就征,今遣中护军贾充将步骑万人径入斜谷,屯乐城,吾自将十万屯长安,相见在近。"会得书惊,呼所亲语之曰:"但取邓艾,相国知我独办之;今来大重[2],必觉我异矣[3]。便当速发;事成可得天下,不成退保蜀汉,不失作刘备也!"丁丑,会悉请护军、郡守、牙门骑督以上[4],及蜀之故官,为太后发哀于蜀朝堂[5]。矫太后遗诏，使会起兵废司马昭[6]，皆班示坐上人[7]，使下议讫[8]，书版署置[9]，更使所亲信代领诸军；所请群官悉闭著益州诸曹屋中[10]，城门宫门皆闭，严兵围守。卫瓘诈称疾笃，出就外廨。会信之，无所复惮。

[1]孟津今河南县名。 [2]意思是：亲自出马，情势非常严重。 [3]意思是：一定已经知道我有非常举动了。 [4]牙门骑督是部队中的骑兵队长。 [5]指魏国的明元郭太后新近身故。 [6]当时忠于魏室的人都知道司马昭有谋篡之志。 [7]班，分也。 [8]意思是：表示同意。 [9]是签名在文书上。 [10]意思是软禁在益州官署的各部分房屋。

25 姜维欲使会尽杀北来诸将，己因杀会，尽坑魏兵，复立汉主。密书与刘禅曰："愿陛下忍数日之辱，臣欲使社稷危而复安，日月幽而复明。"会欲从维言诛诸将，犹豫未决。

26 会帐下督丘建本属胡烈，会爱信之。建愍烈独坐[1]，启会使听内一亲兵出取饮食，诸牙门随例各内一人。烈绐语亲兵及疏与其子渊曰[2]："丘建密说消息，会已作大坑，白棓数千[3]，欲悉呼外兵入，人赐白帢[4]，拜散将[5]，以次棓杀，内坑中。"诸牙门亲兵亦咸说此语，一夜转相告皆遍。己卯日中，胡渊率其父兵，雷鼓出门[6]，诸军不期皆鼓噪而出，曾无督促之者,而争先赴城。时会方给姜维铠仗,白外有匈匈声似失火者[7]。有顷,白兵走向城。会惊谓维曰:"兵来似欲作恶[8],当云何?"维曰:"但当击之耳。"会悉杀所闭诸牙门郡守,内人共举机以拄门,兵斫门,不能破。斯须,城外倚梯登城,或烧城屋,蚁附乱进,矢下如雨;牙门郡守各缘屋出,与其军士相得。姜维率会左右战,手杀五六人,众格斩维,争前杀会。会将士死者数百人,杀汉太子璿及姜维妻子,军众钞略,死丧狼藉。卫瓘部分诸将,数日乃定。

[1]愍是怜惜的意思。 [2]意思是造一番假话骗亲兵,又写条子给自己的儿子。 [3]棓与棒同。 [4]帕是头巾,音洽。 [5]散将是空名军职。 [6]雷即擂字。 [7]白外似当作外白。白是报告的意思。 [8]作恶意即作乱。

27 邓艾本营将士追出艾于槛车,迎还。卫瓘自以与会共陷艾,恐其为变,乃遣护军田续等将兵袭艾,遇于绵竹西[1],斩艾父子。 以上均咸熙元年(二六四)

[1]绵竹今四川省德阳县。

肥水之战

氐族的苻坚在十六国的君主中是比较出色的人物，由于长时期掌握了政权，所以从公元三〇四年到三五七年五十多年中的混乱状态因苻坚称帝而暂时中止。在他占领了北中国全部以后，就侈心自大起来，想继续以武力征服南方的晋。历史上有名的肥水之战，就是这样发生的。假使他在这一战役中占了优胜，历史上就会出现一个为氐族所统治的统一帝国了。事实却不然，结果他不仅达不到所梦想的统一，连已经成就的局面也因之动摇，以至前功尽弃。

《通鉴》在这篇记载中详述反战论几乎成为当时一致的见解，而苻坚的顽强态度终于导致失败，是第一大段。苻坚方面的庞大而散漫的军事布置，及晋军方面英勇沉着的抵抗说明弱可以胜强，少可以胜多，是第二大段。第一大段中第一节记苻坚的创议南征及朱肜的献媚。第二节记权翼的话，第三节记石越的话，都指出晋的内政无可乘之隙。第四、第五节记阳平公融及太子宏的话,更明白指出人心不愿用兵,以及内部之不稳定。第六节记慕容垂别有用心,所以独加怂恿。第七节记阳平公融最后更率直指出胡人统治汉族是不会得人心的。第八节记众人请出高僧道安来劝谏,苻坚仍是不听。第九、第十节连他的宠妃爱子都来谏阻,也一概不听。南侵之举就在这样众情不服的情况下勉强实现的。第二大段第十一至第十三节记军事布置的不妥,为有识者所窥破。第十四节记大军出发。第十五节记晋廷的急遽应付。第十六节记谢安故意镇定。第十七节记苻坚轻兵急进。第十八节记洛涧之战为晋军得胜之先声。第十九节记肥水一战,秦军一败而不可收拾。最后一节写出谢安心中也觉得这一次获胜喜出望外。

一

1 冬十月,秦王坚会群臣于太极殿[1],议曰:"自吾承业,垂三十载[2],四方略定,唯东南一隅,未沾王化。今略计吾士卒,可得九十七万,吾欲自将以讨之,何如?"秘书监朱肜曰[3]:"陛下恭行天罚,必有征无战,晋主不衔璧军门[4],则走死江海。陛下返中国士民,使复其桑梓[5],然后回舆东巡,告成岱宗[6],此千载一时也。"坚喜曰:"是吾志也。"

[1] 秦都长安,太极殿是长安的正殿。 [2] 苻坚于晋穆帝

升平元年（三五七）自立，至是凡二十六年，所以说将近三十年。〔3〕秘书监是管藏书的长官。〔4〕衔璧军门：是国君向军前求降的仪式。〔5〕永嘉乱起，中国人多数南迁，现在如果灭晋，这班人又可以还乡了。〔6〕告成岱宗。指封禅的典礼。

2 尚书左仆射权翼曰[1]："昔纣为无道，三仁在朝[2]，武王犹为之旋师。今晋虽微弱，未有大恶；谢安、桓冲皆江表伟人，君臣辑睦，内外同心。以臣观之，未可图也。"坚默然良久，曰："诸君各言其志。"以上晋孝武帝太元七年（三八二）

〔1〕尚书省有左右二仆射，在各尚书之上，射音夜。〔2〕三仁是微子、箕子、比干。

3 太子左卫率石越曰[1]："今岁镇守斗[2]，福德在吴，伐之必有天殃。且彼据长江之险，民为之用，殆未可伐也。"坚曰："昔武王伐纣，逆岁违卜[3]。天道幽远，未易可知。夫差、孙皓皆保据江湖，不免于亡[4]。今以吾之众，投鞭于江，足断其流，又何险之足恃乎？"对曰："三国之君皆淫虐无道，故敌国取之，易于拾遗。今晋虽无德，未有大罪，愿陛下且按兵积谷以待其衅[5]。"于是群臣各言利害，久之不决。坚曰："此所谓筑舍道旁，无时可成[6]，吾当内断于心耳。"

［1］太子左卫率是掌太子护卫的官名。率读如力。 ［2］此系指星的分野而言，岁、木星。镇、土星。斗，牛女，是吴、越，扬州分。［3］逆岁违卜是说逆太岁而违卜筮也。《尸子》："武王伐纣，鱼辛谏曰：'岁在北方，不可北征。'武王不从。"又《史记·齐世家》："武王将伐纣，卜龟，兆不吉，风雨暴至，群公尽惧。唯太公强之，劝武王，武王遂行。"［4］这两句话是驳长江之险不足恃。 ［5］衅是可乘之隙。［6］这是用《诗经》上的话。

4 群臣皆出，独留阳平公融谓之曰："自古定大事者，不过一二臣而已。今众言纷纷，徒乱人意，吾当与汝决之。"对曰："今伐晋有三难：天道不顺，一也；晋国无衅，二也；我数战兵疲，民有畏敌之心，三也。群臣言晋不可伐者，皆忠臣也。愿陛下听之。"坚作色曰："汝亦如此，吾复何望！吾强兵百万，资仗如山[1]。吾虽未为令主，亦非暗劣；乘累捷之势，击垂亡之国，何患不克？岂可复留此残寇，使长为国家之忧哉？"融泣曰："晋未可灭，昭然甚明；今劳师大举，恐无万全之功。且臣之所忧，不止于此。陛下宠育鲜卑[2]、羌、羯[3]，布满畿甸，此属皆我之深仇。太子独与弱卒数万留守京师，臣惧有不虞之变生于腹心肘掖，不可悔也。臣之顽愚，诚不足采。王景略一时英杰[4]，陛下常比之诸葛武侯，独不记其临没之言乎?"坚不听。于是朝臣进谏者众,坚曰:"以吾击晋,校其强弱之势,犹疾风之扫秋叶,而朝廷内外皆言不可,诚吾所不解也。"

[1]资是军资,仗是军器。 [2]鲜卑族是据有匈奴故地的种族,其分支东入辽西、辽东,西入甘肃、青海,在晋末已经侵入中原,在河南、北建国。其族以慕容氏、拓跋氏、宇文氏为最大。 [3]羯族本居山西省东南部的武乡一带,以石勒为领袖,后来建国于河北邢台,几乎统一了全部北中国。 [4]王猛,字景略,曾为苻坚之丞相,临终告坚勿图晋。

5 太子宏曰:"今岁在吴分,又晋君无罪,若大举不捷,恐威名外挫,财力内竭,此群下所以疑也!"坚曰:"昔吾灭燕,亦犯岁而捷,天道固难知也。秦灭六国,六国之君岂皆暴虐乎?"

6 冠军、京兆尹慕容垂言于坚曰[1]:"弱并于强,小并于大,此理势自然,非难知也。以陛下神武应期,威加海外,虎旅百万,韩、白满朝[2],而蕞尔江南,独违王命[3],岂可复留之以遗子孙哉?诗云:'谋夫孔多,是用不集[4]。'陛下断自圣心足矣。何必广询朝众?晋武平吴,所仗者张、杜二三臣而已[5]。若从朝众之言,岂有混一之功?"坚大悦曰:"与吾共定天下者，独卿而已。"赐帛五百匹。

［1］冠军，即冠军将军。前燕内乱，慕容垂避难于秦，秦授以此官。［2］韩指汉初名将韩信，白指秦国名将白起。［3］蕞尔是渺小的意思。［4］见《诗经·小旻》篇。［5］张指张华，杜指杜预，皆佐晋灭吴之人。那时候晋廷的群臣也都不赞成伐吴，只有这两人极力主张。

7 坚锐意欲取江东，寝不能旦。阳平公融谏曰[1]："'知足不辱，知止不殆[2]。'自古穷兵极武，未有不亡者。且国家本戎狄也，正朔会不归人[3]。江东虽微弱仅存，然中华正统，天意必不绝之。"坚曰："帝王历数，岂有常邪？惟德之所在耳。刘禅岂非汉之苗裔邪？终为魏所灭。汝所以不如吾者，正病此不达变通耳。"

［1］阳平公融是苻坚之弟。［2］语出《老子》。［3］意思是：中国正朔相传，不至归于夷狄也。

8 坚素信重沙门道安[1]，群臣使道安乘间进言。十一月，坚与道安同辇游于东苑，坚曰："朕将与公南游吴、越，泛长江，临沧海，不亦乐乎？"安曰："陛下应天御世，居中土而制四维，自足比隆尧、舜，何必栉风沐雨，经略遐方乎？且东南卑湿，沴气易构[2]，虞舜游而不归，大禹往而不复[3]，何足以上劳大驾也！"坚曰："天生烝民而树之君，使司牧之。朕岂敢惮劳，使彼一方独不被泽乎？必如公言，是古之帝王皆无征伐也。"道安曰："必不得已，陛下宜驻跸洛阳，遣使者奉尺书于前，诸将总六师于后，彼必稽首入臣，不必亲涉江、淮也。"坚不听。

[1] 沙门是佛教出家修道者之称。 [2] 沴音立，五行之气相克胜则为沴气。 [3] 相传虞舜南巡，崩于苍梧之野，夏禹东巡，崩于会稽。

9 坚所幸张夫人谏曰："妾闻天地之生万物，圣王之治天下，皆因其自然而顺之，故功无不成。是以黄帝服牛乘马，因其性也；禹浚九川，障九泽，因其势也；后稷播殖百谷，因其时也；汤、武帅天下而攻桀、纣，因其心也。皆有因则成，无因则败。今朝野之人皆言晋不可伐，陛下独决意行之，妾不知陛下何所因也？《书》曰：'天聪明自我民聪明[1]。'天犹因民，而况人乎？妾又闻王者出师，必上观天道，下顺人心。今人心既不然矣，请验之天道。谚云：'鸡夜鸣者不利行师，犬群嗥者宫室将空，兵动马惊，军败不归。'自秋冬以来，众鸡夜鸣，群犬哀嗥，厩马多惊，武库兵器自动有声，此皆非出师之祥也。"坚曰："军旅之事，非妇人所当预也。"

[1]见《尚书·皋陶谟》。

10 坚幼子中山公诜最有宠，亦谏曰："臣闻国之兴亡，系贤人之用舍。今阳平公国之谋主，而陛下违之；晋有谢安、桓冲，而陛下伐之，臣窃惑之。"坚曰："天下大事，孺子安知！"以上均太元七年

二

11 秦王坚下诏大举入寇，民每十丁遣一兵，其良家子年二十以下有材勇者[1]，皆拜羽林郎。又曰："其以司马昌明为尚书左仆射[2]，谢安为吏部尚书，桓冲为侍中。势还不远，可先为起第。"良家子至者三万余骑，拜秦州主簿赵盛之为少年都统[3]。是时朝臣皆不欲坚行，独慕容垂、姚苌及良家子劝之[4]。阳平公融言于坚曰："鲜卑、羌虏，我之仇雠，常思风尘之变以逞其志[5]，所陈策画，何可从也？良家少年皆富饶子弟，不闲军旅，苟为谄谀之言，以会陛下之意[6]；今陛下信而用之，轻举大事，臣恐功既不成，仍有后患，悔无及也。"坚不听。太元八年（三八三）

[1]良家子指民间青年,以别于罪犯奴隶等。 [2]晋孝武帝名司马曜,字昌明。 [3]秦州治所在今天水。主簿是州府的事务官。 [4]姚苌是氏族首领。 [5]风尘之变指乱事。 [6]会是迎合的意思。

12 八月戊午,坚遣阳平公融督张蚝[1]、慕容垂等步骑二十五万为前锋;以兖州刺史姚苌为龙骧将军,督益、梁州诸军事[2]。坚谓苌曰:"朕昔以龙骧建业,未尝轻以授人,卿其勉之!"左将军窦冲曰:"王者无戏言,此不祥之征也!"坚默然。

[1]蚝音刺。 [2]益州、梁州相当于今四川及陕西的西南部。

13 慕容楷、慕容绍言于慕容垂曰:"主上骄矜已甚,叔父建中兴之业,在此行也。"垂曰:"然。非汝,谁与成之!"

14 甲子,坚发长安,戎卒六十余万,骑二十七万,旗鼓相望,前后千里。九月,坚至项城[1];凉州之兵始达咸阳[2],蜀、汉之兵方顺流而下,幽、冀之兵至于彭城[3],东西万里,水陆齐进,运漕万艘。阳平公融等兵三十万先至颍口[4]。

[1]项城县名,在今河南省东南部。 [2]咸阳县名,在今西

安之西。〔3〕彭城即今徐州。〔4〕颍口是颍水入淮之口。

15 诏以尚书仆射谢石为征虏将军、征讨大都督；以徐、兖二州刺史谢玄为前锋都督，与辅国将军谢琰、西中郎将桓伊等众共八万拒之；使龙骧将军胡彬以水兵五千援寿阳。琰，安之子也。

16 是时秦兵既盛，都下震恐。谢玄入，问计于谢安；安夷然答曰："已别有旨。"既而寂然。玄不敢复言，乃令张玄重请，安遂命驾出游山墅[1]，亲朋毕集，与玄围棋赌墅[2]。安棋常劣于玄；是日玄惧，便为敌手而又不胜[3]。安遂游陟[4]，至夜乃还。桓冲深以根本为忧，遣精锐三千人卫京师；谢安固却之曰："朝廷处分已定，兵甲无阙，西藩宜留以为防[5]。"冲对佐吏叹曰："谢安石有庙堂之量，不闲将略。今大敌垂至，方游谈不暇，遣诸不经事少年拒之，众又寡弱，天下事已可知，吾其左衽矣[6]！"

〔1〕山墅是野外的别墅。〔2〕意思是：拿这所别墅作为赌注。〔3〕意思是：张玄的技术本来高于谢安，常常要让几子，这一次虽然不让，还是不胜，因为有了重要心事，无心着棋了。〔4〕陟，登也。〔5〕此时桓冲在长江上游镇守，在建康（南京）之西，所以称西藩。〔6〕"吾其被发左衽矣"是《论语》上的话。意思是

要沦为夷狄了。左衽是夷狄的衣服。

17 冬十月,秦阳平公融等攻寿阳[1];癸酉,克之,执平虏将军徐元喜等。融以其参军河南郭褒为淮南太守。慕容垂拔郧城[2]。胡彬闻寿阳陷,退保硖石,融进攻之。秦卫将军梁成等帅众五万屯于洛涧[3],栅淮以遏东兵。谢石、谢玄等去洛涧二十五里而军,惮成不敢进。胡彬粮尽,潜遣使告石等曰:"今贼盛粮尽,恐不复见大军。"秦人获之,送于阳平公融。融驰使白秦王坚曰:"贼少易擒,但恐逃去;宜速赴之。"坚乃留大军于项城,引轻骑八千,兼道就融于寿阳。遣尚书朱序来说谢石等,以为强弱异势,不如速降。序私谓石等曰:"若秦百万之众尽至,诚难与为敌。今乘诸军未集,宜速击之;若败其前锋,则彼已夺气,可遂破也。"

[1]寿阳即今安徽省寿县。 [2]郧城在今湖北省东南部。 [3]硖石、洛涧都是寿阳以西的地名。

18 石闻坚在寿阳,甚惧,欲不战以老秦师。谢琰劝石从序言。十一月,谢玄遣广陵相[1]刘牢之帅精兵五千人趣洛涧,未至十里,梁成阻涧为陈以待之。牢之直前渡水,击成,大破之。斩成及弋阳太守王咏,又分兵断其归津;秦步骑崩溃,争赴淮水，士卒死者万五千人；执秦扬州刺史王显等，尽收其器械军实。于是谢石等诸军水陆继进。秦王坚与阳平公融登寿阳城望之，见晋兵部陈严整，又望八公山上草木皆以为晋兵[2]，顾谓融曰："此亦勍敌[3]，何谓弱也！"怃然始有惧色[4]。

[1]晋代的制度，侯国与县相等，侯国的相即等于县的令。广陵即广陵郡所属的一个侯国。 [2]八公山在寿阳之北。 [3]勍，强也。音情。 [4]怃然是怅然失意貌。怃音午。

19 秦兵逼肥水而陈[1]，晋兵不得渡。谢玄遣使谓阳平公融曰："君悬军深入，而置阵逼水，此乃持久之计，非欲速战者也。若移阵少却，使晋兵得渡，以决胜负，不亦善乎？"秦诸将皆曰："我众彼寡，不如遏之使不得上，可以万全。"坚曰："但引兵少却，使之半渡，我以铁骑蹙而杀之，蔑不胜矣。"融亦以为然，遂麾兵使却。秦兵遂退，不可复止。谢玄、谢琰、桓伊等引兵渡水击之。融驰骑略陈，欲以帅退者；马倒，为晋军所杀，秦兵遂溃。玄等乘胜追击，至于青冈；秦兵大败，自相蹈藉而死者，蔽野塞川。其走者闻风声鹤唳，皆以为晋兵且至；昼夜不敢息，草行露宿，重以饥冻，死者什七八。初，秦兵少却，朱序在陈后呼曰："秦兵败矣！"众遂大奔[2]。

〔1〕肥水亦作淝水,今合肥即由此得名。 〔2〕朱序本是晋人,所以暗中助晋。

…………

20 谢安得驿书,知秦兵已败。时方与客围棋,摄书置床上,了无喜色,围棋如故。客问之,徐答曰:"小儿辈遂已破贼。"既罢,还内,过户限,不觉屐齿之折[1]。 以上均太元八年

〔1〕屐齿是木屐下面的齿,齿断了,他都不知道,形容内心欢喜过度。

刘裕北伐

自从永嘉南渡（三一七）以后，西北各族先后分割了北中国，形成了错综复杂的局面。南方的东晋自保不暇，无力恢复。虽然也曾几次企图北伐，终未成功。北方强大的前秦王朝几乎达到统一，也由于肥水一战而成了幻想。以后前秦政权过渡为后秦（姚氏），这时东晋的权臣刘裕势力渐强，又进行了一次大规模的北伐，结果后秦虽然灭亡，而由于鲜卑族的拓跋氏的兴起，另外形成了一种势力，给刘裕以阻碍，并且刘裕本身也志不在经营北方，只图篡夺东晋的政权。北伐的事业终于垂成而又败。从此奠定了南北相持的局面，南方政权归于刘氏，北方的混乱由拓跋氏的后魏王朝之建立也告一段落。所以刘裕北伐是一件关键性的史事。

这件事大体上分为三大段来叙述，第一、第二大段分述灭南燕、灭蜀两件事，这都是北伐的前奏曲。刘裕取得了有利条件，才能进行对后秦的进攻。第三大段叙述伐秦的经过和结果。

在第一大段中，第一节说伐南燕的开始，就将王镇恶介绍登场，因为王镇恶就是后来灭后秦的主要将帅。第二节说刘裕预测南燕的对付方法。第三节说南燕主决策的错误。第四节说刘裕的深入南燕境内。第五节说南燕求救于后秦。第六节说后秦无力救援，为刘裕所窥破。第七节说南燕灭亡。

在第二大段中，第八节说刘裕伐蜀的预定计划。第九节说伐蜀的经过。第十节说蜀之灭亡。

在第三大段中，第十一节说伐秦的开始。第十二节说刘裕的后方布置。第十三节说留守刘穆之的才干。第十四节说前方布置。第十五节说北伐军进入秦境的情况。第十六节说北伐军与魏军的交涉。第十七节说洛阳之取得。第十八节说刘裕篡晋的初步成功。第十九节说入关前锋的进展。第二十节说后秦方面的布置及前锋之接触。第二十一节说后魏方面的态度与计划。第二十二节说前锋的冒险急进。第二十三节插叙后魏方面崔浩的观察议论。第二十四节叙北伐军南路的进展。第二十五节叙王镇恶主力深入直取长安。第二十六节叙述后秦灭亡。第二十七节以下都是说刘裕虽取得长安终于不能完成北伐的全功。

以后，刘裕留在关中的将帅不和，王镇恶被害，夏王赫连勃勃乘机侵入长安等事，此处因限于篇幅，就从略了。

一

1 三月，刘裕抗表伐南燕[1]，朝议皆以为不可，惟左仆射孟昶、车骑司马谢裕、参军臧熹以为必克，劝裕行。裕以昶监中军留府事[2]。谢裕，安之兄孙也。初，苻氏之败也，王猛之孙镇恶来奔，以为临澧令。镇恶骑乘非长，关弓甚弱[3]，而有谋略，善果断，喜论军国大事。或荐镇恶于刘裕，裕与语，悦之，因留宿。明旦，谓参佐曰："吾闻将门有将，镇恶信然。"即以为中军参军。 晋安帝义熙五年（四〇九）

[1] 南燕在今山东省境，国主是慕容超。 [2] 南北朝时代中军将军是最高的军职，刘裕正作此官，在北伐期内，派孟昶代行他的本部职权，所以称为监中军留府事。 [3] 关弓就是弯弓。

2（四月）己巳，刘裕发建康[1]，帅舟师自淮入泗。五月，至下邳[2]，留船舰辎重，步进至琅邪[3]。所过皆筑城，留兵守之。或谓裕曰："燕人若塞大岘之险[4]，或坚壁清野，大军深入，不唯无功，将不能自归，奈何？"裕曰："吾虑之熟矣。鲜卑贪婪，不知远计，进利虏获，退惜禾苗，谓我孤军远入，不能持久，不过进据临朐[5]，退守广固，必不能守险清野，敢为诸君保之。"

[1]建康即今南京,东晋的首都。 [2]下邳即今苏北邳县。[3]琅邪即今山东临沂。 [4]大岘关在临沂附近。 [5]临朐在今苏北东海。

3 南燕主超闻有晋师,引群臣会议。征虏将军公孙五楼曰:"吴兵轻果,利在速战,不可争锋,宜据大岘,使不得入,旷日延时,沮其锐气,然后徐简精骑二千,循海而南,绝其粮道,别敕段晖帅兖州之众,缘山东下,腹背击之,此上策也。各命守宰依险自固,校其资储之外,余悉焚荡,芟除禾苗,使敌无所资,彼侨军无食,求战不得,旬月之间,可以坐制,此中策也。纵贼入岘,出城逆战,此下策也。"超曰:"今岁星居齐[1],以天道推之,不战自克;客主势殊,以人事言之,彼远来疲弊,势不能久。吾据五州之地[2],拥富庶之民,铁骑万群,麦禾布野,奈何芟苗徙民,先自蹙弱乎?不如纵使入岘,以精骑蹂之,何忧不克?"辅国将军广宁王贺赖卢苦谏不从,退谓五楼曰:"必若此,亡无日矣。"太尉桂林王镇曰:"陛下必以骑兵利平地者,宜出岘逆战,战而不胜,犹可退守;不宜纵敌入岘,自弃险固也。"超不从。镇出,谓韩𧨦曰:"主上既不能逆战却敌,又不肯徙民清野,延敌入腹,坐待攻围,酷似刘璋矣[3]。今年国灭,吾必死之。卿中华之士,复为文身矣[4]。"超闻之大怒,收镇下狱。

[1]古人以岁星所临的分野为有利。　[2]南燕在境内立并州、幽州、徐州、兖州、青州，其实不过假立的名称，并不是汉、魏时代这五州的旧地。　[3]刘璋坐视魏军侵入，束手无策，以致灭亡。已见本书第十一篇。　[4]古人说东南的风俗，将身上刺成花纹。这几句话是说本是中原的人，现在要投到东南，沦于东南的异俗了。

　　4 刘裕过大岘，燕兵不出。裕举手指天，喜形于色。左右曰："公未见敌而先喜，何也？"裕曰："兵已过险，士有必死之志；余粮栖亩，人无匮乏之忧。虏已入吾掌中矣。"六月己巳，裕至东莞[1]。超先遣公孙五楼、贺赖卢及左将军段晖等将步骑五万屯临朐，闻晋兵入岘，自将步骑四万往就之。使五楼帅骑进据巨蔑水[2]。前锋孟龙符与战，破之，五楼退走。裕以车四千乘为左右翼，方轨徐进，与燕兵战于临朐南，日向昃[3]，胜负犹未决。参军胡藩言于裕曰："燕悉兵出战，临朐城中留守必寡，愿以奇兵从间道取其城，此韩信所以破赵也。"裕遣藩及咨议参军檀韶，建威将军河内向弥潜师出燕兵之后，攻临朐，声言轻兵自海道至矣。向弥擐甲先登[4]，遂克之。超大惊，单骑就段晖于城南。裕因纵兵奋击，燕众大败，斩段晖等大将十余人，超遁还广固[5]，获其玉玺、辇及豹尾。裕乘胜逐北至广固；丙子，克其大城。超收众入保小城。裕筑长围守之，围高三丈，穿堑三重；抚纳降附，采拔贤俊，华夷大悦。于是因齐地粮储，悉停江淮漕运。

[1]东莞在今山东莒县。 [2]巨蔑水经过临朐县境。 [3]昃与侧音义相同，太阳偏西的意思。 [4]擐甲是套上铠甲，擐音患。 [5]广固在今山东益都，是南燕的都城。

5 超遣尚书郎张纲乞师于秦，赦桂林王镇，以为录尚书、都督中外诸军事，引见谢之，且问计焉。镇曰："百姓之心，系于一人。今陛下亲董六师，奔败而还。群臣离心，士民丧气。闻秦人自有内患，恐不暇分兵救人。散卒还者尚有数万，宜悉出金帛以饵之，更决一战，若天命助我，必能破敌，如其不然，死亦为美，比于闭门待尽，不犹愈乎？"司徒乐浪王惠曰："不然。晋兵乘胜，气势百倍，我以败军之卒当之，不亦难乎？秦虽与勃勃相持[1]，不足为患；且与我分据中原，势如唇齿，安得不来相救？但不遣大臣则不能得重兵。尚书令韩范为燕、秦所重，宜遣乞师。"超从之。或谓裕曰："张纲有巧思，若得纲使为攻具，广固必可拔也。"会纲自长安还，太山太守申宣执之送于裕。裕升纲于楼车，使周城呼曰："刘勃勃大破秦军，无兵相救。"城中莫不失色。江南每发兵及遣使者至广固，裕辄潜遣兵夜迎之，明日，张旗鸣鼓而至。北方之民执兵负粮归裕者，日以千数，围城益急。张华、封恺皆为裕所获。超请割大岘以南地为藩臣，裕不许。

[1]夏王赫连勃勃从西北威胁秦的后方，赫连亦称汉姓为刘。

6 秦王兴遣使谓裕曰："慕容氏相与邻好，今晋攻之急，秦已遣铁骑十万屯洛阳，晋军不还，当长驱而进。"裕呼秦使者谓曰："语汝姚兴：我克燕之后，息兵三年，当取关、洛；今能自送，便可速来。"刘穆之闻有秦使，驰入见裕，而秦使者已去，裕以所言告穆之。穆之尤之曰[1]："常日事无大小，必赐预谋，此宜善详[2]，云何遽尔答之？此语不足以威敌，适足以怒之。若广固未下，羌寇奄至，不审何以待之？"裕笑曰："此是兵机，非卿所解，故不相语耳。夫兵贵神速，彼若审能赴救，必畏我知，宁容先遣信命[3]，逆设此言！是自张大之词也。晋师不出，为日久矣。羌见伐齐，殆将内惧。自保不暇，何能救人邪？"以上均义熙五年

[1]尤之的意思是怪他不应当这样。 [2]意思是应当好好商量一下。 [3]信命即使命。

7 南燕贺赖卢，公孙五楼为地道出击晋兵，不能却。城

久闭，城中男女病脚弱者太半，出降者相继。超辇而登城，尚书悦寿说超曰："今天助寇为虐，战士凋瘁，独守穷城，绝望外援，天时人事亦可知矣。苟历数有终，尧、舜避位，陛下岂可不思变通之计乎？"超叹曰："废兴，命也。吾宁奋剑而死，不能衔璧而生[1]。"（二月）丁亥，刘裕悉众攻城。或曰："今日往亡[2]，不利行师。"裕曰："我往彼亡，何为不利？"四面急攻之。悦寿开门纳晋师，超与左右数十骑逾城突围出走，追获之。裕数以不降之罪，超神色自若，一无所言，惟以母托刘敬宣而已[3]。裕忿广固久不下，欲尽坑之，以妻女赏将士，韩范谏曰："晋室南迁，中原鼎沸，士民无援，强则附之，既为君臣，必须为之尽力。彼皆衣冠旧族，先帝遗民；今王师吊伐而尽坑之，使安所归乎？窃恐西北之人无后来苏之望矣[4]。"裕改容谢之，然犹斩王公以下三千人，没入家口万余，夷其城隍[5]，送超诣建康斩之。义熙六年（四一〇）

[1]衔璧就是说投降。 [2]二月惊蛰节后十四日为往亡日。 [3]刘敬宣从前曾奔到南燕，所以慕容超认为有点交谊。 [4]"后来其苏"是古时说诸侯都盼望汤来拯救，意思是：君王来了，我们就有了再生之望了。 [5]隍是城壕。

二

8 太尉裕谋伐蜀,择元帅而难其人,以西阳太守朱龄石既有武干[1],又练吏职,欲用之。众皆以为龄石资名尚轻,难当重任,裕不从。十二月,以龄石为益州刺史,帅宁朔将军臧熹、河间太守蒯恩、下邳太守刘钟等伐蜀,分大军之半二万人以配之。熹,裕之妻弟,位居龄石之右,亦隶焉。裕与龄石密谋进取,曰:"刘敬宣往年出黄虎[2],无功而还。贼谓我今应从外水往,而料我当出其不意犹从内水来也。如此,必以重兵守涪城以备内道。若向黄虎,正堕其计。今以大众自外水取成都,疑兵出内水[3],此制敌之奇也。"而虑此声先驰,贼审虚实。别有函书封付龄石,署函边曰:"至白帝乃开[4]。"诸军虽进,未知处分所由。 义熙八年(四一二)

[1]西阳在今湖北境内。 [2]刘敬宣伐蜀事在义熙四年,黄虎在涪城,今四川三台。 [3]胡注引庾仲雍曰:巴郡江州县对二水口,右则涪,内水,左则蜀,外水。江州即今四川巴县。 [4]白帝城在今四川奉节。

9 朱龄石等至白帝发函书曰:"众军悉从外水取成都。臧熹从中水取广汉[1],老弱乘高舰十余,从内水向黄虎[2]。"于是诸军倍道兼行。谯纵果命谯道福将重兵镇涪城[3],以备内水。龄石至平模,去成都二百里,纵遣秦州刺史侯晖、尚书仆射谯诜帅众万余屯平模,夹岸筑城以拒之。龄石谓刘钟曰:"今天时盛热,而贼严兵固险,攻之未必可拔,只增疲困,且欲养锐息兵以伺其隙,何如?"钟曰:"不然。前扬声言大众向内水,谯道福不敢舍涪城。今重军猝至,出其不意,侯晖之徒已破胆矣。贼阻兵守险者,是其惧不敢战也。因其凶惧,尽锐攻之,其势必克。克平模之后,自可鼓行而进,成都必不能守矣。若缓兵相守,彼将知人虚实。涪军忽来,并力拒我。人情既安,良将又集,此求战不获,军食无资,二万余人悉为蜀子虏矣。"龄石从之。诸将以水北城地险兵多,欲先攻其南城,龄石曰:"今屠南城,不足以破北,若尽锐以拔北城,则南城不麾自散矣。"秋七月,龄石帅诸军急攻北城,克之,斩侯晖、谯诜;引兵回趣南城,南城自溃。龄石舍船步进;谯纵大将谯抚之屯牛脾[4],谯小苟塞打鼻[5]。臧熹击抚之斩之,小苟闻之亦溃,于是纵诸营屯望风相次奔溃。

[1]广汉是郡名,在今四川遂宁西北。 [2]意思是:直取成都的是南路,取广汉的是中路,取黄虎的是北路。蜀国的兵但以防北路为主。 [3]谯纵从义熙元年乘桓玄之乱据蜀,称成都王。 [4]据胡注牛脾当作牛髀,在今四川简阳。 [5]打鼻在今四川彭山。

10 戊辰，纵弃成都出走，尚书令马耽封府库以待晋师。壬申，龄石入成都，诛纵同祖之亲，余皆按堵，使复其业。纵出成都，先辞墓。其女曰："走必不免，只取辱焉。等死，死于先人之墓可也。"纵不从。谯道福闻平模不守，自涪引兵入赴，纵往投之。道福见纵，怒曰："大丈夫有如此功业而弃之，将安归乎？人谁不死，何怯之甚也？"因投纵以剑，中其马鞍。纵乃去，自缢死。巴西人王志斩其首以送龄石。道福谓其众曰："蜀之存亡实系于我，不在谯王，今我在，犹足一战。"众皆许诺。道福尽散金帛以赐众，众受之而走。道福逃于獠中[1]，巴民杜瑾执送之，斩于军门。 义熙九年（四一三）

[1]獠是当时一种西南少数民族之称。

三

11 二月，加太尉裕中外大都督。裕戒严将伐秦，诏加裕领司、豫二州刺史[1]，以其世子义符为徐、兖二州刺史[2]。琅邪王德文请启行戎路，修敬山陵，诏许之[3]。 义熙十二年（四一六）

[1]司州、豫州都在今河南境内。这是在未占领以前，先任命刘裕作地方长官。 [2]徐、兖二州是北伐军的根据地，此时刘裕

封豫章公，用他的长子作后方的地方长官，事实上就是要造成一家的地盘和势力。［3］"元戎十乘，以先启行"是《诗经》上的话。他的意思要首先进入洛阳，因为晋室的先代陵墓都在洛阳。

12 裕以世子义符为中军将军，监太尉留府事。刘穆之为左仆射，领监军、中军二府军司，入居东府，总摄内外。以太尉左司马东海徐羡之为穆之之副[1]。左将军朱龄石守卫殿省，徐州刺史刘怀慎守卫京师，扬州别驾从事史张裕任留州事。怀慎，怀敬之弟也[2]。

[1]以上的布置是以刘裕的儿子刘义符居留守之名，由刘穆之代行职权。中军将军是刘义符自己的官位。又兼任父亲的太尉府本部的监军。刘穆之又兼管中军，监军两个机关的一切事务。［2］以上的布置是用三个人，一个担任宫城的警卫，事实上就是监视晋皇室；一个担任首都的防卫；一个担任扬州刺史管内的政务。自魏、晋以来，权臣都握有军、政、宫廷事务及地方行政的全权。南朝的扬州刺史管江南各郡，为最高地方行政长官，并不指近代的扬州而言。

13 刘穆之内总朝政，外供军旅，决断如流，事无拥滞。宾客辐凑，求诉百端，内外咨禀，盈阶满室。目览词讼，手答笺书，耳行听受，口并酬应，不相参涉，悉皆赡举[1]。又喜宾客，言谈赏笑，弥日无倦。裁有闲暇，手自写书，寻览校定。性奢豪，食必方丈，且辄为十人馔，未尝独餐。尝白裕曰："穆之家本贫贱，赡生多阙。自叨忝以来，虽每存约损，而朝夕所须，微为过丰，自此外一毫不以负公[2]。"中军咨议参军张邵言于裕曰[3]："人生危脆，必当远虑。穆之若邂逅不幸，谁可代之？尊业如此，苟有不讳，处分云何？"裕曰："此自委穆之及卿耳。"

[1]这是说刘穆之才干精力过于常人，能五官并用。 [2]这是说：除了生活稍微优裕以外，别的丝毫没有对不住你的地方。 [3]张邵是中军将军府的幕僚，南朝军府的幕僚位分很高，权势也很重。

14（八月）丁巳，裕发建康，遣龙骧将军王镇恶、冠军将军檀道济将步军自淮、肥向许、洛，新野太守朱超石、宁朔将军胡藩趋阳城，振武将军沈田子、建威将军傅弘之趋武关，建武将军沈林子、彭城内史刘遵考将水军出石门，自汴入河，以冀州刺史王仲德督前锋诸军开巨野入河[1]。遵考，裕之族弟也。刘穆之谓王镇恶曰："公今委卿以伐秦之任，卿其勉之。"镇恶曰："吾不克关中，誓不复济江。"

[1]以上的布置是分五路进攻，第一路从安徽经河南南部指向

洛阳,第二路任河南中部,第三路经河南南路,攻入陕西东南的武关,也就是汉高祖入关的路,第四路、第五路分别从汴水、济水入黄河。

15 王镇恶、檀道济入秦境,所向皆捷。秦将王苟生以漆丘降镇恶,徐州刺史姚掌以项城降道济,诸屯守皆望风款附。惟新蔡太守董遵不下,道济攻拔其城,执遵杀之,进克许昌,获秦颍川太守姚垣及大将杨业。沈林子自汴入河,襄邑人董神虎聚众千余人来降,太尉裕版为参军。林子与神虎共攻仓垣,克之。秦兖州刺史韦华降。神虎擅还襄邑,林子杀之[1]。

[1] 这一节所说的都是北伐军进入河南省境的经过。

16 王仲德水军入河,将逼滑台[1]。魏兖州刺史尉建畏懦,帅众弃城,北渡河。仲德入滑台,宣言曰:"晋本欲以布帛七万匹假道于魏,不谓魏之守将弃城遽去。"魏主嗣闻之,遣叔孙建、公孙表自河内向枋头[2],因引兵济河,斩尉建于城下,投尸于河。呼仲德军人,问以侵寇之状。仲德使司马竺和之对曰:"刘太尉使王征虏自河入洛[3],清扫山陵,非敢为寇于魏也。魏之守将自弃滑台去,王征虏借空城以息兵,行当西引,于晋、魏之好无废也。何必扬旗鸣鼓以曜威乎?"嗣使建以问太尉裕,裕逊词谢之曰:"洛阳,晋之旧都,而羌据之。晋欲修复山陵久矣。诸桓宗族，司马休之、国璠兄弟，鲁宗之父子[4]，皆晋之蠹也，而羌收之为晋患。今晋将伐之，欲假道于魏，非敢为不利也。"

［1］滑台即今河南滑县，自古为黄河渡口兵事要地。［2］枋头在今河南浚县。［3］王仲德的官号是征虏将军。［4］这里所举的一班人都是在晋政权下不能容身的人，投奔了秦，借秦的力量反抗当时的晋政权。

17 秦阳城、荥阳二城皆降，晋兵进至成皋。秦征南将军陈留公洸镇洛阳，遣使求救于长安。秦主泓遣越骑校尉阎生帅骑三千救之，武卫将军姚益男将步卒一万助守洛阳，又遣并州牧姚懿南屯陕津，为之声援。宁朔将军赵玄言于洸曰："今晋寇益深，人情骇动；众寡不敌，若出战不捷，则大事去矣。宜摄诸戍之兵，固守金墉[1]，以待西师之救。金墉不下，晋必不敢越我而西，是我不战而坐收其弊也。"司马姚禹阴与檀道济通，主簿阎恢、杨虔，皆禹之党也，共嫉玄，言于洸曰："殿下以英武之略受任方面，今婴城示弱，得无为朝廷所责乎？"洸以为然，乃遣赵玄将兵千余南守柏谷坞[2]，广武将军石无讳东戍巩城。玄泣谓洸曰："玄受三帝重恩[3]，所守正有死耳。但明公不用忠臣之言，为奸人所误，后必悔之。"既而成皋、虎牢皆来降[4]，檀道济等长驱而进，无讳至石关，奔还。龙骧司马荥阳毛德祖与玄战于柏谷，玄兵败，被十余创，据地大呼。玄司马蹇鉴冒刃抱玄而泣，玄曰："吾创已重，君宜速去。"鉴曰："将军不济，鉴去安之？"与之皆死。姚禹逾城奔道济。甲子，道济进逼洛阳，丙寅，洸出降。道济获秦人四千余人，议者欲尽坑之以为京观。道济曰："伐罪吊民，正在今日。"皆释而遣之。于是夷夏感悦，归之者甚众。

［1］金墉是附于洛阳的一座城。 ［2］柏谷坞在河南偃师附近。 ［3］三帝是后秦姚苌、姚兴、姚泓三个皇帝。 ［4］成皋、虎牢都是郑州附近的地方。

18 太尉裕遣左长史王弘还建康[1]，讽朝廷求九锡[2]，时刘穆之掌留任，而旨从北来，穆之由是愧惧发病[3]。弘，珣之子也。十二月壬申，诏以裕为相国、总百揆、扬州牧，封十郡为宋公，备九锡之礼，位在诸侯王上，领征西将军、司、豫、北徐、雍四州刺史如故[4]。裕辞不受。以上均义熙十二年

［1］魏、晋以来，重臣的府幕里分设左右长史，左右司马，分任政务、军务。 ［2］加九锡是篡位以前的步骤。九锡就是九种特殊的待遇，异于一般臣僚。 ［3］刘穆之是刘裕的亲信要人，他不

能仰体刘裕的心思，主动替他布置谋篡，而需要刘裕自己派人来表示，深恐刘裕有对他不满的意思，所以既愧且惧。［4］这些名称都是将要篡位的先声。相国是位在百官之上的名称，总百揆是无所不统，扬州牧是京畿行政长官，宋公是由郡公而晋封为国公，九锡见前，征西将军是他现在北伐总司令的职务，四州刺史是占领地区的行政长官。

19 王镇恶进军渑池，遣毛德祖袭尹雅于蠡吾城[1]，禽之；雅杀守者而逃。镇恶引兵径前，抵潼关。檀道济、沈林子自陕北渡河，拔襄邑堡，秦河北太守薛帛奔河东。又攻秦并州刺史尹昭于蒲阪[2]，不克。别将攻匈奴堡，为姚成都所败。义熙十三年（四一七）

［1］据胡注说蠡吾城当作蠡城，这是河南的极西部，接近陕西边界了。［2］蒲阪在黄河北岸山西境内，这一支兵是渡河想由河东攻入陕西的，但是太迂回，所以不久就放弃这条路了。

20 秦主泓以东平公绍为太宰，大将军、都督中外诸军事、假黄钺，改封鲁公，使督武卫将军姚鸾等步骑五万守潼关，又遣别将姚驴救蒲阪[1]。沈林子谓檀道济曰："蒲阪城坚兵多，不可猝拔，攻之伤众，守之引日。王镇恶在潼关，势孤力弱，不如与镇恶合势并力以争潼关。若得之，尹昭不攻自溃矣。"道济从之。三月，道济、林子至潼关。秦鲁公绍引兵出战，道济、林子奋击，大破之，斩获以千数。绍退屯定城[2]，据险拒守。谓诸将曰："道济等兵力不多，悬军深入，不过坚壁以待继援。吾分军绝其粮道，可坐禽也。"乃遣姚鸾屯大路以绝道济粮道。鸾遣尹雅将兵与晋战于关南，为晋兵所获，将杀之。雅曰："雅前日已当死，幸得脱至今，死固甘心。然夷、夏虽殊，君臣之义一也。晋以大义行师，独不使秦有守节之臣乎？"乃免之。丙子夜，沈林子将锐卒袭鸾营，斩鸾，杀其士卒数千人。绍又遣东平公赞屯河上以断水道，沈林子击之，赞败走，还定城。薛帛据河曲来降[3]。

[1] 后秦方面的布置以姚绍为元帅，守潼关以敌王镇恶的主力，救蒲阪以拒檀道济的偏师。 [2] 定城离潼关三十里。 [3] 河曲是黄河南下转而向东的地方。

21 太尉裕将水军自淮、泗入清河，将溯河西上，先遣使假道于魏；秦主泓亦遣使请救于魏。魏主嗣使群臣议之，皆曰[1]："潼关天险，刘裕以水军攻之甚难。若登岸北侵，其势便易。裕声言伐秦，其志难测。且秦，婚姻之国，不可不救也。宜发兵断河上流，勿使得西。"博士祭酒崔浩曰[2]："裕图秦久矣。今姚兴死，子泓懦劣，国多内难。裕乘其危而伐之，其志必取。若遏其上流，裕心忿戾，必上岸北侵，是我代秦受敌也。今柔然寇边，民食又乏，若复与裕为敌，发兵南赴，则北寇愈深，救北则南州复危，非良计也。不若假之水道，听裕西上，然后屯兵以塞其东。使裕克捷，必德我之假道；不捷，吾不失救秦之名，此策之得者也。且南北异俗，借使国家弃恒山以南，裕必不能以吴、越之兵与吾争守河北之地，安能为吾患乎？夫为国计者，惟社稷是利，岂顾一女子乎[3]？"议者犹曰："裕西入关，则恐吾断其后，腹背受敌；北上，则姚氏必不出关助我，其势必声西而实北也。"嗣乃以司徒长孙嵩督山东诸军事，又遣振威将军娥清、冀州刺史阿薄干将步骑十万屯河北岸。

[1] 拓跋嗣是后魏道武帝。 [2] 博士祭酒是学术顾问的首长。
[3] 指秦公主嫁给道武帝作夫人的。

22 初，裕命王镇恶等："若克洛阳，须大军到俱进。"镇恶等乘利径趋潼关，为秦兵所拒，不得前；久之，乏食，众心疑惧，或欲弃辎重还赴大军。沈林子按剑怒曰："相公志清六合，今许、洛已定，关右将平，事之济否，系于前锋。奈何沮乘胜之气，弃垂成之功乎？且大军尚远，贼众方盛，虽欲求还,岂可得乎?下官授命不顾,今日之事当自为将军办之,未知二三君子将何面目以见相公之旗鼓邪?"镇恶等遣使驰告裕,求遣粮援。裕呼使者,开舫北户,指河上魏军以示之曰:"我语令勿进,今轻佻深入。岸上如此,何由得遣军[1]?"镇恶乃亲至弘农,说谕百姓,百姓竞送义租[2],军食复振。

[1]这几句话是说还要防备魏军,没有余力派遣援兵,前线只可孤军奋斗。 [2]义租是自动缴纳的租税。

23 五月乙未,齐郡太守王懿降于魏,上书言:"刘裕在洛,宜发兵绝其归路,可不战而克。"魏主嗣善之。崔浩侍讲在前,嗣问之曰:"刘裕伐姚泓,果能克乎?"对曰:"克之。"嗣曰:"何故?"对曰:"昔姚兴好事虚名而少实用,子泓懦而多病,兄弟乖争。裕乘其危,兵精将勇,何故不克?"嗣曰:"裕才何如慕容垂?"对曰:"胜之。垂借父兄之资,修复旧业,国人归之,若夜虫之就火,少加倚仗,易以立功。刘裕奋起寒微,不阶尺土,讨灭桓玄,兴复晋室,北禽慕容超,南枭卢循[1],所向无前,非其才之过人,安能如是乎?"嗣曰:"裕既入关,不能进退,我以精骑直捣彭城、寿春,裕将若之何?"对曰:"今西有屈丐[2],北有柔然[3],窥伺国隙。陛下既不可亲御六师,虽有精兵,未有良将。长孙嵩长于治国,短于用兵,非刘裕敌也。

兴兵远攻，未见其利，不如且安静以待之。裕克秦而归，必篡其主。关中华戎杂错，风俗劲悍，裕欲以荆、扬之化施之函、秦，此无异解衣包火，张罗捕虎。虽留兵守之，人情未洽，趋尚不同，适足为寇敌之资耳。愿陛下按兵息民以观其变，秦地终为国家之有，可坐而守也。"嗣笑之曰："卿料之审矣。"浩曰："臣尝私论近世将相之臣，若王猛之治国，苻坚之管仲也；慕容恪之辅幼主，慕容暐之霍光也；刘裕之平祸乱，司马德宗之曹操也[4]。"嗣曰："屈丐何如？"浩曰："屈丐国破家覆，孤子一身，寄食姚氏，受其封殖。不思酬恩报义，而乘时徼利，盗有一方，结怨四邻。撅竖小人[5]，虽能纵暴一时，终当为人所吞食耳。"嗣大悦，语至夜半，赐浩御缥醪十觚[6]，水精盐一两[7]，曰："朕味卿言，如此盐、酒，故欲与卿共飨其美。"然犹命长孙嵩、叔孙建各简精兵伺裕西过，自成皋济河，南侵彭、沛，若不时过，则引兵随之。

[1]卢循从广州起兵讨刘裕，事败，在义熙六年、七年。 [2]屈丐即赫连勃勃。 [3]柔然是北方一族，常侵魏边境。 [4]司马德宗即晋安帝。 [5]撅竖是突然而起的意思。 [6]缥是青白色，醪即酒。 [7]水精盐是透明的盐。

24 秋七月，太尉裕至陕。沈田子、傅弘之入武关，秦戍将皆委城走。田子等进屯青泥[1],秦主泓使给事黄门侍郎姚和都屯峣柳以拒之。……太尉裕至阌乡,沈田子等将攻峣柳,秦主泓欲自将以御裕军,恐田子等袭其后,欲先击灭田子等,然后倾国东出;乃帅步骑数万奄至青泥。田子本为疑兵,所领裁千余人,闻泓至,欲击之;傅弘之以众寡不敌止之,田子曰:"兵贵用奇,不必在众。且今众寡相悬,势不两立,若彼结围既固,则我无所逃矣。不如乘其始至,营陈未立,先薄之,可以有功。"遂帅所领先进,弘之继之。秦兵合围数重,田子抚慰士卒曰:"诸君冒险远来,正求今日之战,死生一决,封侯之业于此在矣。"士卒皆踊跃鼓噪,执短兵奋击,秦兵大败。

[1]青泥城在陕西蓝田,即峣柳。姚泓的行动是想先击败长安东南方面来的敌军,然后再迎击潼关方面的主力。

25 王镇恶请帅水军自河入渭以趋长安,裕许之。……镇恶溯渭而上,乘蒙冲小舰[1],行船者皆在舰内,秦人见舰进而无行船者,皆惊以为神。壬戌旦,镇恶至渭桥,令军士食毕,皆持仗登岸,后登者斩。众既登,渭水迅急,舰皆乘流,倏忽不知所在。时泓所将尚数万人。镇恶谕士卒曰:"吾属并家在江南,此为长安北门,去家万里,舟楫、衣粮皆已随流。今进战而胜,则功名俱显;不胜,则骸骨不返,无他岐矣[2]。"

乃身先士卒,众腾踊争进,大破姚丕于渭桥,泓引兵救之,为丕败卒所蹂践,不战而溃;姚谌等皆死,泓单马还宫。镇恶入自平朔门,泓与姚裕等数百骑逃奔石桥。东平公赞闻泓败,引兵赴之,众皆溃去;胡翼度降于太尉裕。

[1]蒙冲是兵舰之名。 [2]意思是不胜则死,没有第三条路可走。

26 泓将出降,其子佛念年十一,言于泓曰:"晋人将逞其欲,虽降必不免,不如引决。"泓怃然不应。佛念登宫墙自投而死。癸亥,泓将妻子、群臣诣镇恶垒门请降,镇恶以属吏[1]。城中夷、晋六万余户,镇恶以国恩抚慰,号令严肃,百姓安堵。九月,太尉裕至长安,镇恶迎于灞上,裕劳之曰:"成吾霸业者卿也。"

[1]属吏是交给属下去看守。

27 裕议迁都洛阳,咨议参军王仲德曰:"非常之事固非常人所及,必致骇动。今暴师日久,士卒思归,迁都之计未可议也。"裕乃止。[1]

[1]刘裕的意思确想就此恢复西晋时代的局面,无奈南渡偏安,为日已久,南方住惯的人一时也不想回北方了。

28 (十一月)辛未,刘穆之卒,太尉裕闻之,惊恸哀惋者累日。始,裕欲留长安经略西北,而诸将佐皆久役思归,多不欲留。会穆之卒,裕以根本无托,遂决意东还。

29 三秦父老闻裕将还,诣门流涕诉曰:"残民不沾王化,于今百年,始睹衣冠,人人相贺。长安十陵是公家坟墓,咸阳宫殿是公家室宅[1],舍此欲何之乎?"裕为之愍然,慰谕之曰:"受命朝廷,不得擅留。诚多诸君怀本之志,今以次息与文武贤才共镇此境[2],勉与之居。"十二月庚子,裕发长安,自洛入河,开汴渠而归。

[1]刘裕总算是汉室的后人,所以说长安是他的老家。 [2]次息就是第二个儿子。

30 夏王勃勃闻太尉裕东还,大喜,问于王买德曰:"朕欲取关中,卿试言其方略。"买德曰:"关中形胜之地,而裕以幼子守之[1],狼狈而归,正欲急成篡事耳,不暇复以中原为意。此天以关中赐我,不可失也。青泥、上洛,南北之险要,宜先遣游军断之;东塞潼关,绝其水陆之路;然后传檄三辅,施

以威德，则义真在网罟之中，不足取也[2]。"以上均义熙十三年

［1］刘裕的第二个儿子刘义真才十岁左右，此时镇守长安。
［2］王买德的意思是预先堵住长安向东及向东南的两条出路，则刘义真成为瓮中之鳖。

魏孝文帝迁都

从苻坚的政权崩溃以后,北方又陷于混乱,鲜卑族的拓跋氏就乘机而起,在今大同附近建国。由于北方各小国的互相争夺,及南方汉族的内部倾轧,无力北伐,造成了拓跋氏独霸的机会,不到五十年,将北方全部征服,于是北朝的魏与南朝的宋成为对峙的局面。在当时南北双方都已经相当安定,文化经济有一定程度的交流,而北方的领土更为广阔,实力也更为雄厚,因此,引起北魏统治者向南发展的野心。同时,北魏内部的各族间存在着复杂的矛盾,特别是被征服的汉族,占人口的多数,不甘心长此忍受压迫,时时流露反抗的意图。这是北魏统治者不能不苦心对付的一个问题。

北魏统治阶层中的知识分子,汉化程度已经是与日俱深了。他们为要争取汉族的合作,就不得不极力尊重汉族传统,经过几十年的接触和熏陶,也就在文化生活上成了汉族的俘虏。到了北魏孝文帝,他本身就是醉心汉族文化的人,于是提出一种主张，由边地迁都到内地。选取了洛阳作新都，以图继承周汉的太平文物，彻底改革胡人风俗，全盘接收汉化。如此，一方面可以更便于镇压和减少汉族人民的反抗，一方面还可以加强南侵的准备。这就是孝文帝迁洛一举的动机。

他的本族人对于这种政策是不赞成的。从《通鉴》这篇记载可以看出他怎样苦心说服众人，才勉强把这件工作完成。然而迁都以后，毕竟引起北人的不满和离心，又促成统治集团的生活腐化，以致几十年后就形成魏王朝的瓦解。不过从另一方面说，这项政策也促进了各族人民在文化上和血统上的融合，加强了汉族在文化上的领导地位，奠定了隋、唐时代统一的基础。所以这在历史上也是一个重要关键。

《通鉴》这篇记载可以分为三大段。第一节记孝文帝宣布伐齐（此时南朝的宋已为齐所继承），引起臣下的疑虑。第二节记孝文帝以迁都的本心实告任城王，取得他的同意。第三节记孝文帝决意南侵。第四节记平城留守之布置。以上第一段都是实行迁都前的步骤。以下为第二段。第五节记南侵临时改为南迁，足见当时众人都认为两者比较起来，南侵是更不情愿的。第六节记经营新都。第七节记于烈的话，足见众意仍是勉强，孝文帝也未尝不明白。以上是迁都的定计。以下为第三段。第八至第十四节记韩显宗建议的话，都是针对当时的弊政而言，如用人不重真才，用刑过于严酷，亲贵滥得赏赐，行政区域不明，等等。又主张新都须按职业性质分配住宅区域，旧都地位不可听其沦降。足见当时政治情况之不稳定。最后一节记孝文帝在迁洛以前还亲到平城，再与旧人做一次辩论，足见旧人还是不能心服。总起来看，孝文帝的毅力是很可敬的。与赵武灵王的变法对照，一个是主张汉族向胡人学习，一个是主张胡族向汉人学习，倒也相映成趣。

一

1 魏主以平城地寒[1]，六月雨雪，风沙常起，将迁都洛阳；恐群臣不从，乃议大举伐齐，欲以胁众。斋于明堂左个[2]，使太常卿王谌筮之，遇《革》[3]，帝曰："'汤、武革命，顺乎天而应乎人[4]，'吉孰大焉！"群臣莫敢言。尚书任城王澄曰："陛下奕叶重光[5]，帝有中土，今出师以征未服，而得汤、武革命之象，未为全吉也。"帝厉声曰："繇云[6]：'大人虎变[7]'，何言不吉？"澄曰："陛下龙兴已久，何得今乃虎变？"帝作色曰："社稷我之社稷，任城欲沮众邪？"澄曰："社稷虽为陛下之有，臣为社稷之臣，安可知危而不言！"帝久之乃解，曰："各言其志，夫亦何伤！"齐武帝永明十一年（四九三）

[1] 平城故城在今山西省大同市东。 [2] 明堂左个指魏依古制所建之大寝南堂东偏。 [3]《革》是《周易》六十四卦之一。

[4]此是《周易·革卦》的彖辞。 [5]奕叶即累代。 [6]繇是卦兆的占辞。繇音昼。 [7]此是《革卦》的爻辞。大人指君主。

2 既还宫,召澄入见,逆谓之曰:"向者《革卦》,今当更与卿论之。明堂之忿,恐人人竞言,沮我大计,故以声色怖文武耳。想识朕意。"因屏人谓澄曰:"今日之举,诚为不易。但国家兴自朔土,徙居平城;此乃用武之地,非可文治。今将移风易俗,其道诚难,朕欲因此迁宅中原,卿以为何如?"澄曰:"陛下欲卜宅中土以经略四海,此周、汉所以兴隆也。"帝曰:"北人习常恋故,必将惊扰,奈何?"澄曰:"非常之事,故非常人之所及[1]。陛下断自圣心,彼亦何所能为!"帝曰:"任城,吾之子房也[2]。"

[1]南北朝时,故字多作固字用。 [2]子房,张良字。张良赞助汉高帝建都长安,故孝文帝用此语作比。

3 六月丙戌,命作河桥,欲以济师。秘书监卢渊上表,以为:"前代承平之主,未尝亲御六军,决胜行陈之间;岂非胜之不足为武,不胜有亏威望乎?昔魏武以弊卒一万破袁绍,谢玄以步兵三千摧苻秦,胜负之变,决于须臾,不在众寡也。"诏报曰:"承平之主所以不亲戎事,或以同轨无敌[1],或以懦劣偷安。今谓之同轨则未然，比之懦劣则可耻。必若王者不当亲戎，则先王制革辂[2]，何所施也？魏武之胜，盖由仗顺，苻氏之败，亦由失政；岂寡必能胜众，弱必能制强邪？"

[1]同轨无敌：指天下一统。 [2]革辂是古代行军时所用之辇辂。

4 魏主使录尚书事[1]广陵王羽持节安抚六镇[2]，发其突骑。丁亥，魏主辞永固陵[3]。己丑，发平城南伐，步骑三十余万；使太尉丕与广陵王羽留守平城，并加使持节[4]。羽曰："太尉宜专节度，臣正可为副。"魏主曰："老者之智，少者之决[5]。汝无辞也。"

[1]汉代在宫廷内管机要文书，助理政务的，称领尚书事，东汉改称"录尚书事"。自魏晋以后，多以公卿权重者为之，职无不总，实即宰相，与唐代之平章事意义相当。 [2]北魏太武帝平柔然，分设六镇。一、武川，二、抚冥，三、怀朔，四、怀荒，五、柔远，六、御夷，都在今内蒙古自治区与山西省接界地方。 [3]永固陵是孝文帝祖母冯太后的陵。 [4]按魏、晋以来的制度，凡加使持节的有专杀之权。 [5]意思是：利用老年人的智慧经验，也利用少壮人的决心毅力。

二

5 魏主自发平城至洛阳，霖雨不止。丙子，诏诸军前发。丁丑，帝戎服，执鞭乘马而出，群臣稽颡于马前。帝曰："庙算已定[1]，大军将进，诸公更欲何云？"尚书李冲等曰："今者之举，天下所不愿，惟陛下欲之；臣不知陛下独行竟何之也？臣等有其意而无其辞，敢以死请！"帝大怒曰："吾方经营天下，期于混一，而卿等儒生，屡疑大计；斧钺有常[2]，卿勿复言！"策马将出。于是安定王休等并殷勤泣谏。帝乃谕群臣曰："今者兴发不小，动而无成，何以示后？朕世居幽朔，欲南迁中土；苟不南伐，当迁都于此，王公以为何如？欲迁者左，不欲者右。"南安王桢进曰："'成大功者不谋于众[3]。'今陛下苟辍南伐之谋，迁都洛邑，此臣等之愿，苍生之幸也。"群臣皆呼万岁。时旧人虽不愿内徙，而惮于南伐，无敢言者，遂定迁都之计。

[1]庙算是朝廷内定的政策。 [2]斧钺是用以杀人的，意思是：国有常刑。 [3]这是引用商鞅的话。

6 李冲言于上曰："陛下将定鼎洛邑，宗庙宫室，非可马上游行以待之。愿陛下暂还代都，俟群臣经营毕功，然后备文物、鸣和鸾而临之[1]。"帝曰："朕将巡省州郡，至邺小停，春首即还,未宜归北。"乃遣任城王澄还平城,谕留司百官以迁都之事,曰:"今日真所谓革也,王其勉之!"

7 帝以群臣意多异同,谓卫尉卿、镇南将军于烈曰:"卿意如何?"烈曰:"陛下圣略渊远,非愚浅所测。若隐心而言[2],乐迁之与恋旧,适中半耳[3]。"帝曰:"卿既不唱异,即是肯同,深感不言之益。"使还镇平城,曰:"留台庶政,一以相委[4]。"烈,栗䃿之孙也[5]。 以上均永明十一年

[1]和鸾是辇辂上的铃。 [2]隐心而言,是凭个人所揣度的来说。 [3]意思是赞成的与不赞成的各得一半。 [4]留台是留都的政务机关。 [5]䃿读如提。于栗䃿是北魏初开国时名将。

三

8 正月(乙亥),魏主如洛阳西宫。中书侍郎韩显宗上书陈四事:其一以为:"窃闻舆驾今夏不巡三齐,当幸中山。往冬舆驾停邺,当农隙之时,犹比屋供奉,不胜劳费。况今蚕麦方急,将何以堪命!且六军涉暑,恐生疠疫。臣愿早还北京,以省诸州供张之苦,成洛都营缮之役。"其二以为:"洛阳宫殿故基,皆魏明帝所造,前世已讥其奢。今兹营缮,宜加裁损。又,顷来北都富室,竞以第舍相尚;宜因迁徙,为之制度。及端广衢路,通利沟渠。"其三以为:"陛下之还洛阳,

轻将从骑。王者于闱闼之内，犹施警跸[1]，况涉履山河，而不加三思乎？"其四以为："陛下耳听法音，目玩坟典[2]，口对百辟[3]，心虞万机[4]，景昃而食[5]，夜分而寝；加以孝思之至，随时而深，文章之业，日成篇卷；虽睿明所用，未足为烦，然非所以啬神养性，保无疆之祚也。伏愿陛下垂拱司契[6]而天下治矣。"帝颇纳之。显宗，麒麟之子也[7]。 齐明帝建武元年（四九四）

[1] 警跸是警戒禁止行人。 [2] 坟典是指《三坟》《五典》，古代书籍之名。 [3] 百辟指百官。 [4] 万机指皇帝所须处理的各种政务。 [5] 景是日影，昃与侧同，指中午以后。 [6] 意思是安静无为。 [7] 韩麒麟是魏太和中的名臣。

9 显宗又上言，以为："州郡贡察，徒有秀、孝之名而无秀、孝之实[1]；朝廷但检其门望，不复弹坐[2]。如此，则可令别贡门望以叙士人，何假冒秀、孝之名也！夫门望者，乃其父祖之遗烈，亦何益于皇家？益于时者，贤才而已。苟有其才，虽屠钓奴虏[3]，圣王不耻以为臣；苟非其才，虽三后之胤[4]，坠于皂隶矣。议者或云：'今世等无奇才，不若取士于门。'此亦失矣。岂可以世无周、邵[5]，遂废宰相邪？但当校其寸长铢重者先叙之，则贤才无遗矣[6]。

〔1〕南北朝时，州郡贡举有秀才、孝廉两种，名为秀才、孝廉，其实才既不秀，品德亦不孝不廉，成为一种虚文了。〔2〕意思是：只问是否出于名门大族，并不检举州郡贡举名不副实之罪。〔3〕这是指吕尚及箕子，一曾隐于屠钓，一曾为奴，均为周武王所师友。〔4〕三后是夏、商、周之王。〔5〕周、邵指周公、召公，都是周武王、成王的辅佐。〔6〕意思是只要选取稍有一分能力的，先加以录用。

10 又，刑罚之要在于明当，不在于重。苟不失有罪，虽捶挞之薄，人莫敢犯；若容可侥幸，虽参夷之严[1]，不足惩禁。今内外之官，欲邀当时之名，争以深刻为无私，迭相敦厉，遂成风俗。陛下居九重之内，视人如赤子；百司分万务之任，遇下如仇雠。是则尧、舜止一人，而桀、纣以千百；和气不至，盖由于此。谓宜敕示百僚，以惠元元之命[2]。

〔1〕意思说：如果有罪而可以苟免，那么，即使用灭族之刑，也不能防止人犯罪。〔2〕元元指一班的百姓。

11 又，昔周居洛邑，犹存宗周[1]；汉迁东都，京兆置尹。察春秋之义，有宗庙曰都，无曰邑。况代京，宗庙山陵所托，王业所基，其为神乡福地，实亦远矣。今便同之郡国，臣窃不安。谓宜建畿置尹,一如故事;崇本重旧,光示万叶。

[1]周成王经营洛邑,犹以原来的丰邑为宗周。

12 又,古者四民异居,欲其业专志定也。太祖道武皇帝[1]创基拨乱,日不暇给,然犹分别士庶,不令杂居,工伎屠沽,各有攸处;但不设科禁,久而混淆。今闻洛邑居民之制,专以官位相从,不分族类。夫官位无常,朝荣夕悴,则是衣冠皂隶不日同处矣。借使一里之内,或调习歌舞,或讲肄诗书,纵群儿随其所之,则必不弃歌舞而从诗书矣。然则使工伎之家习士人风礼,百年难成;士人之子效工伎容态,一朝而就。是以仲尼称里仁之美,孟母勤三徙之训[2]。此乃风俗之原,不可不察。朝廷每选人士,校其一婚一宦以为升降,何其密也!至于度地居民,则清浊连甍[3],何其略也!今因迁徙之初,皆是空地,分别工伎,在于一言,有何可疑,而阙盛美?

[1]道武皇帝是拓跋珪。 [2]孔子说:"里仁为美,择不处仁,焉得知(智)?"孟母为教子而三迁其家,都是表明择邻之要。[3]甍音萌,屋栋也。意思是清浊两等的人混杂在比邻之内。

13 又,南人昔有淮北之地,自比中华,侨置郡县。自归附圣化，仍而不改；名实交错，文书难辨。宜依地理旧名，一皆厘革[1]，小者并合，大者分置。及中州郡县昔以户少并省，今民口既多，亦可复旧。

[1] 这是说淮北地方从前被南朝占领时，曾经空立许多北方州郡之名。现在淮北既然归了北朝，这些名称就与北方原有的州郡名称重复了。

14 又，君人者以天下为家，不可有所私。仓库之储，以供军国之用，自非有功德者，不可加赐。在朝诸贵，受禄不轻；比来赐赉，动以千计。若分以赐鳏寡孤独之民，所济实多；今直以与亲近之臣，殆非周急不继富之谓也。"帝览奏，甚善之。

15 （二月）壬寅，魏主北巡；癸卯，济河；三月壬申，至平城。使群臣更论迁都利害，各言其志。燕州刺史穆罴曰[1]："今四方未定，未宜迁都；且征伐无马，将何以克？"帝曰："厩牧在代，何患无马？今代在恒山之北，九州之外，非帝王之都也。"尚书于果曰："臣非以代地为胜伊、洛之美也。但自先帝以来，久居于此，百姓安之；一旦南迁，众情不乐。"平阳公丕曰："迁都大事，当讯之卜筮。"帝曰："昔周、召圣贤，乃能卜宅。今无其人，卜之何益？且'卜以决疑，不疑何卜？'黄帝卜而龟焦，天老曰：吉，黄帝从之[2]。然则至人之知未然，审于龟矣。王者以四海为家，或南或北，何常之有？朕之远祖，世居北荒。平文皇帝始都东木根山[3]，昭成皇帝[4]更营盛乐[5]，道武皇帝迁于平城。朕幸属胜残之运[6]，而独不得迁乎？"群臣不敢复言。

[1]燕州是北魏所分置，治所在今河北省昌平县。[2]古代卜筮灼龟，以龟所裂纹，定为吉凶。龟焦是兆不成，而天老曰吉，黄帝亦从之，可见龟的前知总不及人。[3]拓跋郁律谥曰平文皇帝。[4]拓跋什翼犍谥昭成皇帝。[5]盛乐城在今内蒙古自治区境内。[6]胜残是感化人不为残暴的意思。《论语》：孔子曰："善人为邦百年，亦可以胜残去杀矣。"

侯景之乱

自魏孝文帝迁洛以后,与北方逐渐隔绝,内部政治也日益腐败。在公元五二三年,北边六镇军民开始行动,各族的人纷纷乘机而起。其中最大一支是葛荣所领导的,后来为尔朱荣所败。继尔朱荣之后的是高欢,都拥有强兵,专擅政权。魏主不胜其辱,讨高欢不成,就入奔关中,依靠宇文氏。高氏只得另立一个君主作傀儡。于是魏分为两,宇文氏所拥戴的在关西,称西魏,高氏所拥戴的在关东,称东魏。而这时南朝的政权则由萧齐过渡到萧梁,梁的开国君主武帝享国最长久,内部比较安定。

在高欢死后,他的部下大将侯景不愿服从高欢的儿子高澄,于是带了地盘投奔梁朝,梁武帝接纳了他。但是也不能与高氏完全绝交。侯景感觉武帝不可靠,又窥破了梁朝内部的腐败情形,起兵直逼梁的首都,取得了一时的胜利。然而由于南方人心不附,毕竟为王僧辩、陈霸先的联军所败。

自此以后，梁的政权移到长江上游，又为宇文氏所灭，而陈霸先杀害王僧辩之后，据有长江下游，成立陈国。又维持了三十年左右，为宇文氏的后身杨氏（隋）所并。南北朝从此结束。

因此，侯景一番举动是南北混乱的开始，也是由分裂而复归统一的先声。

在这场滔天大祸之中，南朝纸醉金迷的酣梦被打断了。东西南北的人互相奔窜，家室流亡，文物残破。全中国都起了变化。关中得了渔人之利，逐步伸张势力到南方，形成汉、胡、南、北的交流，为后来的隋、唐文化奠下了基础。永嘉南渡以后的世家传统起了动摇，而南方浙、闽、赣、广的人渐渐抬头向北发展。新兴的陈霸先就是一个代表。这一时期中出现了两篇史料性的文艺作品，一是庾信的《哀江南赋》，一是颜之推的《观我生赋》。这两个作者，一是由梁入周的（周就是西魏的后身），一是由梁入齐的（齐就是东魏的后身）。他们亲身的经历，把这一动荡的局面从时间空间两方面都观察透了。尤其是《哀江南赋》写得最有声有色，可歌可泣，与《通鉴》这一篇记载正好参看。

由于事态的过分复杂，牵涉方面的过分广泛，虽然选录得相当的长，仍然有大部分是无法全面容纳的。

本篇以侯景叛魏降梁，以至入建康称帝旋即兵败身死为止，限于篇幅，前后都从略，中间关于梁室王公将帅的内争以及起兵讨侯景的复杂情事也都节去了。

　　第一节叙侯景的为人。第二节叙侯景与高氏结仇的原因。第三节叙梁武帝贪得河南土地而接纳侯景，以致引狼入室。第四节叙侯景兵败于慕容绍宗，以至在北方不能容身。第五节叙侯景侥幸取得了寿阳做暂时根据。第六节叙高氏利用被俘的贞阳侯渊明作要求引渡侯景的准备。第七、八、九节叙侯景窥破高氏与梁的勾结，知道自己要被牺牲，以至铤而走险。第十至十三节叙侯景起兵的种种布置策划，而梁朝仍不觉悟，毫不提防。

　　以下第十四节开始叙侯景起兵，第十五节叙梁朝的应付。第十六、十七节叙侯景决计攻建康，以及梁朝严守失策。第十八节叙侯军渡江。第十九节叙建康之防守。第二十节叙侯军围台城。第二十一节叙双方拒守的情形。第二十二节叙侯景深知梁朝贵族的昏庸奢纵，指出梁之必败，以告城中士民。第二十三节叙侯景同时卑词通书于高氏以期家属在北之安全。第二十四节叙侯景暂时向梁讲和以期赢得时间。第二十五节叙上游援军之观望。第二十六节叙侯景预备毁约再战，痛斥梁武帝在位以来之种种失政，以及他家庭中的丑事。第二十七节叙梁朝不得不再战，而将帅无战意。第二十八节叙台城被陷。第二十九节叙侯景专制朝权。第三十节叙武帝被幽困而死。第三十一、三十二节叙简文帝即位后侯景跋扈的情状。第三十三节叙侯景不得人心。第三十四节叙简文帝被废。第三十五、三十六节叙侯景称帝。在这里还有侯景向上游进兵，直到现在的岳州，终于败退的种种情节，因为牵涉方面太多，从略了。

以下第三十七节叙王僧辩、陈霸先兵迫建康，侯景无力抵御，向东方逃走。第三十八节叙侯景穷困，被部下杀害。

1 东魏司徒、河南大将军、大行台侯景[1]右足偏短，弓马非其长，而多谋算。诸将高敖曹、彭乐等皆勇冠一时，景常轻之，曰："此属皆如豕突，势何所至[2]！"景常言于丞相欢[3]："愿得兵三万，横行天下，要须济江，缚取萧衍老公[4]，以为太平寺主[5]。"欢使将兵十万，专制河南，杖任若己之半体[6]。

[1]魏、晋以来的大行台相当于大行政区的政府。 [2]意思说：勇而无谋，干得出什么大事？ [3]此时高欢正执东魏的政权。 [4]萧衍即梁武帝，老公即老头子。 [5]因为梁武帝好佛，所以预备给他一所僧寺养老。 [6]意思是：倚仗他就同自己的左右手一般。

2 景素轻高澄[1]，尝谓司马子如曰[2]："高王在，吾不敢有异，王没，吾不能与鲜卑小儿共事[3]。"子如掩其口。及欢疾笃,澄诈为欢书以召景。先是,景与欢约曰:"今握兵在远,人易为诈,所赐书皆请加微点[4]。"欢从之。景得书无点,辞不至。又闻欢疾笃,用其行台郎颍川王伟计[5],遂拥兵自固。
以上梁武帝中大同元年(五四六)

[1]高澄是高欢的儿子,预备继承高欢地位的。[2]司马子如是高欢方面的一个要人。[3]高氏虽说是汉人,也等于是鲜卑族。[4]这是侯景与高欢密约的凭证,在信上加一个墨点,预防假冒。[5]王伟是侯景的幕僚,后来大部分主意都是他出的。

3 侯景自念己与高氏有隙,内不自安。(正月)辛亥,据河南叛,归于魏[1]。庚辰,景又遣其行台郎中丁和来[2],上表言:"臣与高澄有隙,请举函谷以东,瑕丘以西,豫、广、郢、荆、襄、兖、南兖、济、东豫、洛、阳、北荆、北扬等十三州内附[3],惟青、徐数州,仅须折简[4]。且黄河以南,皆臣所职,易同反掌。若齐、宋一平,徐事燕赵[5]。"上召群臣廷议。尚书仆射谢举等皆曰:"顷岁与魏通和,边境无事,今纳其叛臣,窃谓非宜。"上曰:"虽然,得景则塞北可清,机会难得,岂宜胶柱?"是岁正月乙卯,上梦中原牧守皆以其地来降,举朝称庆。且见中书舍人朱异告之[6],且曰:"吾为人少梦,若有梦必实。"异曰:"此乃宇宙混一之兆也。"及丁

211

和至，称景定计以正月乙卯，上愈神之。然意犹未决，尝独言："我国家如金瓯，无一伤缺，今忽受景地，讵是事宜？脱致纷纭，悔之何及[7]？"对曰："圣明御宇，南北归仰，正以事无机会，未达其心。今侯景分魏土之半以来，自非天诱其衷，人赞其谋，何以至此？若拒而不内，恐绝后来之望。此诚易见，愿陛下无疑。"上乃定议纳景。壬午，以景为大将军，封河南王，都督河南、北诸军事，大行台，承制如邓禹故事[8]。太清元年（五四七）

[1]此时原来的魏室已经西迁入关，一般称为西魏，而高氏在东方拥立的魏室则称为东魏，侯景既不服从高氏，就不能不叛归西魏，史书上因为西魏是继承魏室正统的，所以仍称为魏，不加西字。[2]《通鉴》记事以南朝为主，因为南朝是由晋传下来的。此时南朝是梁，所谓来就是来梁。[3]瑕丘在山东滋阳一带，此处所举十三州都是东魏所辖的河南中部、山东西南部、湖北北部的地区。此时南北朝疆域分合无定，随时设立州名，州的范围比以前小，名称也很纷乱。[4]折简是招降的意思。[5]意思是将河南、山东收入掌握，就可以北伐消灭高氏政权了。[6]梁朝的中书舍人是在内廷掌机密的官，而上文的尚书仆射则是外廷掌各部事务的长官。朱异又特别是梁武帝亲信的人。[7]脱是万一的意思。[8]邓禹奉汉光武帝之命入关，有便宜行事，自由任命官吏之权。

4 太清二年春正月己亥，慕容绍宗以铁骑五千夹击侯景，景诳其众曰："汝辈家属已为高澄所杀。"众信之。绍宗遥呼曰："汝辈家属并完，若归，官勋如旧[1]。"被发向北斗为誓。景士卒不乐南渡，其将暴显等各帅所部降于绍宗。景众大溃，争赴涡水，水为之不流。景与腹心数骑自硖石济淮，稍收散卒，得步骑八百人，南过小城，人登陴诟之曰："跛奴！欲何为邪？"景怒，破城，杀诟者而去。昼夜兼行，追军不敢逼，使谓绍宗曰："景若就擒，公复何用？"绍宗乃纵之[2]。 太清二年（五四八）

[1] 南北朝以后的制度，除官爵以外，另有勋号以赏有功之人。
[2] 这一段是说侯景预备奔梁，而高氏派慕容绍宗追击，在河南、安徽边境，几乎将侯景擒获。

5 侯景既败，不知所适，时鄱阳王范除南豫州刺史[1]，未至。马头戍主刘神茂素为监州事韦黯所不容[2]，闻景至，故往候景，景问曰："寿阳去此不远，城池险固，欲往投之，韦黯其纳我乎？"神茂曰："黯虽据城，是监州耳。王若驰至近郊，彼必出迎，因而执之，可以集事。得城之后，徐以启闻，朝廷喜王南归，必不责也。"景执其手曰："天教也。"神茂请帅步骑百人先为向导。壬子，景夜至寿阳城下；韦黯以为贼也，授甲登陴。景遣其徒告曰："河南王战败来投此镇，愿速开门！"黯曰："既不奉敕，不敢闻命。"景谓神茂曰："事不谐矣。"神茂曰："黯懦而寡智，可说下也。"乃遣寿阳徐思玉入见黯曰[3]："河南王，朝廷所重，君所知也。今失利来投，何得不受？"黯曰："吾之受命，唯知守城；河南自败，何预吾事！"思玉曰："国家付君以阃外之略，今君不肯开城，若魏兵来至，河南为魏所杀，君岂能独存！纵使或存，何颜以见朝廷。"黯然之。思玉出报，景大悦曰："活我者，卿也[4]。"癸丑，黯开门纳景，景遣其将分守四门，诘责黯，将斩之；既而抚手大笑，置酒极欢。黯，睿之子也[5]。

[1]南豫州治所就在寿阳，今安徽寿县。[2]鄱阳王范还没有到任，韦黯代行职权，是事实上的刺史。[3]徐思玉是随侯景南来的人，本来就是寿阳人，所以用作说客。[4]侯景此时正在濒于败亡，穷无所归，得到寿阳一个重要据点，所以非常之喜。[5]韦睿是以前梁的名将。

....

6 东魏既得悬瓠、项城[1]，悉复旧境。大将军澄数遣书移[2]，复求通好，朝廷未之许。澄谓贞阳侯渊明曰[3]："先王与梁主和好，十有余年。闻彼礼佛文云：'奉为魏主，并及先王.'此乃梁主厚意。不谓一朝失信，致此纷扰，知非梁主本心，当是侯景扇动耳，宜遣使咨论。若梁主不忘旧好，吾亦不敢违先王之意，诸人并即遣还，侯景家属亦当同遣[4]。"渊明乃遣省事夏侯僧辩奉启于上[5]，称勃海王弘厚长者[6]，若更通好，当听渊明还。上得启流涕，与朝臣议之。右卫将军朱异、御史中丞张倌等皆曰："静寇息民，和实为便。"司农卿傅岐独曰："高澄何事须和？必是设间，故命贞阳遣使，欲令侯景自疑；景意不安，必图祸乱。若许通好，正堕其计中[7]。"异等固执宜和，上亦厌用兵，乃从异言，赐渊明书曰："知高大将军礼汝不薄，省启，甚以慰怀，当别遣行人，重敦邻睦。"

[1]这都是河南南部重要城镇，侯景带了投降梁朝的地方，现在侯景已败，东魏又收复过去，所以也就很满意。 [2]书是书信，移是公文。 [3]贞阳侯渊明是梁朝派去应援侯景的将帅，而被慕容绍宗俘虏去的。 [4]高澄这番话是说梁武帝心地本来很好，不过上了侯景的当，如果现在重修旧好，愿意将贞阳侯释放，连侯景的家属被扣留在东魏的也可以放走。 [5]省事是一种事务官的名称。 [6]渤海王是高澄的封号。 [7]侯景此时已经没有什么势力，如果东魏与梁通和，则东魏必会要求梁朝引渡侯景，侯景为自卫计，就必然反抗。傅岐已经看清楚后来事态的演变了。

7 僧辩还过寿阳，侯景窃访知之，摄问具服[1]，乃写答渊明之意陈启于上曰："高氏心怀鸩毒，怨盈北土，人愿天从，欢身殒越。子澄嗣恶，计灭待时，所以昧此一胜者[2]，盖天荡澄心以盈凶毒耳。澄苟行合天心，腹心无疾，又何急急奉璧求和？岂不以秦兵扼其喉，胡骑迫其背[3]，故甘词厚币，取安大国？臣闻一日纵敌，数世之患[4]。何惜高澄一竖，以弃亿兆之心？窃以北魏安强莫过天监之始，钟离之役[5]，匹马不归。当其强也，陛下尚伐而取之，及其弱也，反虑而和之。舍已成之功，纵垂死之虏，使其假命强梁[6]，以遗后世，非直愚臣扼腕，实亦志士痛心。昔伍相奔吴[7]，楚邦卒灭；陈平去项，刘氏用兴。臣虽才劣古人，心同往事，诚知高澄忌贾在翟，恶会居秦[8]，求盟请和，冀除其患。若臣死有益，万殒无辞，唯恐千载有秽良史[9]。"景又致书于朱异，饷金三百两。异纳金而不通其启。

[1]侯景将夏侯僧辩拦截住，逼问之下，不得不将实情说出，并且将复贞阳侯的信呈出。　[2]这句话指上次慕容绍宗击败侯景一事。昧此一胜是糊里糊涂得此一胜的意思。　[3]秦兵指西魏的兵，胡骑指柔然的兵从北方威胁。　[4]这是《左传》上的成语。[5]天监六年（五〇七）梁将曹景宗等败魏兵于钟离，钟离今安

徽凤阳。［6］强梁是强暴横恣的意思。［7］指伍子胥。［8］《左传》上说：晋国出奔的人贾季在狄，随会在秦，两人都是贤才，被敌人利用了，可能为害晋国。翟即狄字。［9］意思说：只恐将来在历史上成为一件丑事。

8 己卯，上遣使吊澄[1]。景又启曰："臣与高氏衅隙已深，仰凭威灵，期雪仇耻。今陛下复与高氏连和，使臣何地自处？乞申后战，宣畅皇威[2]。"上报之曰："朕与公大义已定，岂有成而相纳，败而相弃乎？今高氏有使求和，朕亦更思偃武。进退之宜，国有常制，公但清静自居，无劳虑也？"景又启曰："臣今蓄粮聚众，秣马潜戈，指日计期，克清赵、魏。不容军出无名，故愿以陛下为主耳。今陛下弃臣遐外，南北复通，将恐微臣之身不免高氏之手。"上又报曰："朕为万乘之主，岂可失信于一物？想公深得此心，不劳复有启也[3]。"

［1］吊高澄父亲高欢的丧。［2］仍请再战的意思。［3］这是梁武帝拒绝侯景的坚决表示。

9 景乃诈为邺中书，求以贞阳侯易景[1]，上将许之。舍人傅岐曰："侯景以穷归义，弃之不祥；且百战之余，宁肯束手就縶？"谢举、朱异曰："景奔败之将，一使之力耳。"上从之。复书曰:"贞阳旦至,侯景夕返[2]。"景谓左右曰:"我固知吴老公薄心肠[3]。"王伟说景曰:"今坐听亦死,举大事亦死,唯王图之。"于是始为反计:属城居民悉召募为军士,辄停市估及田租[4],百姓子女悉以配将士。

[1]这就是傅岐所预测的高氏会要求引渡侯景,而侯景也想到这一层,所以作了封假信来试探,梁朝果然信以为真。[2]这是明明应许引渡侯景。真凭实据被侯景拿到手了。[3]意思是:我早料到这个南方的老头子是无情无义的。[4]取消商税及田租,因为居民都被胁迫从军了。

············

10 侯景自至寿阳,征求无已,朝廷未尝拒绝。景请婚于王、谢,上曰:"王、谢门高非偶,可于朱、张以下访之[1]。"景恚曰[2]:"会将吴儿女配奴。"又启求锦万匹为军人作袍,中领军[3]朱异议以青布给之[4]。又以台所给仗多不能精[5],启请东冶锻工,欲更营造。

[1]南朝最讲究门第,王、谢是第一等有名望的世家,决不肯与别家通婚,朱、张是后起的新家族。[2]恚,怒甚也。[3]中领军是南朝最亲密贵重的军职。[4]后来侯景渡江,兵士都是穿

的青袍，就是因此。〔5〕六朝习惯，台就是中央政府的意思。

11 临贺王正德所至贪暴不法[1]，屡得罪于上。由是愤恨，阴养死士，储米积货，幸国家有变。景知之。正德在北与徐思玉相知，景遣思玉致笺于正德曰："今天子年尊，奸臣乱国，以景观之，计日祸败。大王属当储贰，中被废黜，四海业业，归心大王。景虽不敏，实思自效，愿王允副苍生，鉴斯诚款。"正德大喜曰："侯公之意暗与吾同，天授我也。"报之曰："朝廷之事如公所言，仆之有心，为日久矣。今仆为其内，公为其外，何有不济？机事在速，今其时矣。"

〔1〕临贺王正德是梁武帝的侄子，本来立他作太子，后来改立昭明太子，就把他废了。所以心怀怨愤。因此侯景要勾结利用他。

12 鄱阳王范密启景谋反。时上以边事专委朱异，动静皆关之，异以为必无此理。上报范曰："景孤危寄命，譬如婴儿仰人乳哺，以此事势，安能反乎？"范重陈之曰："不早剪扑，祸及生民。"上曰："朝廷自有处分，不须汝深忧也。"范复请以合肥之众讨之[1]，上不许。朱异谓范使曰："鄱阳王遂不许朝廷有一客[2]！"自是范启异不复为通。

219

[1]鄱阳王范也是梁武帝的侄子,此时正作合州刺史,镇合肥。

[2]意思说:鄱阳王难道不能容许朝廷接纳一个来客?

13 景邀羊鸦仁同反[1],鸦仁执其使以闻。异曰:"景数百叛虏,何能为?"敕以使者付建康狱,俄解遣之。景益无所惮,启上曰:"若臣事是实,应罹国宪,如蒙照察,请戮鸦仁。"景又言:"高澄狡猾,宁可全信?陛下纳其诡语,求与连和,臣亦窃所笑也。臣宁堪粉骨,投命仇门?乞江西一境受臣控督[2]。如其不许,即帅甲骑临江,上向闽、越[3],非唯朝廷自耻,亦是三公旰食。"上使朱异宣语答景使曰:"譬如贫家,畜十客五客,尚能得意,朕唯有一客,致有忿言,亦朕之失也。"益加赏赐锦彩钱布,信使相望。

[1]羊鸦仁是从前梁朝派去应援侯景的,因为侯景失败了,停兵不进。 [2]古人说江西,就是指南京以上一直到江西、湖北交界的长江北岸地区,因为这里的长江是由西南斜向东北的,从中原看来,以江北为江西,而以江南为江东。 [3]意思是要避高氏之祸,不得不找个安身立命之处。

14 (七月)戊戌,景反于寿阳,以诛中领军朱异、少府卿徐驎、太子右卫率陆验、制局监周石珍为名,异等皆以奸佞骄贪，蔽主弄权，为时人所疾，故景托以兴兵。

15 景西攻马头[1]，遣其将宋子仙东攻木栅，执戍主曹璆等。上闻之笑曰："是何能为？吾折箠笞之。"敕购斩景者封三千户公，除州刺史。甲辰，诏以合州刺史、鄱阳王范为南道都督，北徐州刺史、封山侯正表为北道都督，司州刺史柳仲礼为西道都督，通直散骑常侍裴之高为东道都督，以侍中、开府仪同三司邵陵王纶持节董督众军以讨景[2]。正表，宏之子；仲礼，庆远之孙；之高，邃之兄子也。

[1] 马头是寿阳附近的地方，与上文的马头似乎不是一处。
[2] 邵陵王纶是梁武帝的儿子。

16 侯景闻台军讨之，问策于王伟，伟曰："邵陵若至，彼众我寡，必为所困。不如弃淮南，决志东向，帅轻骑直掩建康，临贺反其内，大王攻其外，天下不足定也。兵贵拙速，宜即进路。"景乃留外弟中军大都督王显贵守寿阳[1]。癸未，诈称游猎，出寿阳，人不之觉。冬十月庚寅，景扬声趣合肥，而实袭谯州[2]，助防董绍先开城降之[3]。执刺史丰城侯泰。泰，范之弟也，先为中书舍人，倾财以事时要，超授谯州刺史。至州，遍发民丁，使担腰舆、扇、伞等物，不限士庶；耻为之者，重加杖责，多输财者，即纵免之。由是人皆思乱。及侯景至，人无战心,故败。

[1]外弟即表弟。 [2]谯州大概即今安徽滁县。 [3]助防是协防的官名。

17 庚子,诏遣宁远将军王质帅众三千巡江防遏。景攻历阳太守庄铁[1],丁未,铁以城降。因说景曰:"国家承平岁久,人不习战,闻大王举兵,内外震骇,宜乘此际速趋建康,可兵不血刃而成大功。若使朝廷徐得为备,内外小安,遣羸兵千人直据采石[2],大王虽有精甲百万,不得济矣。"景乃留仪同三司田英、郭骆守历阳,以铁为导,引兵临江。江上镇戍相次启闻。上问讨景之策于都官尚书羊侃,侃请以二千人急据采石,令邵陵王袭取寿阳,使景进不得前,退失巢穴,乌合之众,自然瓦解。朱异曰:"景必无渡江之志。"遂寝其议。侃曰:"今兹败矣。"

[1]历阳今安徽和县。 [2]采石在南京上游,正与和县对岸。

18 戊申,以临贺王正德为平北将军,都督京师诸军事,屯丹杨郡。正德遣大船数十艘,诈称载荻,密以济景。景将济,虑王质为梗,使谍视之。会临川太守陈昕启称:"采石急须重镇，王质水军轻弱，恐不能济[1]。"上以昕为云旗将军，代质戍采石，征质知丹杨尹事。昕，庆之之子也。质去采石，而昕犹未下渚[2]。谍告景云，质已退。景使折江东树枝为验，谍如言而返。景大喜曰："吾事办矣[3]。"己酉，自横江济于采石，有马数百匹，兵八千人。是夕，朝廷始命戒严。

[1]济是成功的意思。 [2]未下渚是指未离建康。 [3]侯景是趁王质、陈昕二人在采石交代之际，乘虚而入的。

19 太子见事急，戎服入见上，禀受方略，上曰："此自汝事，何更问为？内外军事悉以付汝。"太子乃停中书省，指授军事[1]。物情惶骇，莫有应募者。朝廷犹不知临贺王正德之情，命正德屯朱雀门，宁国公大临屯新亭，大府卿韦黯屯六门，缮修宫城，为受敌之备。大临，大器之弟也[2]。己酉，景至慈湖[3]，建康大骇，御街人更相劫掠，不复通行。赦东、西冶，尚方钱署及建康系囚。以扬州刺史宣城王大器都督城内诸军事，以羊侃为军师将军副之，南浦侯推守东府，西丰公大春守石头，轻车长史谢禧、始兴太守元贞守白下，韦黯与右卫将军柳津等分守宫城诸门及朝堂。推，秀之子；大春，大临之弟；津，仲礼之父也。摄诸寺库公藏钱[4]，聚之德阳堂以充军实。

〔1〕太子不回东宫,就在中书省指挥军事。〔2〕凡是名带大字的都是梁武帝之孙,太子之子。〔3〕慈湖即在南京郊外。〔4〕诸寺库是各机关的金库。

20 景绕城既币[1],百道俱攻,鸣鼓吹唇,喧声震地。纵火烧大司马,东、西华诸门。羊侃使凿门上为窍,下水沃火;太子自捧银鞍往赏战士;直合将军朱思帅战士数人逾城出外洒水,久之方灭。贼又以长柯斧斫东掖门[2],门将开,羊侃凿扇为孔,以槊刺杀二人[3],斫者乃退。景据公车府,正德据左卫府[4],景党宋子仙据东宫,范桃棒据同泰寺,景取东宫妓数百,分给军士。东宫近城,景众登其墙射城内。至夜,景于东宫置酒奏乐,太子遣人焚之,台殿及所聚图书皆尽。景又烧乘黄厩、士林馆、太府寺。癸丑,景作木驴数百攻城,城上投石碎之。景更作尖项木驴,石不能破。羊侃使作雉尾炬[5],灌以膏蜡,丛掷焚之,俄尽。景又作登城楼,高十余丈,欲临射城中。侃曰:"车高堑虚,彼来必倒,可卧而观之。"及车动,果倒。

〔1〕现在侯景所围的是台城,即政府所在。〔2〕长柯是长柄。〔3〕槊是长矛。〔4〕这些是在台城以外的机关。〔5〕雉尾炬是两头着火的火把。

224

21 景初至建康,谓朝夕可拔,号令严整,士卒不敢侵暴。乃屡攻不克,人心离沮,景恐援兵四集,一旦溃去。又食石头常平诸仓既尽,军中乏食,乃纵士卒掠夺民米及金帛子女。是后米一升至七八万钱,人相食,饿死者什五六。(十一月)乙丑,景于城东西起土山,驱迫士民,不限贵贱,乱加殴捶,疲羸者因杀以填山,号哭动地。民不敢窜匿,并出从之,旬日间,众至数万。城中亦筑土山以应之。太子、宣城王以下皆亲负土,执畚锸,于山上起芙蓉层楼,高四丈,饰以锦罽。募敢死士二千人,厚衣袍铠,谓之僧腾客,分配二山,昼夜交战不息[1]。会大雨,城内土山崩;贼乘之,垂入,苦战不能禁。羊侃令多掷火,为火城以断其路,徐于内筑城,贼不能进。景募人奴降者,悉免为良,得朱异奴,以为仪同三司,异家资产悉与之。奴乘良马,衣锦袍,于城下仰诟异曰:"汝五十年仕宦,方得中领军;我始事侯王,已为仪同矣。"于是三日之中,群奴出就景者以千数,景皆厚抚以配军,人人感恩,为之致死。

[1] 这些措置大概是表示城内的物力有余。

22 朱异遗景书,为陈祸福。景报书并告城中士民,以为:"梁自近岁以来,权幸用事,割剥齐民,以供嗜欲。如曰不然,公等试观:今日国家池苑,王公第宅,僧尼寺塔,及在位庶僚,姬妾百室,仆从数千,不耕不织,锦衣玉食,不夺百姓,从何得之？仆所以趋赴阙庭,指诛权佞,非倾社稷。今城中指望四方入援,吾观王侯诸将志在全身,谁能竭力致死与吾争胜负哉[1]？长江天险,二曹所叹[2],吾一苇航之,日明天净,自非天人允协,何能如是？幸各三思,自求元吉!"

[1] 这些话指责梁朝内部的腐败,是与事实相符的,也是群众向来不平的。末了说没有人肯来出力救援,也窥破了梁朝王侯将帅的弱点。 [2] 二操指曹操、曹丕,都不敢渡江而南。

23 景又奉启于东魏主称:"臣进取寿春,暂欲停憩。而萧衍识此运终,自辞宝位,臣军未入其国,已投同泰舍身。去月二十九日,届此建康。江海未苏,干戈暂止,永言故乡,人马同恋。寻当整辔,以奉圣颜。臣之母弟久谓屠灭,近奉明敕,始承犹在。斯乃陛下宽仁,大将军恩念,臣之弱劣,知何仰报！今辄赍启迎臣母、弟、妻、儿,伏愿圣慈,特赐裁启[1]。"以上均太清二年

[1] 这一段话又向东魏表明并不想篡夺南朝,仍想归北,是解除高氏疑忌之心,希望能保全家属。因为侯景如果真夺了南朝,对

高氏是很严重的威胁,家属就更有被牺牲的危险了。

24 初,台城之闭也,公卿以食为念,男女贵贱并出负米,得四十万斛,收诸府藏钱帛五十万亿,并聚德阳堂,而不备薪刍鱼盐。至是坏尚书省为薪。撤荐刬以饲马[1]。荐尽,又食以饭。军士无膌[2],或煮铠、熏鼠、捕雀而食之。御甘露厨有干苔,味酸咸,分给战士。军人屠马于殿省间,杂以人肉,食者必病。侯景众亦饥,抄掠无所获,东城有米,可支一年,援军断其路。又闻荆州兵将至[3],景甚患之。王伟曰:"今台城不可猝拔,援兵日盛,吾军乏食,若伪求和以缓其势,东城之米足支一年,因求和之际,运米入石头,援军必不得动,然后休士息马,缮修器械,伺其懈怠击之,一举可取也。"景从之,遣其将任约、于子悦至城下,拜表求和,乞复先镇[4]。太子以城中穷困,白上请许之。上怒曰:"和不如死!"太子固请曰:"侯景围逼已久,援军相仗不战,宜且许其和,更为后图。"上迟回久之,乃曰:"汝自图之,勿令取笑千载。"遂报许之。景乞割江右四州之地[5],并求宣城王大器出送,然后济江[6]。中领军傅岐固争曰:"岂有贼举兵围宫阙而更与之和乎?此特欲却援军耳。戎狄兽心,必不可信。且宣城嫡嗣之重,国命所系,岂可为质?"上乃以大器之弟石城公大款为侍中,出质于景,又敕诸军不得复进。下诏曰:"善兵不战,止戈为武。可以景为大丞相、都督江西四州诸军事，豫州牧、河南王如故。"己亥，设坛于西华门外，遣仆射王克、上甲侯韶、吏部郎萧瑳与于子悦、任约、王伟登坛共盟。太子詹事柳津出西华门，景出栅门，遥相对，更杀牲歃血为盟[7]。既盟而景长围不解，专修铠仗，托云无船，不得即发。又云恐南军见蹑，遣石城公还台，求宣城王出送。邀求稍广，了无去志。太子知其诈言，犹羁縻不绝。韶，懿之孙也[8]。 太清三年（五四九）

[1]荐是草席。 [2]胅音谐，是有肉的菜肴。 [3]此时湘东王绎已经从荆州起兵入援，各处的援兵也到了不少，侯景颇为不利。 [4]意思是恢复以前在寿阳的地位。 [5]江右即江西。[6]这是要求太子的长子作人质，保障他的安全。 [7]侯景不肯亲身出来订盟，只叫部下的人先与政府方面作成初步的盟约，然后双方的主帅远远对面作一形式。 [8]萧懿是梁武帝之兄。

25 湘东王绎军于郢州之武城[1]，湘州刺史、河东王誉军于青草湖[2]，信州刺史、桂阳王慥军于西峡口[3]，托云俟四方援兵，淹留不进。中记室参军萧贲，骨鲠士也，以绎不早下，心非之。尝与绎双六[4]，食子未下[5]，贲曰："殿下都无下意。"绎深衔之[6]。及得上敕，绎欲旋师。贲曰："景以人臣举兵向阙，今若放兵[7]，未及渡江，童子能斩之矣，必不为也。大王以十万之众，未见贼而退，奈何！"绎不悦，未几，因事杀之。恺，懿之孙也。

[1] 这是湖北安陆一带地方。 [2] 河东王誉是昭明太子的儿子。武帝之孙。 [3] 青草湖在湖南，西峡口在四川，这是说明援兵还远，迟留不进。 [4] 双六是一种博戏。 [5] 这是说行棋的时候可以吃对方的棋子，而迟迟不下。 [6] 衔是恨的意思。
[7] 放兵是放下武器。

....

26 侯景运东府米入石头既毕，王伟闻荆州军退，援军虽多，不相统一，乃说景曰："王以人臣举兵，围守宫阙，逼辱妃主，残秽宗庙，擢王之发不足数罪。今日持此，欲安所容身乎？背盟而捷，自古多矣。愿且观其变。"临贺王正德亦谓景曰："大功垂就，岂可弃去？"景遂上启陈帝十失，且曰："臣方事睽违，所以冒陈说直。陛下崇饰虚诞，恶闻实录，以妖怪为嘉祯，以天谴为无咎。敷演六艺，排摈前儒，王莽之法也。以铁为货，轻重无常，公孙之制也[1]。烂羊镌印，朝章鄙杂，更始、赵伦之化也[2]。豫章以所天为血仇[3]，邵陵以父存而冠布[4]，石虎之风也[5]。修建浮图，百度糜费，使士民饥馁，

229

笮融、姚兴之代也[6]。"又言："建康宫室崇侈，陛下唯与主书参断万机，政以贿成。诸阉豪盛，众僧殷实。皇太子珠玉是好，酒色是耽，吐言止于轻薄，赋咏不出《桑中》[7]。邵陵所在残破，湘东群下贪纵，南康、定襄之属皆如沐猴而冠耳[8]。亲为孙侄，位则藩屏，臣至百日，谁肯勤王？此而灵长，未之有也。昔鬻拳兵谏[9]，王卒改善，今日之举，复奚罪乎？伏愿陛下小惩大戒，放逸纳忠，使臣无再举之忧，陛下无婴城之辱，则万姓幸甚。"

[1]公孙述据蜀，以铁为钱币。 [2]西汉末，更始帝滥授官爵，长安为之语曰："烂羊胃，骑都尉；烂羊头，关内侯。"晋赵王伦篡位，貂蝉盈坐，时人为之语曰："貂不足，狗尾续。"极言官爵之滥。古时贵官冠上戴貂尾，附金蝉。 [3]梁武帝篡位的时候，收了齐东昏侯的姬妾吴氏，七个月就生了一个儿子，名综，封为豫章王。然而豫章王长大了，自己认为是东昏侯的遗腹子，把梁武帝看作不共戴天之仇，后来遇有机会，逃到魏国。 [4]昭陵王伦是武帝亲生的儿子，悖逆无道，夺了人家孝子的丧服自己着起来。咒骂武帝，无父子情。 [5]后赵的石虎父子相残，所以用来作比。 [6]笮融是汉末的人，姚兴见前篇，都是好佛的。 [7]《桑中》相传是男女相约幽会的诗。此时梁朝正盛行新体诗，专以描写宫闱生活为主题，称为宫体。所以侯景举为攻击资料。 [8]南康王会理，定

襄侯祗是武帝之孙与侄,沐猴而冠是衣冠禽兽的意思。 [9]鬻拳以动武的姿态强谏楚王,事见《左传》。

27 上览启,且惭且怒。三月丙辰朔,立坛于太极殿前[1],告天地,以景违盟,举烽鼓噪。初,闭城之日,男女十余万,擐甲者二万余人,被围既久,人多身肿气急,死者什八九,乘城者不满四千人,率皆羸喘。横尸满路,不可瘗埋,烂汁满沟。而众心犹望外援。柳仲礼唯聚妓妾,置酒作乐,诸将日往请战,仲礼不许。安南侯骏说邵陵王纶曰:"城危如此,而都督不救,若万一不虞,殿下何颜自立于世?今宜分军为三道,出贼不意攻之,可以得志。"纶不从。

[1]太极殿是南朝皇宫的正殿。

28 于是景决石阙前水[1],百道攻城,昼夜不息。邵陵世子坚屯太阳门,终日蒱饮[2],不恤吏士,其书佐董勋、熊昙朗恨之。丁卯,夜向晓,勋、昙朗于城西北楼引景众登城,永安侯确力战不能却[3],乃排闼入启上云:"城已陷。"上安卧不动,曰:"犹可一战乎?"确曰:"不可。"上叹曰:"自我得之,自我失之,亦复何恨?"因谓确曰:"汝速去,语汝父,勿以二宫为念[4]。"因使慰劳在外诸军。俄而景遣王伟入文德殿奉谒,上命褰帘开户引伟入,伟拜呈景启,称:"为奸佞所蔽,领众入朝,惊动圣躬,今诣阙待罪。"上问:"景何在,可召来。"景入见于太极东堂[5],以甲士五百人自卫。景稽颡殿下,典仪引就三公榻[6]。上神色不变,问曰:"卿在军中日久,无乃为劳!"景不敢仰视,汗流被面。又曰:"卿何州人而敢至此?妻子犹在北邪?"景皆不能对。任约从旁代对曰:"臣景妻子皆为高氏所屠,唯以一身归陛下。"上又问:"初渡江有几人?"景曰:"千人。""围台城几人?"曰:"十万。""今有几人?"曰:"率土之内莫非己有。"上俛首不言[7]。

[1]石阙前水即玄武湖水。 [2]蒱是赌博。 [3]永安侯确是昭陵王伦之子,武帝之孙。 [4]皇帝及太子称二宫。 [5]太极殿的制度分东西二堂。 [6]典仪是礼官。三公榻是三公的席次。 [7]俛首即俯首。

29 景退,谓其厢公王僧贵曰[1]:"吾常跨鞍对阵,矢刃交下,而意气安缓,了无怖心。今见萧公,使人自慑,岂非天威难犯?吾不可以再见之。"于是悉撤两宫侍卫,纵兵掠乘舆服御、宫人皆尽。收朝士王侯送永福省[2],使王伟守武德殿,于子悦屯太极东堂。矫诏大赦,自加大都督中外诸军事,录尚书事。

[1]厢公是左右亲信官称。 [2]永福省是太子在宫中所居之地。

30 上虽外为侯景所制，而内甚不平。景欲以宋子仙为司空，上曰："调和阴阳，安用此物[1]？"景又请以其党二人为便殿主帅，上不许。景不能强，心甚惮之。太子入，泣谏，上曰："谁令汝来？若社稷有灵，犹当克复；如其不然，何事流涕？"景使其军士入直省中[2]，或驱驴马，带弓刀，出入宫庭。上怪而问之，直合将军周石珍对曰："侯丞相甲士。"上大怒，叱石珍曰："是侯景，何谓丞相？"左右皆惧。是后上所求多不遂志，饮膳亦为所裁节，忧愤成疾。太子以幼子大圜属湘东王绎，并剪爪发以寄之。五月丙辰，上卧净居殿，口苦索蜜不得，再曰："荷！荷[3]！"遂殂，年八十六。 以上均太清三年

[1]调和阴阳是三公的职任，司空为三公之一。 [2]省中即宫禁。 [3]古音读荷为 ha。

31 辛巳，发高祖丧[1]，升梓宫于太极殿[2]。是日，太子即皇帝位，大赦，侯景出屯朝堂，分兵守卫。

[1]萧衍死后称高祖武皇帝。 [2]皇帝棺柩称梓宫。

…………

32 侯景纳上女溧阳公主,甚爱之[1]。三月甲申,景请上禊宴于乐游苑[2],帐饮三日[3]。上还宫,景与公主共据御床,南面并坐。群臣文武列坐侍宴。 简文帝大宝元年(五五〇)

[1]此时太子纲即位,后来称太宗简文皇帝。 [2]禊宴是三月间上巳日的饮宴。 [3]帐饮是支搭帐幕的饮宴。

33 景性残酷,于石头立大碓,有犯法者捣杀之。常戒诸将曰:"破栅平城,当净杀之,使天下知吾威名。"故诸将每战胜,专以焚掠为事,斩刈人如草芥,以资戏笑。由是百姓虽死终不附之。又禁人偶语,犯者刑及外族。为其将帅者悉称行台,来降附者悉称开府。其亲寄隆重者曰左右厢公,勇力兼人者曰库直都督[1]。

[1]库直是胡语,亲卫的意思,或作库真,直到唐初还有这种名称。

234

……………

34 初,景既克建康,常言吴儿怯弱,易以掩取。当须拓定中原,然后为帝。景尚帝女溧阳公主,嬖之,妨于政事,王伟屡谏景,景以告主,主有恶言。伟恐为所谮,因说景除帝。及景自巴陵败归,猛将多死,自恐不能久存,欲早登大位。王伟曰:"自古移鼎,必须废立,既示我威权,且绝彼民望。"景从之。使前寿光殿学士谢昊为诏书,以为弟侄争立,星辰失次,皆由朕非正绪[1],召乱致灾,宜禅位于豫章王栋[2]。使吕孚略赍入,逼帝书之。大宝二年(五五一)

[1] 简文帝是从前昭明太子的同母弟。昭明太子死后,立为太子,大家都认为这是错的,太子虽死,还有太孙当立。简文帝不让侄而争立,是不合古义的。所以现在侯景以此为理由,认为简文帝当废。
[2] 豫章王栋是昭明太子的长孙。

35 壬戌栋即帝位。……(十一月)己卯,加侯景九锡,汉国置丞相以下官[1]。己丑,豫章王栋禅位于景,景即皇帝位于南郊。还,登太极殿,其党数万,皆吹唇呼噪而上。大赦,改元太始。

[1] 侯景已经封了汉王。这些过节都是魏、晋以来篡位的老

一套。

36 景之作相也,以西州为府[1],文武无尊卑皆引接。及居禁中,非故旧不得见,由是诸将多怨望。景好独乘小马,弹射飞鸟,王伟每禁止之,不许轻出。景郁郁不乐,更成失志,曰:"吾无事为帝,与受摈不殊。"

[1]西州是各官署所在地。

············
37(三月)丁亥,王僧辩进军招提寺北,侯景帅众万余人,铁骑八百余匹陈于西州之西[1]。陈霸先曰:"我众贼寡,应分其兵势,以强制弱,何故聚其锋锐,令致死于我?"乃命诸将分处置兵。景冲将军王僧志陈,僧志小缩,霸先遣将军安陆徐度将弩手二千横截其后,景兵乃却。霸先与王琳、杜龛等以铁骑乘之,僧辩以大军继进,景兵败退,据其栅。龛,岸之兄子也。景仪同三司卢晖略守石头城,开北门降,僧辩入据之。景与霸先殊死战,景帅百余骑弃槊执刀,左右冲陈,陈不动,众遂大溃。诸军逐北至西明门。景至阙下,不敢入台,召王伟责之曰:"尔令我为帝,今日误我!"伟不能对,绕阙而藏。景欲走,伟执鞚谏曰:"自古岂有叛天子邪?宫中卫士犹足一战，弃此，将欲安之？"景曰："我昔败贺拔胜[2]，破葛荣[3]，扬名河朔，渡江平台城，降柳仲礼如反掌，今日天亡我也。"因仰观石阙，太息久之。以皮囊盛其江东所生二子挂之鞍后，与房世贵等百余骑东走，欲就谢答仁于吴。[4] 梁元帝承圣元年（五五二）

[1] 此时起兵讨侯景的南方军人以王僧辩及陈霸先为最有声势，奉湘东王绎即了帝位（后称元帝）。侯景也出兵向长江上游镇压，结果大败而回，这就是前一年的事。 [2] 败贺拔胜是侯景从前随高欢讨伐敌党的事，在五三四年。 [3] 破葛荣是侯景从前随尔朱荣讨伐敌党的事，在五二八年。 [4] 谢答仁是侯景派往苏、浙一带的将帅。

38 谢答仁讨刘神茂还，至富阳，闻侯景败走，帅万人欲北出候之，赵伯超据钱塘拒之。侯景进至嘉兴，闻伯超叛之，乃退据吴。己酉，侯瑱追及景于松江，景犹有船二百艘，众数千人，瑱进击，败之，擒彭隽、田迁、房世贵、蔡寿乐、王伯丑。瑱生剖隽腹，抽其肠，隽犹不死，手自收之，乃斩之。景与腹心数十人单舸走，推堕二子于水，将入海，瑱遣副将焦僧度追之。景纳羊侃之女为小妻，以其兄鹍为库直都督，待之甚厚；鹍随景东走，与景所亲王元礼、谢葳蕤密图之。葳蕤，答仁之弟也。景下海,欲向蒙山[1]。己卯,景昼寝;鹍语海师:"此中何处有蒙山,汝但听我处分。"遂直向京口。至胡豆洲,景觉,大惊,问岸上人,云"郭元建犹在广陵"。景大喜,将依之。鹍拔刀,叱海师向京口,因谓景曰:"吾等为王效力多矣,今至于此,终无所成,欲就乞头以取富贵。"景未及答,白刃交下。景欲投水,鹍以刀斫之。景走入船中,以佩刀抉船底,鹍以槊刺杀之。尚书右仆射索超世在别船,葳蕤以景命召而执之。南徐州刺史徐嗣徽斩超世,以盐纳景腹中,送其尸于建康。僧辩传首江陵,截其手,使谢葳蕤送于齐;暴景尸于市,士民争取食之,并骨皆尽;溧阳公主亦预食焉。

[1] 意思想由海道入山东。

隋文帝平陈

从汉末中央政权失去统治能力，形成地方割据开始，中间只有西晋太康以后，永嘉以前，三十年间，暂时得到统一。然而由于西、北各族的势力扩展，纷纷夺取政权，西晋的统治很快就瓦解，而演变成北方混乱，南方偏安的局面。此后南北对峙，桓温、苻坚、刘裕、拓跋焘都曾企图再度实现统一，都没有达到目的。直到隋文帝，才攻灭南方的陈而统一全国。

古来以北方攻南方的都把长江看作难于克服的天然障碍，除了晋武帝平吴得以成功之外，曹操、苻坚、拓跋焘都有过惨痛的经验，前车之鉴，是后人所不敢轻视的。即以晋武帝平吴之役而论，也是先从长江上游顺流而下，并不是直接渡江，攻取金陵。所以隋文帝的平陈，能不能一战而胜，事先也必有一番周密的考虑。因此，这一战役的记载值得详细一读。

我们看选文的第一节，就知道伐陈之谋是在几年前布置定的，先用狡诈的方法，陷陈人于疲弊，减弱其抵抗力。第二节特别指出崔仲方的献计,是准备上游下游两支大军,随机应变,还不敢断定陈国的应付方针怎样。第三节决定用兵了,先用大规模的宣传动摇江南的人心。第四节是详细的军事布置:杨素担任上游,杨俊担任中路,杨广担任下游。下游的军锋是直指金陵的,全军的重心在此。第五节载薛道衡的观察,预测必胜。第六节记杨素的进军,以水师为主力,而南北两岸都有步骑兵掩护齐进,所以进展顺利。第七节记陈国江防之空虚。第八、九、十、十一、十二各节记施文庆等人之蒙蔽,及陈后主之荒嬉。第十三至十七节记贺若弼乘元旦陈人无备,轻兵渡江,陈军不战而降。第十八至十九节记南北各路大军纷纷进逼。第二十至二十三节记诸将离心,萧摩诃被执,任忠投降。第二十四至二十六节记陈后主与张丽华投井不成,贺若弼与韩擒虎争功,及高颎斩张丽华各事。以下即记隋军凯旋的情况及陈后主投降后的生活。最后一节则说明平陈以后,隋的政治失修,江南人心仍不服帖,这就是二十年后东南再度限于混乱的张本。

1 隋主问取陈之策于高颎[1],对曰:"江北地寒,田收差晚;江南水田早熟。量彼收获之际,微征车马,声言掩袭,彼必屯兵守御,足得废其农时。彼既聚兵,我便解甲。再三若此,彼以为常;后更集兵,彼必不信。犹豫之顷,我乃济师;登陆而战,兵气益倍。又,江南土薄,舍多茅竹,所有储积,皆非地窖，密遣行人因风纵火，待彼修立，复更烧之。不出数年，自可财力俱尽[2]。"隋主用其策，陈人始困。

[1]高颎是隋文帝的亲信，久任隋廷的宰相。颎音炯。 [2]高颎的计策，是以虚声诱敌，使之疲于奔命，这是袭用伍子胥为吴败楚的故智。

2 于是杨素[1]、贺若弼[2]及光州[3]刺史高劢[4]、虢州[5]刺史崔仲方等争献平江南之策。仲方上书曰："今唯须武昌以下，蕲、和、滁、方、吴、海等州[6]，更帖精兵[7]，密营度计；益、信、襄、荆、基、郢等州速造舟楫[8]，多张形势，为水战之具。蜀、汉二江是其上流，水路冲要，必争之所。贼虽流头、荆门、延洲、公安、巴陵、隐矶、夏首、蕲口、盆城置船[9]，然终聚汉口、峡口[10]，以水战大决。若贼必以上流有军，令精兵赴援者，下流诸将即须择便横渡；如拥众自卫，上江诸军鼓行以前[11]。彼虽恃九江、五湖之险，非德无以为固；徒有三吴、百越之兵，非恩不能自立矣。"以上陈长城公祯明元年（五八七）

[1]杨素首先献取陈之策，平陈以后，大被宠任，屡掌征伐，贵盛无比。 [2]贺若是胡姓。 [3]光州在今河南省潢川县。 [4]劢音迈。 [5]虢州在今河南省灵宝县。 [6]蕲、和、滁、海等州

都与今地相当,方州是今六合,吴州是今扬州。 [7]帖是增添的意思。 [8]信州是后来的夔州,襄、荆、基、郢四州都在今湖北省的长江北岸。 [9]流头以下都是今洞庭湖、鄱阳湖与长江沿岸地方。 [10]峡口即西陵峡口,在今宜昌附近。 [11]这一段话的意思是:一面在下游增兵,作渡江的准备,一面在上游造船作东下的形势。陈国若移精兵向上游,隋军即在下游乘虚渡江,若拥兵不动,隋军即从上游直冲而下。

3 (三月)戊寅,隋主下诏曰:"陈叔宝据手掌之地[1],恣溪壑之欲[2],劫夺闾阎,资产俱竭,驱逼内外,劳役弗已;穷奢极侈,俾昼作夜;斩直言之客[3],灭无罪之家;欺天造恶,祭鬼求恩;盛粉黛而执干戈,曳罗绮而呼警跸[4];自古昏乱,罕或能比。君子潜逃,小人得志。天灾地孽,物怪人妖。衣冠钳口,道路以目[5]。重以背德违言,摇荡疆埸[6];昼伏夜游,鼠窃狗盗[7]。天之所覆,无非朕臣,每关听览,有怀伤恻。可出师授律[8],应机诛殄;在斯一举,永清吴、越。"又送玺书暴帝二十恶;仍散写诏书三十万纸,遍谕江外[9]。 祯明二年(五八八)

[1]陈叔宝是陈后主之名。 [2]意思是:地方虽小而贪欲无穷。 [3]斩直言之客是指陈叔宝杀傅縡事。事在此前三年。 [4]这

两句是指陈叔宝宠幸张丽华等,与狎客饮宴之事。[5]这两句是说众心愤怨,敢怒而不敢言。[6]埸音亦。[7]这四句是说侵犯隋的边境。[8]出师授律语出《周易·师卦》。[9]此时还没有印刷术,所以宣传品须用手写。

4 (十月)甲子,隋以出师,有事于太庙[1],命晋王广、秦王俊[2]、清河公杨素皆为行军元帅。广出六合,俊出襄阳,素出永安[3],荆州刺史刘仁恩出江陵,蕲州刺史王世积出蕲春,庐州总管韩擒虎出庐江,吴州总管贺若弼出广陵,青州总管弘农燕荣出东海[4],凡总管九十[5],兵五十一万八千,皆受晋王节度。东接沧海,西拒巴、蜀,旌旗舟楫,横亘数千里。以左仆射高颎为晋王元帅长史,右仆射王韶为司马[6],军中事皆取决焉;区处支度,无所凝滞。

[1]依古礼,出兵先告庙。[2]二王都是隋文帝的儿子。[3]永安在今四川省奉节县。[4]蕲春、庐江、东海都还是现在的地名。[5]周、隋的制度,行车将帅称总管,即以前之都督。[6]元帅府例有长史及司马,分掌军事,长史相当于副元帅,现在以宰相两人分任晋王的长史、司马,意思即以晋王为最高统帅,也就是三军中之中军。

5 隋军临江,高颎谓行台郎中薛道衡曰[1]:"今兹大举,江东必可克乎?"道衡曰:"克之。尝闻郭璞有言[2]:'江东分王三百年,复与中国合。'今此数将周,一也[3]。主上恭俭勤劳,叔宝荒淫骄侈,二也。国之安危在所委任,彼以江总为相,唯事诗酒;拔小人施文庆[4],委以政事;萧摩诃、任蛮奴为大将,皆一夫之用耳,三也。我有道而大,彼无德而小,量其甲士不过十万,西自巫峡,东至沧海,分之则势悬而力弱,聚之则守此而失彼,四也。席卷之势,事在不疑。"颎欣然曰:"得君言成败之理,令人豁然。本以才学相期,不意筹略乃尔!"

[1]行台是魏、晋以来的名称,相当于大行政区的政务机关。
[2]晋代的郭璞以善占卜有名。 [3]按晋元帝南渡,即位于建康,至此共二百七十二年。郭璞这句预言,已经传遍人口。 [4]江总是名义上的宰相,专会作艳体诗,施文庆出身微贱,却握有用人理财之权,得后主亲信。

6 杨素引舟师下三峡,军至流头滩[1]。将军戚昕以青龙[2]百余艘守狼尾滩[3],地势险峭,隋人患之。素曰:"胜负大计在此一举。若昼日下船,彼见我虚实,滩流迅激,制不由人,则吾失其便;不如以夜掩之。"素亲帅黄龙数千艘[4],衔枚而下,遣开府仪同三司[5]王长袭引步卒自南岸击昕别栅[6],大将军刘仁恩帅甲骑自北岸趣白沙，迟明而至，击之；昕败走，悉俘其众，劳而遣之，秋毫不犯。素帅水军东下，舟舻被江，旌甲曜日。素坐平乘大船[7]，容貌雄伟，陈人望之皆惧，曰："清河公即江神也[8]！"

[1]《水经注》云："江水过夷陵而东，至流头滩，其水峻急奔暴。"夷陵即今宜昌。 [2]青龙是一种战舰之名。 [3]狼尾滩在今湖北省宜都县。 [4]黄龙是杨素所造的大战舰，载兵百人。数千恐当作数十。 [5]开府仪同三司为魏、晋以来次于三公的官号。 [6]栅即营垒。 [7]平乘是一种大船之名。 [8]清河公是杨素的封爵。

7 江滨镇戍闻隋军将至，相继奏闻，施文庆、沈客卿并抑而不言。初，上[1]以萧岩、萧瓛，梁之宗室，拥众来奔，心忌之。故远散其众，以岩为东扬州刺史[2]，瓛为吴州刺史；使领军[3]任忠出守吴兴郡[4]，以襟带二州。使南平王嶷镇江州[5]，永嘉王彦镇南徐州[6]。寻召二王赴明年元会[7]，命缘江诸防船舰悉从二王还都，为威势以示梁人之来者[8]。由是江中无一斗船。上流诸州兵皆阻杨素军，不得至。

[1]《通鉴》在南北朝时代的纪事，都以南朝为主，分为《宋纪》《齐纪》《梁纪》《陈纪》。此时还在《陈纪》中，所以称陈后主为"上"，

陈亡，即入隋，称隋文帝为"上"矣。又《通鉴》称当时的君主为"上"为"帝"，亦不一律。［2］东扬州是陈所置，即会稽郡，统浙东地区。［3］六朝时代的领军是有实权的高级军职。［4］即今浙江省吴兴一带。［5］江州管今九江一带。［6］南徐州管今镇江一带。［7］元会是元旦的朝贺典礼。［8］这段话的意思是：后梁为隋所灭，萧岩、萧瓛率众来奔，陈后主既不能不接纳，又不敢放心。于是将他们分别安插在今浙东及苏北区域，派任忠驻守吴兴，两面监视，再用自己亲族南平、永嘉二王分镇要地，又把沿江水师调回金陵，示威给梁人看，预防他们的野心。种种布置，对内周密之极，可是对外全然疏忽了。

8 湘州刺史晋熙王叔文在职既久[1]，大得人和，上以其据有上流，阴忌之；自度素与群臣少恩，恐不为用，无可任者，乃擢施文庆为都督、湘州刺史，配以精兵二千，欲令西上，仍征叔文还朝。文庆深喜其事，然惧出外之后，执事者持己短长[2]，因进其党沈客卿以自代。

［1］湘州即今湖南省中部。［2］持己短长是说被人抓住自己的错处。

9 未发间，二人共掌机密。护军将军樊毅言于仆射袁宪曰：

"京口[1]、采石[2]俱是要地,各须锐兵五千,并出金翅二百[3],缘江上下以为防备。"宪及骠骑将军萧摩诃皆以为然。乃与文武群臣共议,请如毅策。施文庆恐无兵从己,废其述职[4],而客卿又利文庆之任,己得专权,俱言于朝:"必有论议,不假面陈;但作文启,即为通奏[5]。"宪等以为然,二人赍启入,白帝曰:"此是常事,边城将帅足以当之。若出人船,必恐惊扰。"

[1]京口即镇江。 [2]采石即采石矶。 [3]金翅是一种船名。 [4]述职古时是诸侯朝于天子的意思。此处都指出守藩方而言。 [5]意思说:朝臣若要有所陈说,不必面见主上,只须书面陈奏,一定代为转达。这是两人预为蒙蔽地步。

10 及隋军临江,间谍骤至,宪等殷勤奏请,至于再三。文庆曰:"元会将逼,南郊之日[1],太子多从[2];今若出兵,事便废阙。"帝曰:"今且出兵。若北边无事,因以水军从郊,何为不可?"又曰:"如此,则声闻邻境,便谓国弱。"后以货动江总[3],总内为之游说,帝重违其意,而迫群官之请,乃令付外详议。总又抑宪等,由是议久不决。

[1]陈承梁制,以正月上辛之日祀天地于南北二郊。 [2]太子多从四字与上下文义不相应,恐有脱误。 [3]用财物贿赂江总。

11 帝从容谓侍臣曰:"王气在此。齐兵三来[1],周师再来[2],无不摧败,彼何为者邪!"都官尚书孔范曰[3]:"长江天堑,古以为限隔南北,今日虏军岂能飞渡邪?边将欲作功劳,妄言事急。臣每患官卑,虏若渡江,臣定作太尉公矣[4]。"或妄言北军马死,范曰:"此是我马,何为而死?"帝笑以为然,故不为深备,奏伎、纵酒、赋诗不辍。同上

[1]齐兵三来:指梁绍泰元年(五五五)徐嗣徽、任约以齐师袭建康,据石头。太平元年(五五六),复袭破采石,与齐萧轨同逼建康。天嘉元年(五六〇),齐将刘伯球下芜湖,皆败。 [2]周师再来,指天嘉元年独孤盛、贺若敦入湘川,临海王光大元年(五六七),宇文直、元定助华皎,皆败。 [3]都官尚书是管刑狱的尚书。 [4]自晋、宋以来,习惯上称三公为太尉公、司徒公、司空公。

12 开皇九年,春正月乙丑朔,陈主朝会群臣,大雾四塞,入人鼻,皆辛酸。陈主昏睡,至晡时乃寤。是日,贺若弼自广陵引兵济江。 隋文帝开皇九年(五八九)

13 先是,弼以老马多买陈船而匿之,买弊船五六十艘置于渎内。陈人觇之,以为内国无船[1]。弼又请缘江防人每交代之际,必集广陵,于是大列旗帜,营幕蔽野。陈人以为隋

兵大至，急发兵为备，既知防人交代，其众复散；后以为常，不复设备。又使兵沿江时猎，人马喧噪。故弼之济江，陈人不觉。韩擒虎将五百人自横江宵济采石[2]，守者皆醉，遂克之。晋王广帅大军屯六合镇桃叶山。

[1]内国即中国，中国即中原，隋避杨忠的嫌名，不用中字，都改为内。 [2]横江即横江浦，在今安徽省含山县境。

14 丙寅，采石戍主徐子建驰启告变；丁卯，召公卿入议军旅。戊辰，陈主下诏曰："犬羊陵纵，侵窃郊畿，蜂虿有毒，宜时扫定。朕当亲御六师，廓清八表，内外并可戒严[1]。"以骠骑将军萧摩诃、护军将军樊毅、中领军鲁广达并为都督；司空司马消难、湘州刺史施文庆并为大监军；遣南豫州刺史樊猛帅舟师出白下[2]，散骑常侍皋文奏将兵镇南豫州[3]。重立赏格，僧、尼、道士，尽令执役。

[1]《通鉴》载这句诏文，证明陈之君臣到此地步并不知危险，还说大话。 [2]白下在今南京。 [3]南豫州管今安徽省宣城县一带。

15 庚午，贺若弼攻拔京口，执南徐州刺史黄恪。弼军令严肃，秋毫不犯；有军士于民间酤酒者，弼立斩之。所俘获六千余人，弼皆释之，给粮劳遣，付以敕书，令分道宣谕。于是所至风靡。

16 樊猛在建康，其子巡摄行南豫州事。辛未，韩擒虎进攻姑孰[1]，半日拔之，执巡及其家口。皋文奏败还。江南父老素闻擒虎威信，来谒军门者昼夜不绝。

[1] 姑孰在今安徽省当涂县境。

17 鲁广达之子世真在新蔡[1]，与其弟世雄及所部降于擒虎，遣使致书招广达。广达时屯建康，自劾诣廷尉请罪，陈主慰劳之，加赐黄金，遣还营。樊猛与左卫将军蒋元逊将青龙八十艘于白下游弈，以御六合兵；陈主以猛妻子在隋军，惧有异志，欲使镇东大将军任忠代之；令萧摩诃徐谕猛，猛不悦，陈主重伤其意而止。

[1] 新蔡在今湖北省黄梅县境，鲁广达世代在此，为一方之主。

18 于是贺若弼自北道，韩擒虎自南道并进，缘江诸戍，望风尽走；弼分兵断曲阿之冲而入[1]。陈主命司徒豫章王叔英屯朝堂，萧摩诃屯乐游苑，樊毅屯耆阇寺，鲁广达屯白土冈，忠武将军孔范屯宝田寺。己卯，任忠自吴兴入赴，仍屯朱雀门。[2]

［1］曲阿在今江苏省武进、丹阳二县之间。 ［2］乐游苑、耆阇寺、白土冈、宝田寺、朱雀门，都是建康城内外地名。

19 辛未，贺若弼进驻钟山，顿白土冈之东。晋王广遣总管杜彦与韩擒虎合军，步骑二万屯于新林[1]。蕲州总管王世积以舟师出九江，破陈将纪瑱于蕲口[2]，陈人大骇，降者相继。晋王广上状，帝大悦，宴赐群臣。

［1］新林即新林浦，西通白鹭洲，在南京。 ［2］蕲口是蕲水入江之口。

20 时建康甲士尚十余万人，陈主素怯懦，不达军事，唯日夜啼泣；台内处分一以委施文庆[1]。文庆既知诸将疾己，恐其有功，乃奏曰："此辈怏怏，素不伏官[2]，迫此事机，那可专信？"由是，诸将凡有启请，率皆不行。

［1］台内处分指政府一切命令。 ［2］南朝习惯称皇帝为官。

21 贺若弼之攻京口也，萧摩诃请将兵逆战，陈主不许。及弼至钟山，摩诃又曰："弼悬军深入，垒堑未坚，出兵掩袭，可以必克。"又不许。陈主召摩诃、任忠于内殿议军事，忠曰："兵法，客贵速战，主贵持重。今国家足兵足食，宜固守台城[1]，缘淮立栅，北军虽来，勿与交战；分兵断江路，无令彼信得通。给臣精兵一万，金翅三百艘，下江径掩六合；彼大军必谓其渡江将士已被俘获，自然挫气。淮南土人与臣旧相知悉，今闻臣往，必皆景从。臣复扬声欲往徐州断彼归路，则诸军不击自去。待春水既涨，上江周罗睺等众军必沿流赴援。此良策也。"陈主不能从。明日，欻然曰[2]："兵久不决，令人腹烦，可呼萧郎一出击之[3]。"任忠叩头苦请勿战。孔范又奏："请作一决，当为官勒石燕然[4]。"陈主从之，谓摩诃曰："公可为我一决！"摩诃曰："从来行陈，为国为身；今日之事，兼为妻子。"陈主多出金帛赋诸军以充赏。甲申，使鲁广达陈于白土冈，居诸军之南，任忠次之，樊毅、孔范又次之，萧摩诃最在北。诸军南北亘二十里，首尾进退不相知。

[1]南朝人称中央政府为台，台城即中央政府所在之内城，以别于石头城。 [2]欻然即忽然之意，欻音需。 [3]萧摩诃与后主为亲戚，故呼为萧郎。 [4]勒石燕然是班固的故事，意思说：北伐得胜，刻石纪功。

22 贺若弼将轻骑登山,望见众军,因驰下,与所部七总管杨牙、员明等甲士凡八千,勒陈以待之。陈主通于萧摩诃之妻,故摩诃初无战意;唯鲁广达以其徒力战,与弼相当。隋师退走者数四,弼麾下死者二百七十三人,弼纵烟以自隐,窘而复振。陈兵得人头,皆走献陈主求赏,弼知其骄惰,更引兵趣孔范,范兵暂交即走;陈诸军顾之,骑卒乱溃,不可复止,死者五千人。员明擒萧摩诃送于弼,弼命牵斩之;摩诃颜色自若,弼乃释而礼之。

23 任忠驰入台,见陈主言败状,曰:"官好住[1],臣无所用力矣!"陈主与之金两縢[2],使募人出战。忠曰:"陛下唯当具舟楫,就上流众军,臣以死奉卫。"陈主信之,敕忠出部分,令宫人装束以待之,怪其久不至;时韩擒虎自新林进军,忠已帅数骑迎降于石子冈。领军蔡征守朱雀航,闻擒虎将至,众惧而溃。忠引擒虎军直入朱雀门,陈人欲战,忠挥之曰:"老夫尚降,诸军何事!"众皆散走。于是城内文武百司皆遁,唯尚书仆射袁宪在殿中,尚书令江总等数人居省中。陈主谓袁宪曰:"我从来接遇卿不胜余人,今日但以追愧[3]。非唯朕无德,亦是江东衣冠道尽。"

[1]好住是当时俗语,意即好自珍重。 [2]两縢是两捆。

[3]意思说：一向没有重视你，今天回想，不胜惭愧。

24 陈主遑遽，将避匿，宪正色曰："北兵之人，必无所犯。大事如此，陛下去将安之！臣愿陛下正衣冠，御正殿，依梁武帝见侯景故事[1]。"陈主不从，下榻驰去，曰："锋刃之下，未可交当，吾自有计。"从宫人十余出后堂景阳殿，将自投于井，宪苦谏不从；后阁舍人夏侯公韵以身蔽井[2]，陈主与争，久之，乃得入。既而军人窥井，呼之，不应，欲下石，乃闻叫声；以绳引之，惊其太重，及出，乃与张贵妃、孔贵嫔同束而上。沈后居处如常。太子深年十五，闭阁而坐，舍人孔伯鱼侍侧，军士叩阁而入，深安坐，劳之曰："戎旅在途，不至劳也！"军士咸致敬焉。时陈人宗室王侯在建康者百余人，陈主恐其为变，皆召入，令屯朝堂，使豫章王叔英总督之，又阴为之备；及台城失守，相帅出降。

[1]梁武帝太清三年（五四九），侯景叛，陷建康，入宫，武帝犹御殿见之，侯景畏惧流汗而出。[2]后阁舍人是宫内的事务官。

25 贺若弼乘胜至乐游苑，鲁广达犹督余兵苦战不息，所杀获数百人；会日暮，乃解甲，面台再拜恸哭，谓众曰："我身不能救国，负罪深矣！"士卒皆流涕歔欷，遂就擒。诸门卫皆走，弼夜烧北掖门入，闻韩擒虎已得陈叔宝，呼视之；叔宝惶惧，流汗股栗，向弼再拜。弼谓之曰："小国之君当大国之卿[1]，拜乃礼也。入朝不失作归命侯[2]，无劳恐惧。"既而耻功在韩擒虎后，与擒虎相诟[3]，挺刃而出，欲令蔡征为叔宝作降笺，命乘骡车归己，事不果。弼置叔宝于德教殿，以兵卫守。

［1］这是《左传》上的话，贺若弼自以为是大国之卿，应当与小国之君地位相等，可以受他一拜。［2］吴后主孙皓降晋，封归命侯，正是陈后主的前例。［3］诟音购，骂也。

26 高颎先入建康，颎子德弘为晋王广记室，广使德弘驰诣颎所，令留张丽华。颎曰："昔太公蒙面以斩妲己[1]，今岂可留丽华？"乃斩之于青溪。德弘还报，广变色曰："昔人云：'无德不报'[2]，我必有以报高公矣[3]。"由是恨颎。

［1］这是古代的传说，周师讨伐，捕到妲己，太公因为她太美貌动人，于是蒙面而斩之。［2］无德不报是《诗经》上的话。［3］后来高颎毕竟为隋炀帝（即晋王）所杀。

…………

27 于是陈国皆平，得州三十，郡一百，县四百，诏建康城邑宫室并平荡耕垦，更于石头置蒋州[1]。

[1]钟山有蒋子文庙，所以一名蒋山，现在取此为州名。

28 晋王广班师，留王韶镇石头城[1]，委以后事。三月己巳，陈叔宝与其王公百司发建康，诣长安；大小在路，五百里累累不绝。帝命权分长安士民宅以俟之；内外修整，遣使迎劳，陈人至者如归。夏四月辛亥，帝幸骊山[2]，亲劳旋师。乙巳，诸军凯入，献俘于太庙，陈叔宝及诸王侯将相并乘舆服御、天文图籍等以次行列，仍以铁骑围之，从晋王广、秦王俊入，列于殿庭。拜广为太尉，赐辂车、乘马、衮冕之服、玄圭、白璧。丙辰，帝坐广阳门观，引陈叔宝于前，及太子、诸王二十八人，司空司马消难以下至尚书郎凡二百余人，帝使纳言宣诏劳之[3]；次使内史令宣诏[4]，责以君臣不能相辅，乃至灭亡。叔宝及其群臣并愧惧伏地，屏息不能对。既而宥之[5]。

[1]石头城在石头山后，建康城邑毁后，以此为蒋州治所。[2]骊山在今陕西省临潼县。[3]纳言即侍中。[4]内史令即中书令。[5]陈后主入隋后，至仁寿四年（六〇四）死，年五十二。

29 帝给赐陈叔宝甚厚，数得引见，班同三品；每预宴，恐致伤心，为不奏吴音。后监守者奏言："叔宝云，'既无秩位，每预朝集，愿得一官号。'"帝曰："叔宝全无心肝！"监者又言："叔宝常醉，罕有醒时。"帝问："饮酒几何？"对曰："与其子弟日饮一石。"帝大惊，使节其酒，既而曰："任其性；不尔，何以过日！"帝以陈氏子弟既多，恐其在京城为非，乃分置边州，给田业使为生，岁时赐衣服以安全之。 以上均开皇九年

············

30 江表自东晋已来，刑法疏缓，世族陵驾寒门；平陈之后，牧民者尽更变之[1]。苏威复作《五教》[2]，使民无长幼悉诵之，士民嗟怨。民间复讹言隋欲徙之入关，远近惊骇。于是婺州汪文进、越州高智慧、苏州沈玄憹皆举兵反，自称天子，署置百官。乐安蔡道人[3]、蒋山李棱、饶州吴世华、温州沈孝彻、泉州王国庆、杭州杨宝英、交州李春等皆自称大都督，攻陷州县。陈之故境，大抵皆反。大者有众数万，小者数千，共相影响。执县令，或抽其肠，或脔其肉食之，曰："更能使侬诵《五教》邪！"诏以杨素为行军总管以讨之。 开皇十年（五九〇）

[1]这是说：江南重视门弟的观念还未改变。 [2]苏威是后周度支尚书苏绰之子，平陈后为尚书右仆射。隋亡，到唐初方死。
[3]婺州是今浙江金华，越州是绍兴，乐安在浙江临海县境。

天宝长安之乱

唐代天宝之乱是阶级矛盾、种族矛盾与统治者内部的矛盾必然的结果。当时统治者生活腐化，尽情榨取农民，以供其享受，在有名的陈鸿《长恨传》中已经扼要地说明，可以见一斑了。加以军备弛懈，军权落在"蕃将"手中，贪庸的官僚又从中各为私人利益打算。从安禄山开始变乱，一直演进到唐王朝的崩溃，引起沙陀、契丹的内侵，形成极度的混乱。天宝十四年（七五五）的变乱是一个重要关键。

《通鉴》融合了丰富的史料写成这一段文章，以杨国忠一人为中心，最得叙事之法。现在所选的第一节记安禄山的野心为杨国忠窥破，而玄宗被左右蒙蔽。第二节记杨国忠激成安禄山的起兵决心。第三节记安禄山大举出兵。第四节记唐廷仓皇失措。第五节记封常清大言轻敌。第六节记河北各郡不能抵抗。第七节再派高仙芝出征。第八节记安军渡河。第九节记颜真卿密谋抗安。第十节记洛阳之陷落。第十一节记陕郡之陷落。第十二节记封常清、高仙芝被宦官陷害，改派哥舒翰为统帅。第十三节记安禄山在洛阳称帝。第十四节记哥舒翰被杨国忠逼迫出战，以致潼关不守，全军覆没。第十五、十六节记长安震动，杨国忠倡迁蜀之谋，玄宗仓促出奔，官吏溃散，道途困顿。第十七节记随行兵士激于义愤，杀死杨国忠、杨贵妃及杨氏一家。

1 二月辛亥，安禄山使副将何千年入奏，请以蕃将三十二人代汉将[1]。上命立进画[2]，给告身[3]。韦见素谓杨国忠曰[4]："禄山久有异志，今又有此请，其反明矣。明日见素当极言；上未允，公其继之。"国忠许诺。壬子，国忠、见素入见，上迎谓曰："卿等有疑禄山之意邪？"见素因极言禄山反已有迹，所请不可许。上不悦。国忠逡巡不敢言，上竟从禄山之请。他日，国忠、见素言于上曰："臣有策可坐消禄山之谋：今若除禄山平章事[5]，召诣阙，以贾循为范阳节度使，吕知诲为平卢节度使，杨光翙为河东节度使[6]，则势自分矣。"上从之。已草制，上留不发。更遣中使辅璆琳[7]以珍果赐禄山，潜察其变。璆琳受禄山厚赂，还，盛言禄山竭忠奉国，无有二心。上谓国忠等曰："禄山朕推心待之，必无异志；东北二虏藉其镇遏[8]。朕自保之，卿等勿忧也。"事遂寝。循，华原人也，时为节度副使。唐玄宗天宝十四载（七五五）

[1]外族领兵的称为蕃将,自唐初以来,自宫禁卫戍以至边疆镇守都有蕃将在内。 [2]进画是由中书拟旨,请皇帝画行。 [3]告身是任命状。 [4]韦见素与杨国忠此时分任左右相。 [5]平章事是唐代宰相之称。 [6]范阳为今北京附近的军区,平卢为东北军区,河东为今山西省的军区,本是安禄山一人兼领的,现在打算分配给三人。其实这三人都是三镇的节度副使。 [7]璆音求。 [8]东北二虏指契丹及奚,范阳节度使正是控制这两族的。

2 ……杨国忠日夜求安禄山反状,使京兆尹围其第[1],捕禄山客李超等送御史台狱[2],潜杀之。禄山子庆宗尚宗女荣义郡主,供奉在京师,密报禄山,禄山愈惧。六月,上以其子成婚,手诏禄山观礼,禄山辞疾不至。秋七月,禄山表献马三千匹,每匹执鞚夫二人,遣蕃将二十二人部送。河南尹达奚珣疑有变[3],奏请谕禄山以进车马宜俟至冬,官自给夫,无烦本军。于是上稍寤,始有疑禄山之意。会辅璆琳受赂事亦泄,上托以他事扑杀之。上遣中使冯神威赍手诏谕禄山,如珣策。且曰:"朕为卿新作一汤[4],十月于华清宫待卿。"神威至范阳宣旨,禄山踞床微起[5],亦不拜,曰:"圣人安隐[6]?"又曰:"马不献亦可。十月灼然诣京师[7]。"即令左右引神威置馆舍,不复见;数日遣还,亦无表。神威还见上,泣曰:"臣几不得见大家[8]。"

〔1〕安禄山曾经入朝,玄宗为之筑第。所以京城里有他的私邸,等于他的驻京办事处。〔2〕唐代御史有审判权,所以御史台也有监狱。〔3〕达奚是胡姓。〔4〕汤是骊山的温泉,自皇帝以至各贵家都各有专用的浴池,就名为汤。〔5〕古时的床就是坐榻。

〔6〕圣人是唐代对皇帝的尊称,安隐即安稳。〔7〕灼然是一定的意思。〔8〕大家是唐代宦官宫妾对皇帝之称。

3 安禄山专制三道,阴蓄异志,殆将十年,以上待之厚,欲俟上晏驾[1],然后作乱。会杨国忠与禄山不相悦,屡言禄山且反,上不听;国忠数以事激之,欲其速反,以取信于上。禄山由是决意遽反。独与孔目官太仆丞严庄、掌书记屯田员外郎高尚[2]、将军阿史那承庆密谋[3];自余将佐皆莫之知,但怪其自八月以来屡飨士卒、秣马厉兵而已[4]。会有奏事官自京师还,禄山诈为敕书,悉召诸将示之,曰:"有密旨,令禄山将兵入朝,讨杨国忠,诸君宜即从军。"众愕然相顾,莫敢异言。十一月甲子,禄山发所部兵及同罗、奚、契丹、室韦[5]凡十五万众,号二十万,反于范阳。命范阳节度副使贾循守范阳,平卢节度副使吕知诲守平卢,别将高秀岩守大同[6]。诸将皆引兵夜发。诘朝,禄山出蓟城南[7],大阅誓众,以讨杨国忠为名,榜军中曰[8]:"有异议扇动军人者,斩及三族!"

于是引兵而南。禄山乘铁舆,步骑精锐,烟尘千里,鼓噪震地。时海内久承平,百姓累世不识兵革,猝闻范阳兵起,远近震骇。河北皆禄山统内,所过州县望风瓦解;守令或开门出迎,或弃城窜匿,或为所擒戮,无敢拒之者。

[1]皇帝身故,称为晏驾。[2]孔目官相当于总务长,掌书记相当于秘书长,都是唐代藩镇幕府的要职,至于太仆丞及屯田员外郎则是此二人所带之京衔,并不是实官。[3]阿史那是突厥姓。[4]秣马厉兵语出《左传》,意思是喂饱马匹,磨快兵器。[5]同罗以下都是东胡种族之名。[6]大同即今山西大同。[7]蓟是幽州治所。[8]榜是布告。

4 禄山先遣将军何千年、高邈将奚骑二十,声言献射生手[1],乘驿诣太原。乙丑,北京副留守杨光翙出迎[2],因劫之以去。太原具言其状,东受降城亦奏禄山反[3]。上犹以为恶禄山者诈为之,未之信也。庚午,上闻禄山定反[4],乃召宰相谋之。杨国忠扬扬有得色,曰:"今反者独禄山耳,将士皆不欲也。不过旬日,必传首诣行在。"上以为然,大臣相顾失色。上遣特进[5]毕思琛诣东京[6],金吾将军[7]程千里诣河东[8],各简募数万人,随便团结以拒之[9]。

[1]射生手是善射的武士。 [2]唐代的北京即今太原。唐高祖起兵于此,所以建为北京。 [3]唐代沿河套有中、东、西三受降城。 [4]定是确实的意思。 [5]特进是二品散官。 [6]唐以洛阳为东京。 [7]金吾将军是禁卫军官。 [8]河东是现在的山西地区。 [9]随便是随其所宜的意思。

5 辛未,安西节度使封常清入朝[1],上问以讨贼方略,常清大言曰:"今太平积久,故人望风惮贼。然事有逆顺,势有奇变[2]。臣请走马诣东京,开府库,募骁勇,挑马箠渡河[3],计日取逆胡之首献阙下!"上悦。壬申,以常清为范阳、平卢节度使。常清即日乘驿诣东京募兵,旬日得六万人,乃断河阳桥为守御之备[4]。

[1]安西节度使节制西域诸国。 [2]势有奇变当作势有奇正,或势有正变,方与逆顺相对。 [3]马箠是马鞭。 [4]河阳桥在今河南省孟县。

6 甲戌,禄山至博陵南[1],何千年等执杨光翙见禄山,责光翙以附杨国忠,斩之以徇。禄山使其将安忠志将精兵军土门[2],忠志奚人,禄山养为假子。又以张献诚摄博陵太守,献诚,守珪之子也。禄山至藁城[3],常山太守颜杲卿力不能拒[4]，与长史袁履谦往迎之。禄山辄赐杲卿金紫[5]，质其子弟，使仍守常山；又使其将李钦凑将兵数千人守井陉口[6]，以备西来诸军。杲卿归，途中指其衣谓履谦曰："何为著此？"履谦悟其意，乃阴与杲卿谋起兵讨禄山。杲卿，思鲁之玄孙也[7]。

[1]博陵是郡名，今河北省保定附近。 [2]土门在今河北、山西交界处。驻军土门，是扼燕、晋的门户。 [3]藁城是今河北省属县。 [4]常山郡是今河北省正定一带。 [5]唐制三品以上官服紫衣，佩金鱼袋，太守官不到三品，则绯衣、银鱼袋。 [6]井陉口今为娘子关。 [7]颜思鲁是著《颜氏家训》的颜之推之子，著《汉书注》的颜师古之父。

7 丙子，上还宫。斩太仆卿安庆宗，赐荣义郡主自尽。以朔方节度使安思顺为户部尚书[1]，思顺弟元贞为太仆卿[2]，以朔方右厢兵马使[3]九原太守郭子仪为朔方节度使[4]，右羽林大将军[5]王承业为太原尹。置河南节度使[6]，领陈留等十三郡，以卫尉卿猗氏张介然为之[7]。以程千里为潞州长史[8]。诸郡当贼冲者，始置防御使[9]。丁丑，以荣王琬为元帅，右金吾大将军高仙芝副之[10]，统诸军东征。出内府钱帛，于京师募兵十一万，号曰天武军。旬日而集，皆市井子弟也。十二月丙戌，高仙芝将飞骑、彍骑及新募兵[11]、边兵在京师者，合五万人发长安,上遣宦者监门将军边令诚监其军[12],屯于陕。

　　[1]朔方节度使管辖河套地区。 [2]安思顺等是安禄山的义兄弟,不同谋,但也不放心,所以把他们安置在京官之中。 [3]右厢即右翼,左右厢是唐、宋军队中之名称。 [4]九原在今内蒙古自治区。[5]右羽林卫为唐十六卫之一。 [6]唐代的节度使本都设在沿边,现在因为用兵,所以河南虽是内地,也设置起来了。 [7]猗氏在今山西省临晋县境。 [8]潞州治所在今山西省长治县。 [9]防御使只领本郡,不兼辖别郡,因此在节度使以下。 [10]唐制亲王作元帅仅居其名,副元帅是实际上的统帅。 [11]飞骑、彍骑都是在首都的宿卫兵。[12]唐宦官多带将军官号。

　　8 丁亥,安禄山自灵昌渡河[1],以缒约败船及草木[2],横绝河流,一夕,冰合如浮梁,遂陷灵昌郡。禄山步骑散漫,人莫知其数,所过残灭。张介然至陈留才数日,禄山至,授兵乘城,众恟惧不能守。庚寅,太守郭纳以城降,禄山入北郭,闻安庆宗死,恸哭曰:"我何罪而杀我子!"时陈留将士降者夹道,近万人,禄山皆杀之以快其忿。斩张介然于军门,以其将李庭望为节度使,守陈留。

　　[1]灵昌郡即滑州,今河南省滑县,旧黄河所经。 [2]缒音

耕，是粗大的绳索。

....

9 初，平原太守颜真卿知禄山且反[1]，因霖雨，完城浚濠，料丁壮，实仓廪。禄山以其书生，易之。及禄山反，牒真卿以平原、博平兵七千人防河津[2]，真卿遣平原司兵李平间道奏之[3]。上始闻禄山反，河北郡县皆风靡，叹曰："二十四郡曾无一人义士邪？"及平至，大喜曰："朕不识颜真卿作何状，乃能如是！"真卿遣亲客密怀购贼牒诣诸郡[4]，由是诸郡多应者。真卿，杲卿之从弟也。

[1]平原郡即今山东省德县一带。 [2]博平郡即博州，今山东省聊城县一带。 [3]司兵参军是州郡的幕僚官。 [4]购贼牒是悬赏的榜文。

10 安禄山引兵向荥阳，太守崔无诐拒之；士卒乘城者，闻鼓角声，自坠如雨。癸巳，禄山陷荥阳，杀无诐，以其将武令珣守之。禄山声势益张，以其将田承嗣、安忠志、张孝忠为前锋[1]。封常清所募兵皆白徒，未更训练，屯武牢以拒贼[2]，贼以铁骑蹂之，官军大败。常清收余众战于葵园[3]，又败；战上东门内[4]，又败。丁酉，禄山陷东京。贼鼓噪自四门入，纵兵杀掠。常清战于都亭驿，又败；退守宣仁门[5]，又败；乃自苑西坏墙西走。河南尹达奚珣降于禄山。留守李憕谓御史中丞卢奕曰："吾曹荷国重任，虽知力不敌，必死之。"奕许诺。憕收残兵数百欲战，皆弃憕溃去，憕独坐府中。奕先遣妻子怀印间道走长安，朝服坐台中，左右皆散。禄山屯于闲厩[6]，使人执憕、奕及采访判官蒋清皆杀之[7]。奕骂禄山，数其罪，顾贼党曰："凡为人当知逆顺，我死不失节，夫复何恨！"憕，文水人[8]，奕，怀慎之子，清，钦绪之子也。禄山以其党张万顷为河南尹。

[1]这几个人后来降了唐室，作了节度使。造成藩镇势力的就是他们。 [2]武牢即虎牢关，在河南省荥阳、汜水之间，唐人避李虎讳，改虎为武。 [3]葵园在洛阳郊外。 [4]上东门是洛阳东面最北一门。 [5]宣仁门是洛阳宫城门之一。 [6]闲厩是御马圈。 [7]采访判官是采访使的判官，判官相当于秘书长。 [8]文水是太原附近的一县。

11 封常清帅余众至陕[1]，陕郡太守窦廷芝已奔河东，吏民皆散。常清谓高仙芝曰："常清连日血战，贼锋不可当。且潼关无兵，若贼豕突入关，则长安危矣。陕不可守，不如引兵先据潼关以拒之。"仙芝乃帅见兵西趣潼关[2]。贼寻至，官军狼狈走，无复部伍，士马相腾践，死者甚众。至潼关，修完守备，贼至，不得入而去。禄山使其将崔乾祐屯陕，临汝、弘农、济阴、濮阳、云中郡[3]皆降于禄山。是时，朝廷征兵诸道皆未至，关中恟惧。会禄山方谋称帝，留东京不进，故朝廷得为之备，兵亦稍集。

[1]陕郡今河南省陕县一带。[2]见即现字，指现有的兵。[3]临汝郡在今河南省临汝县一带。弘农郡今河南省灵宝县一带。济阴郡今山东省曹县一带。濮阳郡今山东鄄城县一带。云中郡今山西省大同市一带。唐天宝中改州为郡，天宝以后又都废去，仍改为州。

12 高仙芝之东征也，监军边令诚数以事干之，仙芝多不从。令诚入奏事，具言仙芝、常清桡败之状；且云："常清以贼摇众，而仙芝弃陕地数百里，又盗减军士粮赐。"上大怒。癸卯，遣令诚赍敕即军中斩仙芝及常清。初，常清既败，三遣使奉表陈贼形势，上皆不之见。常清乃自驰诣阙。至渭南[1]，敕削其官爵，令还仙芝军，白衣自效[2]。常清草遗表曰："臣死之后，望陛下不轻此贼，无忘臣言。"时朝议皆以为禄山狂悖，不日授首，故常清云然。令诚至潼关，先引常清，宣敕示之。常清以表附令诚上之。常清既死，陈尸蘧蒢[3]，仙芝还至听事[4]，令诚索陌刀手百余人自随[5]，乃谓仙芝曰："大夫亦有恩命。"仙芝遽下，令诚宣敕。仙芝曰："我遇敌而退，死则宜矣,今上戴天,下履地,谓我盗减粮赐,则诬也。"时士卒在前,皆大呼称枉,其声振地,遂斩之,以将军李承光摄领其众。河西、陇右节度使哥舒翰[6]病废在家[7]。上借其威名,且素与禄山不协,召见,拜兵马副元帅,将兵八万以讨禄山;仍敕天下四面进兵,会攻洛阳。翰以病固辞,上不许。以田良丘为御史中丞,充行军司马,起居郎萧昕为判官,蕃将火拔归仁等各将部落以从。并仙芝旧卒号二十万,屯军于潼关。翰病不能治事,悉以军政委田良丘,良丘复不敢专决,使王思礼主骑[8],李承光主步,二人争长,无所统一。翰用法严而不恤士卒,皆懈弛无斗志。以上均天宝十四载

[1]渭南今陕西县名。 [2]白衣是削尽官职的人。 [3]蘧蒢是芦席。 [4]听事即大厅,唐人称官署的大堂为厅。 [5]陌刀是一种砍伐用的长刀。 [6]哥舒也是胡姓。高仙芝和哥舒翰都是蕃将,只有封常清是汉人。 [7]哥舒翰此时已经得有中风麻痹的病。 [8]王思礼是高丽人。

13 至德元载[1],春正月乙卯朔,禄山自称大燕皇帝,改元圣武。以达奚珣为侍中,张通儒为中书令。高尚、严庄为中书侍郎[2]。肃宗至德元载(七五六)

〔1〕自天宝三年为始,不称年而称载,一直到肃宗至德二载为止,以后又仍称年。史家记事,仍用当时制度。 〔2〕达奚珣是唐朝大臣降附安禄山的,其余都是安禄山的幕府中的文官。

14 是时,天下以杨国忠骄纵召乱,莫不切齿。又禄山起兵,以诛国忠为名。王思礼密说哥舒翰,使抗表请诛国忠,翰不应。思礼又请以三十骑劫取以来,至潼关杀之。翰曰:"如此乃翰反,非禄山也。"或说国忠:"今朝廷重兵尽在翰手,翰若援旗西指,于公岂不危哉?"国忠大惧,乃奏:"潼关大军虽盛,而后无继;万一失利,京师可忧。请选监牧小儿三千[1],于苑中训练。"上许之,使剑南军将李福德等领之[2]。又募万人屯灞上[3],令所亲杜乾运将之,名为御贼,实备翰也。翰闻之,亦恐为国忠所图,乃表请灞上军隶潼关。六月癸未,召杜乾运诣关,因事斩之;国忠益惧。会有告崔乾祐在陕兵不满四千,皆羸弱无备。上遣使趣哥舒翰进兵复陕洛。翰奏曰:"禄山久习用兵,今始为逆,岂肯无备?是必羸师以诱我;若往,正堕其计中。且贼远来,利在速战;官军据险以扼之,利在坚守。况贼残虐失众,兵势日蹙,将有内变;因而乘之,可不战擒也。要在成功,何必务速!今诸道征兵,尚多未集,请且待之。"郭子仪、李光弼亦上言[4]:"请引兵北取范阳,覆其巢穴,质贼党妻子以招之,贼必内溃。潼关大军唯应固守以弊之,不可轻出。"国忠疑翰谋己,言于上,以贼方无备而翰逗留,将失机会。上以为然,续遣中使趣之,项背相望。翰不得已,抚膺恸哭。丙戌,引兵出关。己丑,遇崔乾祐之军于灵宝西原[5],乾祐据险以待之,南薄山,北阻河,隘道七十里。庚寅,官军与乾祐会战。乾祐伏兵于险,翰与田良丘浮舟中流以观军势。见乾祐兵少,趣诸军使进。王思礼等将精兵五万居前,庞忠等将余兵十万继之,翰以兵三万登河北阜望之,鸣鼓以助其势。乾祐所出兵不过万人,什什伍伍,散如列星,或疏或密,或前或却,官军望而笑之。乾祐严精兵陈于其后。兵既交,贼偃旗如欲遁者,官军懈不为备。须臾伏兵发,贼乘高下木石,击杀士卒甚众。道隘,士卒如束,枪槊不得用。翰以毡车驾马为前驱,欲以冲贼。日过中,东风暴急,乾祐以草车数十乘塞毡车之前,纵火焚之,烟焰所被,官军不能开目,妄自相杀,谓贼在烟中,聚弓弩而射之。日暮矢尽,乃知无贼。乾祐遣同罗精骑自南山过,出官军之后击之,官军首尾骇乱,不知所备,于是大败。或弃甲窜匿山谷,或相挤排入河溺死,嚣声振天地,贼乘胜蹙之。后军见前军败,皆自溃,河北军望之亦溃。翰独与麾下百余骑走,自首阳山西渡河入关[6]。关外先为三堑,皆广二丈,深丈,人马坠其中,须臾而满;余众践之以度,士卒得入关者才八千余人。辛卯,乾祐进攻潼关,克之。翰至关西驿,揭榜收散卒[7],欲复守潼关。蕃将火拔归仁等以百余骑围驿,入谓翰曰:"贼至矣,请公上马。"翰上马出驿,归仁帅众叩头曰:"公以二十万众一战弃之,何面目复见天子?且公不见高仙芝、封常清乎?请公东行。"翰不可,欲下马。归仁以毛縶其足于马腹,及诸将不从者,皆执之以东。会贼将田乾真已至,遂降之,俱送洛阳。安禄山问翰曰:"汝常轻我,今定何如?"翰伏地对曰:"臣肉眼不识圣人[8],今天下未平,李光弼在常山,李祗在东平,鲁炅[9]在南阳[10],陛下留臣,使以尺书招之,不日皆下矣。"禄山大喜,以翰为司空同平章事。谓火拔归仁曰:"汝叛主,不忠不义!"执而斩之。翰以书招诸将,皆复书责之。禄山知不效,乃囚诸苑中。

[1] 监牧是养马场,这班青年兵士通称为小儿。 [2] 杨国忠遥领剑南节度使,所以剑南军将是他的亲信。 [3] 灞上在长安东四十里。 [4] 李光弼是契丹人,也是蕃将。 [5] 灵宝本桃林县,天宝元年在这里得到"灵符",因而改名,至今因之。 [6] 胡三省说:首阳山当是首山,衍"阳"字,首山在蒲州河东县界,与湖城县之荆山隔河相对。 [7] 揭榜是出布告。 [8] 哥舒翰曾经和安禄山个人起过冲突。 [9] 炅音炯。 [10] 以上各人都是唐廷所派将帅。

15 潼关既败,于是河东、华阴、冯翊、上洛防御使皆弃郡走[1],所在守兵皆散。是日翰麾下来告急,上不时召见,但遣李福德等将监牧兵赴潼关。及暮,平安火不至[2],上始惧。壬辰,召宰相谋之。杨国忠自以身领剑南,闻安禄山反,即令副使崔圆阴具储偫,以备有急投之。至是首唱幸蜀之策,上然之。癸巳,国忠集百官于朝堂,惶懅流涕,问以策略,皆唯唯不对。国忠曰:"人告禄山反状已十年,上不之信。今日之事,非宰相之过。"仗下[3],士民惊扰,奔走不知所之,市里萧条。国忠使韩、虢入宫[4],劝上入蜀。甲午,百官朝者什无一二。上御勤政楼[5],下制云欲亲征,闻者皆莫之信。以京兆尹魏方进为御史大夫兼置顿使[6],京兆少尹灵昌崔光远为京兆尹,充西京留守;将军边令诚掌宫闱管钥。托以剑南节度大使颍王璬将赴镇,令本道设储偫。是日,上移仗北内[7]。既夕,命龙武大将军陈玄礼整比六军[8],厚赐钱帛,选闲厩马九百余匹,外人皆莫之知。乙未,黎明,上独与贵妃姊妹、皇子、妃、主、皇孙、杨国忠、韦见素、魏方进、陈玄礼及亲近宦官宫人出延秋门[9],妃主皇孙之在外者,皆委之而去。上过左藏[10],杨国忠请焚之,曰:"无为贼守。"上愀然曰:"贼来不得,必更敛于百姓,不如与之,无重困吾赤子。"是日百官犹有入朝者,至宫门犹闻漏声[11],三卫立仗俨然[12]。门既启,则宫人乱出,中外扰攘,不知上所之。于是王公、士民四出逃窜,山谷细民争入宫禁及王公第舍,盗取金宝,或乘驴上殿,又焚左藏大盈库[13]。崔光远、边令诚帅人救火,又募人摄府县官分守之，杀十余人，乃稍定。光远遣其子东见禄山，令诚亦以钥献之。

［1］华阴、冯翊、上洛都是陕西东部几个郡名。［2］唐制，各镇戍每日初夜放烟一炬，谓之平安火。［3］仗是殿前所设警卫仪仗，每临朝则"唤仗"，不临朝则"放仗"，改在别处临朝则"移仗"，朝罢则"仗下"。［4］杨贵妃姊适崔氏的封韩国夫人，适裴氏的封虢国夫人。［5］勤政楼是南内的楼名。［6］置顿使等于预备前站的钦差。［7］唐都长安，以太极宫为西内，大明宫为东内，兴庆宫为南内，玄宗时，常居南内及东内。南内最在南，现在移仗北内，可能是迁居大明宫。因为南内离民居太近的原故。［8］龙武军是新设六军之一。［9］延秋门是禁苑之西门。［10］左藏是政府的金库。［11］漏声是报时刻的钟鼓声。［12］三卫是亲卫、勋卫、翊卫，都是唐开国时随从立功的人，相沿为临朝时的仪卫，布列殿延左右。［13］大盈库是金库中专为皇室私用的。

16 上过便桥，杨国忠使人焚桥。上曰："士庶各避贼求生，奈何绝其路？"留内侍监高力士使扑灭乃来。上遣宦者王洛卿前行，告谕郡县置顿[1]。食时，至咸阳望贤宫，洛卿与县令俱逃。中使征召吏民，莫有应者。日向中，上犹未食。杨国忠自市胡饼以献[2]。于是民争献粝饭，杂以麦豆，皇孙辈以手掬食之，须臾而尽，犹未能饱。上皆酬其直，慰劳之。众皆哭，上亦掩泣。有老父郭从谨进言曰："禄山包藏祸心，固非一日，亦有诣阙告其谋者，陛下往往诛之，使得逞其奸逆，致陛下播越。是以先王务延访忠良，以广聪明，盖为此也。臣犹记宋璟为相[3]，数进直言，天下赖以安平。自顷以来，在廷之臣以言为讳，唯阿谀取容，是以阙门之外，陛下皆不得而知。草野之臣必知有今日久矣。但九重严邃，区区之心无路上达。事不至此，臣何由得睹陛下之面而诉之乎？"上曰："此朕之不明，悔无所及。"慰谕而遣之。俄而尚食举御膳而至[4]，上命先赐从官，然后食之。命军士散诣村落求食，期未时皆集而行。夜将半，乃至金城[5]。县令亦逃，县民皆脱身走，饮食器皿具在，士卒得以自给。时从者多逃，内侍监袁思艺亦亡去。驿中无灯，人相枕藉而寝，贵贱无以复辨。

[1]顿即后世的腰站。 [2]胡饼即今之烧饼，由西域传来。 [3]宋璟是玄宗初年的贤宰相。 [4]尚食是掌御膳的官。 [5]金城本始平县，在长安西八十五里。

17 王思礼自潼关至，始知哥舒翰被擒，以思礼为河西陇右节度使，即令赴镇，收合散卒，以俟东讨。丙申，至马嵬驿[1]，将士饥疲，皆愤怒。陈玄礼以祸由杨国忠，欲诛之。因东宫宦者李辅国以告太子，太子未决。会吐蕃使者二十余人遮国忠马，诉以无食。国忠未及对，军士呼曰："国忠与胡虏谋反！"或射之中鞍。国忠走至西门内，军士追杀之，屠割支体，以枪揭其首于驿门外。并杀其子户部侍郎暄及韩国、秦国夫人。御史大夫魏方进曰："汝曹何敢害宰相！"众又杀之。韦见素闻乱而出，为乱兵所挝，脑血被地，众曰："勿伤韦相公！"救之得免。军士围驿，上闻喧哗，问外何事，左右以国忠反对。上杖屦出驿门，慰劳军士令收队，军士不应。上使高力士问之，玄礼对曰："国忠谋反，贵妃不宜供奉，愿陛下割恩正法！"上曰："朕自当处之。"入门倚杖倾首而立，久之。京兆司录韦谔前言曰[2]："今众怒难犯，安危在晷刻，愿陛下速决[3]。"因叩头流血。上曰："贵妃常居深宫，安知国忠反谋？"高力士曰："贵妃诚无罪，然将士已杀国忠，而贵妃在陛下左右，岂敢自安？愿陛下审思之！将士安则陛下安矣。"上乃命力士引贵妃于佛堂缢杀之。舆尸置驿庭，召玄礼等入视之，玄礼等乃免胄释甲，顿首请罪，上慰劳之，令晓谕军士。玄礼等皆呼万岁，再拜而出。 以上均至德元载

[1] 马嵬驿在长安西北之兴平县境。 [2] 司录参军是州郡幕僚官名。 [3] 这几句话是说："若不赶快下决心，兵士就要再进一步，连你也性命难保了。"

杨炎与刘晏

随着府兵制的破坏，藩镇私有的军队就兴起来了；随着均田制的破坏，租、庸、调的税役法也不适用，财政收入也减少了。藩镇强横，用兵不息，财政竭蹶，统治力因而动摇，这就是中唐时代的一般现象。

内战和财政问题自然是相因而至的，但是重要关键还在财政。财政有了补救办法，虽然处在长期混乱之中，唐政府还能维持相当长久的统治。

现在选取下列几段，来说明当时两个理财家——杨炎与刘晏——的才干。第一节记杨炎作宰相，首先从宦官手里把财政权收回，恢复正常行政系统。同时画分公私界限，把宫廷用费定出范围，免除君主私人的干涉。第二节便是税制的改革。当时税收的科目繁多，办法不一律，适足以供不肖官吏的侵渔。加以农民流亡，户口已经变更，田亩也已易主，还按从前的税制征收，就不得不将重负压在少数贫困的农民身上，而取巧逃税的人越来越多。农民的困苦愈深，政府的收入愈少。杨炎用快刀斩乱麻的办法，把旧的租、庸、调名目以及其他地方杂税一概取消，约计地方及中央政府必需的数目，按贫富等级分摊；不问是主户是客户，只凭现在居住的地点，不问是什么样的人，只按贫富分别负担。至于随处转移的商人，也要向所在的州县纳税，不使某种人得以逃避。地方田税每年分夏秋两次征收，于是这种新法名为两税法。以下第三、四、五节，因杨炎执政追溯从前他和刘晏的私仇，始而免去刘晏的重要财政职务，继而又将他贬官赐死。

为了刘晏被杀这件事，再分四节来追述刘晏的功绩。第四节记刘晏办事的才能，他利用特置的驿递方法，掌握各处物价涨落的情报，因而能保持供求的平衡，使利润归于国家。他又精选知识分子来担任财务管理，不使不肖官吏乘机舞弊。他也不拒绝人情请托，但是不以私害公，人也不怨恨，事也能办得好。第七节记刘晏爱护农民的热诚，他在各道都设有专官，按期报告天时的变化，收成的好坏。收成好就高价收买，收成坏就低价卖出。如果发现歉收的预兆，立即预计某月需要免税若干，某月需要赈济若干，不等州县呈报，早已布置好了补救的办法，恰当其时。所以百姓还能安居乐业，户口日增。当他初任转运使时，全国只有二百万户，最后加到了三百多万，但是只有他所管的地区才增加，他所管的地区以外，依然并不增加。初期年度收入不过四五百万缗（千钱），末年达到一千多万缗。第八节记他的整理财政不专在田赋上着眼，而在盐税上尤为注意。他所管的范围，正是今日食淮盐的区域，远至长江上游以及岭南，都是销售的对象。他的办法，是减轻成本，免除苛税，使运销畅通。并且在辽远的地区存贮官盐，以防涨价，所以民间供应不缺而政府收获余利。初期盐利不过四十万缗，末年增加到十几倍。同样，在他的管辖区以外，就形成盐价贵而余利少。第九节记他对于漕运的办法，他认为各处的船只能适用于本处，运到一处，就算任务终了，另由下一处接运。这样就免除了运输的劳苦和沉没的损失。他所造的运输船，都不惜工本，务求坚牢经久，后来的人不能体会他的用意，所造的船就不及他所造的耐用，因而妨害了漕运。这些都是他见解宏远的地方。《通鉴》将这些前后经过总叙在一篇之中，条理清晰，简要明净，是关于典章制度的绝好文字。

1 旧制，天下金帛皆贮于左藏，太府四时上其数，比部覆其出入[1]。及第五琦为度支盐铁使[2]，时京师多豪将，求取无节，琦不能制，乃奏尽贮于大盈内库，使宦官掌之。天子亦以取给为便，故久不出。由是以天下公赋为人君私藏，有司不复得窥其多少，校其赢缩，殆二十年。宦官领其事者三百余员，皆蚕食其中，蟠结根据，牢不可动。杨炎顿首于上前曰[3]："财赋者，国之大本，生民之命，重轻安危，靡不由之。是以前世皆使重臣掌其事，犹或耗乱不集。今独使中人出入盈虚，大臣皆不得知，政之蠹敝莫甚于此。请出之以归有司。度宫中岁用几何，量数奉入，不敢有乏。如此，然后可以为政。"上即日下诏："凡财赋皆归左藏，一用旧式。岁于数中择精好者三五千匹进入大盈。"炎以片言移人主意，议者称之。 唐代宗大历十四年（七七九）

[1]唐制，左藏所储的金帛，由太府掌其出纳，由比部核其数目。
[2]唐中叶以后，由于用兵的关系，盐铁为重要收入来源，特设度支盐铁使以筹军饷。第五琦为度支使在肃宗时。 [3]此时德宗新即位，杨炎自道州司马擢为宰相。

2 建中元年，春正月丁卯朔，改元。……始用杨炎议，命黜陟使与观察、刺史约百姓丁产[1]，定等级，改作两税法。比来新旧征科色目一切罢之[2]。二税外辄率一钱者[3]，以枉法论。唐初赋敛之法，曰租、庸、调。有田则有租，有身则有庸，

280

有户则有调。玄宗之末,版籍浸坏[4],多非其实。及至德兵起,所在赋敛,迫促取办,无复常准。赋敛之司增数而莫相统摄,各随意增科,自立色目,新故相仍,不知纪极[5]。民富者丁多,率为官为僧,以免课役;而贫者丁多,无所伏匿,故上户优而下户劳。吏因缘蠹食,旬输月送[6],不胜困弊;率皆逃徙为浮户,其土著百无四五。至是,炎建议作两税法。先计州县每岁所应费用及上供之数而赋于人[7],量出以制入。户无主、客,以见居为簿;人无丁、中[8],以贫富为差;为行商者,在所州县税三十之一,使与居者均,无侥利。居人之税,秋、夏两征之。其租庸调杂徭悉省,皆总统于度支。上用其言,因赦令行之[9]。 德宗建中元年(七八〇)

[1]黜陟使是监察官吏的官,观察使是一道的行政长官,刺史是一州的行政长官。 [2]色目就是种类名目。 [3]率就是科派。 [4]版籍就是田亩户口的清册。 [5]意思是:旧的未经除去,新的又加上,算也算不清楚。 [6]意思是:每旬每月都有应缴的捐税。 [7]唐制,地方财政收入分为三部分。一是留州,归本州自己支用;一是送使,呈交节度或观察使;一是上供,缴纳中央。 [8]唐制,十八岁以上为中男,二十三岁以上成丁。 [9]唐制,新君即位改元,必颁大赦令,往往乘此有所兴革。

3 初,左仆射刘晏为吏部尚书,杨炎为侍郎,不相悦。元载之死,晏有力焉[1]。及上即位,晏久典利权,众颇疾之,多上言转运使可罢。又有风言晏尝密表劝代宗立独孤妃为皇后者[2]。杨炎为宰相,欲为元载报仇,因为上流涕言:"晏与黎干、刘忠翼同谋,臣为宰相,不能讨,罪当万死。"崔祐甫言:"兹事暧昧,陛下已旷然大赦,不当复寻究虚语。"炎乃建言:"尚书省,国政之本。比置诸使,分夺其权,今宜复旧。"上从之。甲子,诏天下钱谷皆归金部仓部[3],罢晏转运、租庸、青苗、盐铁等使。

[1]杨炎是元载私党,元载因擅权纳贿,为人诬告谋反,被诛。事在代宗时。 [2]独孤妃是代宗宠妃,如果独孤妃立为皇后,德宗即不得为太子,所以杨炎用这话激怒德宗。 [3]金部、仓部都是户部所属。六部都属于尚书省。这就是用杨炎的话,将财政权重新收归中央正式行政机关。

……

4 上用杨炎之言,托以奏事不实,己酉,贬刘晏为忠州刺史[1]。

[1] 忠州，今四川省忠县。

…………

5 荆南节度使庾准希杨炎指[1]，奏忠州刺史刘晏与朱泚书求营救，辞多怨望。又奏召补州兵，欲拒朝命，炎证成之；上密遣中使就忠州缢杀之。己丑，乃下诏赐死。天下冤之。

[1] 荆南节度使治所在江陵，统辖今湖北及四川的东部。

6 初，安、史之乱，数年间天下户口十亡八九，州县多为藩镇所据，贡赋不入朝廷，府库耗竭；中国多故，戎狄每岁犯边，所在宿重兵，仰给县官，所费不赀，皆倚办于晏。晏初为转运使，独领陕东诸道，陕西皆度支领之[1]，末年兼领，未几而罢。晏有精力，多机智，变通有无，曲尽其妙。常以厚直募善走者，置递相望[2]，觇报四方物价；虽远方，不数日皆达使司[3]。食货轻重之权，悉制在掌握；国家获利，而天下无甚贵甚贱之忧。常以为办集众务，在于得人，故必择通敏、精悍、廉勤之士而用之；至于勾检簿书、出纳钱谷，必委之士类，吏惟书符牒[4]，不得轻出一言。常言："士陷赃贿则沦弃于时，名重于利，故士多清修；吏虽洁廉，终无显荣，利重于名，故吏多贪污。"然惟晏能行之，他人效者终莫能逮。其属官虽居数千里外，奉教令如在目前，起居语言，无敢欺绐。当时权贵或以亲故属之者，晏亦应之，使俸给多少，迁次缓速，皆如其志，然无得亲职事。其场院要剧之官必尽一时之选[5]，故晏没之后，掌财赋有声者，多晏之故吏也。

[1]唐代习惯，以陕州为东西分界处，陕州以西有关内各道及剑南各道。[2]厚直就是重价；递就是驿站。[3]使司就是盐铁转运使的本署。[4]符牒是所行的公文，符是下行的，牒是平行的。[5]场是盐场，院是巡院。

7 晏又以为户口滋多，则赋税自广，故其理财常以爱民为先。诸道各置知院官[1]，每旬月具州县雨雪丰歉之状白使司。丰则贵籴，歉则贱粜；或以谷易杂货供官用，及于丰处卖之。知院官始见不稔之端，先申[2]：至某月须如干蠲免，某月须如干救助。及期，晏不俟州县申请，即奏行之；应民之急，未尝失时，不待其困弊流亡饿殍然后赈之也[3]。由是民得安其居业，户口蕃息。晏始为转运使时，天下见户不过二百万，其季年乃三百余万；在晏所统则增，非晏所统则不增也。其初财赋岁入不过四百万缗[4]，季年乃千余万缗。

[1]知院官是各巡院的经理官。 [2]申是向上级报告。 [3]孚音瞟。 [4]缗是一串钱，即一千文。

8 晏专用榷盐法充军国之用。时自许、汝、郑、邓之西，皆食河东池盐[1]，度支主之；汴、滑、唐、蔡之东，皆食海盐[2]，晏主之。晏以为官多则民扰，故但于出盐之乡置盐官，收盐户所煮之盐转鬻于商人，任其所之。自余州县不复置官。其江岭间去盐乡远者[3]，转官盐于彼贮之，或商绝盐贵，则减价鬻之，谓之常平盐。官获其利，而民不乏盐。其始江淮盐利不过四十万缗，季年乃六百余万缗。由是国用充足，而民不困弊，其河东盐利不过八十万缗，而价复贵于海盐。

[1]河东池盐即今山西运城盐池之盐。 [2]海盐即今淮北、淮南之盐。 [3]江岭间指江南西道及岭南道。

9 先是，运关东谷入长安者，以河流湍悍，率一斛得八斗至者，则为成劳[1]，受优赏。晏以为江、汴、河、渭，水力不同，各随便宜造运船，教漕卒。江船达扬州，汴船达河阴[2]，河船达渭口[3]，渭口达太仓[4]，其间缘水置仓，转相受给。自是每岁运谷，或至百余万斛，无斗升沉覆者。船十艘为一纲[5]，使军将领之。十运无失，授优劳，官其人。数运之后，无不斑白者。晏于扬子置十场造船[6]，每艘给钱千缗，或言所用实不及半，虚费太多。晏曰："不然，论大计者固不可惜小费，凡事必为永久之虑。今始置船场，执事者至多，当先使之私用无窘，则官物坚牢矣。若遽与之屑屑校计锱铢，安能久行乎？异日必有患吾所给多而减之者，减半以下犹可也，过此则不能运矣。"其后五十年，有司果减其半；及咸通中[7]，有司计费而给之，无复羡余，船益脆薄易坏，漕运遂废矣。晏为人勤力，事无闲剧，必于一日中决之，不使留宿。后来言财利者，皆莫能及之。 以上均建中元年

[1]意思是：所运之粮达到长安的，只须够八成，就算成绩优良。 [2]唐代的河阴仓在今河南成皋县境。 [3]渭口是渭水入黄河处。 [4]太仓是京城的总仓库。 [5]一纲是一批的意思。 [6]扬子在今江苏省仪征市。 [7]咸通是懿宗年号（八六〇至八七三）。

陆贽论政

唐代自安史乱后，用降将为节度使，分领河北三镇（一幽州，即今北京，一镇州，即今正定，一魏博，即今大名及山东北部），地方的行政、军事、财政都落在他们手里，并且传之子孙，互相勾结把持，不听朝命。代宗采取姑息政策，已经养成习惯。德宗初立，很想整顿一番，于是实行讨伐，不料河北不能削平，反而牵惹到淮西（今河南西南部）的李希烈也反叛了。淮西在唐朝看来是内地，更不能容许藩臣跋扈，不能不积极对付。可是由于派兵攻打淮西，引起兵士不满的情绪，发生了大暴动，德宗被迫，出奔奉天（今陕西乾县），长安为朱泚所据，唐政权几于瓦解。这就是历史上所谓泾原之变。

当时统治者不了解各地实际情况，不体察人民生活的困苦，但知聚敛，以致危机四伏。陆贽抱着深远的忧虑，想乘德宗在忧患之中，尽力劝导他开诚布公，改过行善。于是以宛转的词意，精切的譬喻，痛陈利弊，随事进言。这些文字都收在《陆宜公奏议》中，后人传诵不衰。但这个对唐朝统治集团如此忠心耿耿的人，后来竟反而得罪，贬死于忠州。虽然一度作过宰相，也并未能施展他的抱负。

《通鉴》记这一次的事变，很采录了许多陆贽的文章，这是因为他的文章反映实际情况，用当时人的话来说明，比史家自己编的话更好。欧阳修、宋祁修《新唐书》，把这些文章删去很多，这是见解不及司马光的地方。

现在所选的第一节记兵士因待遇不公而引起公愤。第二节记德宗仓皇避难。第三节记随行诸人。第四节记朱泚被推作临时执政。第五节记德宗到奉天的情形。以上为致乱之源，是第一大段。以下第二大段为陆贽与德宗论政之语。第六节论不应忽视人事而归咎运命。第七节论人情不可有隔阂。第八节论诚信二字决不可无，在上面的人应当用种种方法鼓励下面的人说话，而且应当尽量采纳他们的话，不应当预先封住他们的口。这都是他所要反复说明的主旨。以下第三大段为陆贽启发德宗向臣下表示谢过的文章。第九节论谢过已经是表面的末节，若是连这一点表面的谢过都不切实，就更不能博得人的同情。于是第十节代草一篇兴元大赦诏，沉痛地指出了内争的痛苦，明为诏书，实在也就是对德宗写的一篇座右铭。

一

1 上发泾原[1]诸道兵救襄城[2]。冬十月丙午,泾原节度使姚令言将兵五千至京师。军士冒雨,寒甚,多携子弟而来,冀得厚赐遗其家。既至,一无所赐。丁未,发至浐水[3]。诏京兆尹王翃犒师[4],惟粝食菜肴[5],众怒,蹴而覆之。因扬言曰:"吾辈将死于敌,而食且不饱,安能以微命拒白刃邪?闻琼林、大盈二库[6],金帛盈溢,不如相与取之。"乃擐甲张旗鼓噪,还趣京城。令言入辞,尚在禁中,闻之,驰至长乐阪[7],遇之,军士射令言,令言抱马鬣突入乱兵,呼曰:"诸君失计!东征立功,何患不富贵,乃为族灭之计乎?"军士不听,以兵拥令言而西。上遽命赐帛,人二匹;众益怒,射中使。又命中使宣慰,贼已至通化门外[8],中使出门,贼杀之。又命出金帛二十车赐之;贼已入城,喧声浩浩,不可复遏,百姓狼狈骇走。贼大呼告之曰:"汝曹勿恐,不夺汝商货僦质矣!不税汝间架陌钱矣[9]!"上遣普王谊、翰林学士姜公辅出慰谕之[10],贼已陈于丹凤门外[11],小民聚观者以万计。
唐德宗建中四年(七八三)

[1]泾州、原州合为一道,在今甘肃省泾川、固原一带。 [2]襄城在今河南省许昌附近。此时襄城被李希烈的军队围困。 [3]浐水源出蓝田县境,入于渭水。 [4]京兆尹是首都附近各县行政长

官。［5］餕音谈，食物也。［6］琼林、大盈二库都是君主私财所聚。［7］长乐阪在浐水西。［8］通化门是长安东面最北的一道城门。［9］德宗为筹军饷，举办几种新的捐税。商货是指按照商人本钱的多少，由政府向他们借贷。僦质指典当及有仓库之家亦勒令出借。间架税是指每间房屋出税若干。除陌钱是指薪俸及交易受付各扣千分之五十。这些都是人心所不乐的。［10］翰林学士相当于君主的私人秘书，不在行政系统以内。德宗以后其权渐重，往往由此擢为宰相。［11］丹凤门是大明宫的正门。

2 初，神策军使白志贞掌召募禁兵[1]，东征死亡者，志贞皆隐不以闻；但受市井富儿赂而补之，名在军籍受给赐，而身居市廛为贩鬻[2]。司农卿段秀实上言："禁兵不精，其数全少，卒有患难，将何待之？"不听。至是，上召禁兵以御贼，竟无一人至者。贼已斩关而入，上乃与王贵妃、韦淑妃、太子、诸王、唐安公主自苑北门出，王贵妃以传国宝系衣中以从。后宫、诸王、公主不及从者什七八。

［1］神策军是中唐以后所设之禁军。［2］这是说白志贞舞弊纳贿，以至禁军仅存空额。

3 初，鱼朝恩既诛[1]，宦官不复典兵。有窦文场、霍仙鸣者，尝事上于东宫。至是，帅宦官左右仅百人以从。使普王谊前驱，太子执兵以殿。司农卿郭曙以部曲数十人猎苑中，闻跸谒道左，遂以其众从。曙，暖之弟也[2]。右龙武军使令狐建方教射于军中，闻之，帅麾下四百人从，乃使建居后为殿。姜公辅叩马言曰："朱泚尝为泾帅[3]，坐弟滔之故[4]，废处京师，心常怏怏。臣谓陛下既不能推心待之，则不如杀之，毋贻后患。今乱兵若奉以为主，则难制矣。请召使从行。"上仓猝不暇用其言，曰："无及矣？"遂行。夜至咸阳[5]，饭数匕而过。时事出非意，群臣皆不知乘舆所之。卢杞、关播[6]逾中书垣而出[7]。白志贞、王翃及御史大夫于颀、中丞刘从一、户部侍郎赵赞、翰林学士陆贽、吴通微等追及上于咸阳。颀，颐之从父兄弟，从一，齐贤之从孙也。

[1]鱼朝恩是代宗时专权的宦官，手握禁兵，为元载定计诛死。[2]郭暖是郭子仪之子。 [3]朱泚曾任泾原节度使。 [4]朱滔此时在幽州与河北各镇联盟，自立为王。 [5]咸阳在长安西。[6]卢杞、关播是此时的宰相。 [7]中书省是政事堂所在。

4 贼入宫，登含元殿大呼曰[1]："天子已出，宜人自求富！"遂欢噪争入府库，运金帛，极力而止。小民因之，亦入宫盗库物，通夕不已。其不能入者，剽夺于路。诸坊居民各相帅自守。姚令言与乱兵谋曰："今众无主，不能持久，朱太尉闲居私第[2]，请相与奉之。"众许诺，乃遣数百骑迎泚于晋昌里第[3]。夜半，泚按辔列炬，传呼入宫，居含元殿，设警严，自称权知六军。戊申旦，泚徙居白华殿[4]。出榜于外，称："泾原将士久处边陲，不闲朝礼，辄入宫阙，致惊乘舆，西出巡幸。太尉已权临六军，应神策等军士，及文武百官[5]，凡有禄食者，悉诣行在；不能往者，即诣本司。若出三日，检勘彼此无名者，皆斩。"于是百官出见泚，或劝迎乘舆，泚不悦，百官稍稍遁去。源休以使回纥还赏薄，怨朝廷[6]。入见泚，屏人密语移时，为泚陈成败，引符命，劝之僭逆。泚喜，然犹未决。宿卫诸军举白幡降者[7]，列于阙前甚众。泚夜于苑门出兵，且自通化门入，络绎不绝，张弓露刃，欲以威众。

[1]含元殿是长安大明宫的正殿。 [2]朱泚时以太尉闲居私第。 [3]据《长安图》，自京城启夏门北入东街第二坊曰晋昌坊。 [4]胡三省说：白华殿盖在大明宫东北隅。 [5]唐代公文中之"应"字相当于现在的"所有一切"。 [6]此时回纥与唐失和，源休奉使，几乎被回纥所杀，幸而得归。为卢杞所排挤，仅授以光禄卿。 [7]幡是长形的旗帜。

5 上思桑道茂之言[1]，自咸阳幸奉天。县僚闻车驾猝至，

292

欲逃匿山谷，主簿苏弁止之。弁，良嗣之兄孙也[2]。文武之臣稍稍继至。己酉，左金吾大将军浑瑊至奉天[3]。瑊素有威望，众心恃之稍安。

[1]桑道茂是个术士，预言奉天有天子气，宜高大其城。奉天是今陕西省乾县。 [2]苏良嗣是武后时宰相。 [3]浑瑊是铁勒部人，也是蕃将，后为唐室立大功。

....

二

6 上与陆贽语及乱故，深自克责。贽曰："致今日之患，皆群臣之罪也。"上曰："此亦天命，非由人事。"贽退上疏，以为："陛下志一区宇，四征不庭[1]。凶渠稽诛，逆将继乱，兵连祸结，行及三年。征师日滋，赋敛日重，内自京邑，外洎边陲，行者有锋刃之忧，居者有诛求之困。是以叛乱继起，怨讟并兴，非常之虞，亿兆同虑。唯陛下穆然凝邃，独不得闻[2]。至使凶卒鼓行，白昼犯阙；岂不以乘我间隙，因人携离哉！陛下有股肱之臣，有耳目之任，有谏诤之列，有备卫之司，见危不能竭其诚，临难不能效其死。臣所谓致今日之患，群臣之罪者，岂徒言欤？圣旨又以国家兴衰，皆有天命。

臣闻天所视听皆因于人。故祖伊责纣之辞曰：'我生不有命在天？'武王数纣之罪曰：'乃曰吾有命，罔惩其侮[3]。'此又舍人事而推天命必不可之理也。《易》曰：'视履考祥[4]。'又曰：'吉凶者失得之象[5]。'此乃天命由人，其义明矣。然则圣哲之意，六经会通，皆谓祸福由人，不言盛衰有命。盖人事理而天命降乱者，未之有也；人事乱而天命降康者，亦未之有也。自顷征讨颇频，刑网稍密，物力耗竭，人心惊疑，如居风涛，汹汹靡定。上自朝列，下达蒸黎[6]，日夕族党聚谋，咸忧必有变故；旋属泾原叛卒，果如众庶所虞。京师之人，动逾亿计，固非悉知算术，皆晓占书，则明致寇之由，未必尽关天命。臣闻理或生乱，乱或资理；有以无难而失守，有以多难而兴邦。今生乱失守之事，则既往不可复追矣；其资理兴邦之业，在陛下克励而谨修之。何忧乎乱人，何畏乎厄运！勤励不息，足致升平，岂止荡涤妖氛，旋复宫阙而已[7]！"

[1] 不庭是不来朝的意思。 [2] 意思说：大家都知道乱事将起，而皇帝在深宫之中，一点不知道外面情况。 [3] 两句都出自《尚书》。 [4] 出《周易·履卦》。 [5] 出《周易·大传》。 [6] 蒸黎就是广大民众。 [7] 意思说：过去的事，已经不必谈了，今后如果努力图治，还可以致太平，不止于平乱而已。

7 上问陆贽以当今切务。贽以向日致乱,由上下之情不通,劝上接下从谏,乃上疏,其略曰:"臣谓当今急务,在于审察群情。若群情之所甚欲者,陛下先行之;所甚恶者,陛下先去之,欲恶与天下同而天下不归者,自古及今,未之有也。夫理乱之本,系于人心。况乎当变故动摇之时,在危疑向背之际,人之所归则植,人之所去则倾。陛下安可不审察群情,同其欲恶,使亿兆归趣,以靖邦家乎?此诚当今之所急也。"又曰:"顷者窃闻舆议,颇究群情,四方则患于中外意乖,百辟又患于君臣道隔。郡国之志不达于朝廷,朝廷之诚不升于轩陛。上泽阙于下布,下情壅于上闻,实事不必知,知事不必实[1]。上下否隔于其际,真伪杂糅于其间;聚怨嚣嚣,腾谤籍籍,欲无疑阻,其可得乎!"又曰:"总天下之智以助聪明,顺天下之心以施教令,则君臣同志,何有不从!远迩归心,孰与为乱!"又曰:"虑有愚而近道,事有要而似迂。"疏奏旬日,上无所施行,亦不诘问。贽又上疏,其略曰:"臣闻立国之本,在乎得众,得众之要,在乎见情。故仲尼以谓:'人情者圣王之田',言理道所生也。"又曰:"《易》,乾下坤上曰泰,坤下乾上曰否,损上益下曰益,损下益上曰损。夫天在下而地处上,于位乖矣,而谓之泰者,上下交故也。君在上而臣处下,于义顺矣,而反谓之否者,上下不交故也。上约己而裕于人,人必悦而奉上矣,岂不谓之益乎?上蔑人而肆诸己,人必怨而叛上矣，岂不谓之损乎？"又曰："舟即君道，水即人情。舟顺水之道乃浮，违则没；君得人之情乃固，失则危。是以古先圣王之居人上也，必以其欲从天下之心，而不敢以天下之人从其欲。"又曰："陛下愤习俗以妨理，任削平而在躬，以明威照临，以严法制断，流弊自久，浚恒太深[2]。远者惊疑而阻命逃死之祸作，近者畏慑而偷容避罪之态生[3]。君臣意乖，上下情隔。君务致理，而下防诛夷，臣将纳忠，又上虑欺诞。故睿诚不布于群物，物情不达于睿聪，臣于往年，曾任御史。获奉朝谒，仅欲半年。陛下严邃高居，未尝降旨临问，群臣局蹐趋退，亦不列事奏陈。轩陛之间，且未相谕；宇宙之广，何由自通？虽复例对使臣，别延宰辅；既殊师锡[4]，且异公言。未行者则戒以枢密勿论，已行者又谓之遂事不谏；渐生拘碍，动涉猜嫌。由是人各隐情，以言为讳。至于变乱将起，亿兆同忧，独陛下恬然不知，方谓太平可致。陛下以今日之所睹，验往时之所闻，孰真孰虚，何得何失，则事之通塞，备详之矣，人之情伪，尽知之矣！"

[1]意思说：实际情况未必知道，而所知道的未必是实际情况。 [2]语出《周易·恒卦》，意思是过于苛求。 [3]意思说：远处的人不得不起而反抗，近处的人也只得苟且容身，怕负责任。 [4]师锡二字出《尚书·尧典》。师，众也；锡，与也。意思说：

虽然接见大臣，也不是公开讨论。

8 上乃遣中使谕之曰："朕本性甚好推诚，亦能纳谏。将谓君臣一体，全不提防；缘推诚不疑，多被奸人卖弄。今所致患害，朕思亦无他，其失反在推诚。又谏官论事，少能慎密，例自矜炫。归过于朕，以自取名。朕从即位以来，见奏对论事者甚多，大抵皆是雷同，道听途说。试加质问，遽即辞穷。若有奇才异能，在朕岂惜拔擢？朕见从前已来，事只如此，所以近来不多取次对人[1]，亦非倦于接纳。卿宜深悉此意[2]。"贽以人君临下，当以诚信为本，谏者虽辞情鄙拙，亦当优容以开言路；若震之以威，折之以辩，则臣下何敢尽言？乃复上疏，其略曰："天子之道，与天同方，天不以地有恶木而废发生，天子不以时有小人而废听纳。"又曰："唯信与诚，有失无补。一不诚则心莫之保，一不信则言莫之行。陛下所谓失于诚信以致患害者，臣窃以斯言为过矣。"又曰："驭之以智则人诈，示之以疑则人偷。上行之则下从之，上施之则下报之。若诚不尽于己而望尽于人，众必怠而不从矣。不诚于前而曰诚于后，众心疑而不信矣。是知诚信之道，不可斯须而去身。愿陛下慎守而行之有加，恐非所以为悔者也[3]。"又曰："臣闻仲虺赞扬成汤，不称其无过，而称其改过[4]；吉甫歌诵周宣，不美其无阙，而美其补阙[5]。是则圣贤之意较然著明，惟以改过为能，不以无过为贵。盖为人之行己，必有过差，上智下愚，俱所不免。智者改过而迁善，愚者耻过而遂非；迁善则其德日新，遂非则其恶弥积。"又曰："谏官不密自矜，信非忠厚，其于圣德固亦无亏。陛下若纳谏不违，则传之适足增美；陛下若违谏不纳，又安能禁之勿传？"又曰："侈言无验不必用，质言当理不必违。辞拙而效速者不必愚，言甘而利重者不必智。是皆考之以实，虑之以终，其用无他，唯善所在。"又曰："陛下所谓比见奏对论事，皆是雷同，道听途说者，臣窃以众多之议，足见人情，必有可行，亦有可畏。恐不宜一概轻侮而莫之省纳也。陛下又谓：'试加质问，即便辞穷。'臣但以陛下虽穷其辞而未穷其理，能服其口而未服其心。"又曰："为下者莫不愿忠，为上者莫不求理。然而下每苦上之不理，上每苦下之不忠。若是者何？两情不通故也。下之情莫不愿达于上，上之情莫不求知于下，然而下恒苦上之难达，上恒苦下之难知。若是者何？九弊不去故也。所谓九弊者，上有其六而下有其三。好胜人，耻闻过，骋辩给，炫聪明，厉威严，恣强愎，此六者，君上之弊也。谄谀、顾望、畏愞，此三者臣下之弊也。上好胜，必甘于佞辞；上耻过，必忌于直谏：如是则下之谄谀者顺指，而忠实之语不闻矣。上骋辩，必剿说而折人以言[6]；上炫明，必臆度而虞人以诈[7]；如是则下之顾望者自便，而切磨之辞不尽矣。上厉威，必不能降情以接物；上恣愎，必不能引咎以受规；如是则下之畏愞者避辜[8]，而情理之说不申矣。夫以区域之广大，生灵之众多，宫阙之重深，高卑之限隔，自黎献而上[9]，获睹至尊之光景者，逾亿兆而无一焉；就获睹之中，得接言议者，又千万不一；幸而得接者，犹有九弊居其间，则上下之情所通鲜矣。上情不通于下则人惑，下情不通于上则君疑；疑则不纳其诚，惑则不从其令。诚而不见纳，则应之以悖，令而不见从，则加之以刑；下悖上刑，不败何待[10]？是使乱多理少，从古以然。"又曰："昔赵武呐呐而为晋贤臣[11]，绛侯木讷而为汉元辅[12]。然则口给者事或非信，辞屈者理或未穷。人之难知，尧、舜所病，胡可以一酬一诘而谓尽其能哉？以此察天下之情，固多失实；以此轻天下之士，必有遗才。"又曰："谏者多，表我之能好；谏者直，示我之能容；谏者之狂诬，明我之能恕；谏者之漏泄，彰我之能从；是则人君与谏者交相益之道也。谏者有爵赏之利，君亦有理安之利；谏者得献替之名，君亦得采纳之名。然犹谏者有失中而君无不美，唯恐谠言之有不切，天下之不闻，如此则纳谏之德光矣。"上颇采用其言。

[1]取次是唐人语，就是按次的意思。 [2]这一段话是德宗归咎于信任臣下太过，而臣下又多半不可靠。 [3]以上是陆贽反驳德宗的话，只有错在不诚不信的，断没有诚信而招来后悔的道理。

〔4〕《尚书·仲虺之诰》曰："惟王改过不吝。" 〔5〕《诗·烝民》曰："衮职有阙，惟仲山甫补之。"这篇诗是尹吉甫作的。 〔6〕剿说是打断人家的话，不许说下去。 〔7〕意思是胸有成见，以不肖之心待人。 〔8〕愞与懦同义，音糯。 〔9〕黎献，众民之意。 〔10〕以上所谓九弊，总括起来，只是说在上的人倚仗威势和聪明封住人的口，结果则大家只愿奉承，不敢说实话。这样，上下之情不通，隔阂愈来愈大，必然引起祸乱了。 〔11〕赵武事见《左传》。 〔12〕绛侯是周勃，事见《汉书》本传。

三

9 陆贽言于上曰："今盗遍天下，舆驾播迁，陛下宜痛自引过以感人心，昔成汤以罪己勃兴[1]，楚昭以善言复国[2]。陛下诚能不吝改过，以言谢天下，使书诏无所避忌，臣虽愚陋，可以仰副圣情。庶令反侧之徒革心向化。"上然之。故奉天所下书诏，虽骄将悍卒闻之，无不感激挥涕。术者上言："国家厄运，宜有变更，以应时数。"群臣请更加尊号一二字。上以问贽，贽上奏以为不可。其略曰："尊号之兴，本非古制。行于安泰之日，已累谦冲；袭乎丧乱之时，尤伤事体。"又曰："嬴秦德衰，兼皇与帝始总称之[3]。流及后代昏僻之君，乃有圣刘、天元之号[4]。是知人主轻重不在名称。损之有谦光稽古之善，崇之获矜能纳谄之讥。"又曰："必也俯稽术数，须有

300

变更，与其增美称而失人心，不若黜旧号以祗天戒。"上纳其言，但改年号而已。上又以中书所撰赦文示贽，贽上言以为："动人以言，所感已浅；言又不切，人谁肯怀！今兹德音，悔过之意不得不深，引咎之辞不得不尽，洗刷疵垢，宣畅郁堙，使人人各得所欲，则何有不从者乎？应须改革事条，谨具别状同进。舍此之外，尚有所虞[5]；窃以知过非难，改过为难；言善非难，行善为难。假使赦文至精，止于知过言善，犹愿圣虑，更思所难。"上然之。 以上均建中四年

[1]《左传》：臧文仲曰："禹、汤罪己，其兴也勃焉。" [2]楚昭王亡国后有自己引咎的话，终于能中兴，见《国语》。 [3]秦始皇初定皇帝二字的称号，意思是兼三皇与五帝。 [4]圣刘是汉哀帝之号，天元是北周宣帝之号。 [5]意思说：除赦书以外，还有应当考虑的地方。

10 兴元元年，春正月癸酉朔，赦天下，改元。制曰："致理兴化，必在推诚；忘己济人，不吝改过。朕嗣服丕构[1]，君临万邦，失守宗祧，越在草莽[2]。不念率德，诚莫追于既往；永言思咎，期有复于将来[3]。明征其义，以示天下。小子惧德弗嗣，罔敢怠荒，然以长于深宫之中，暗于经国之务，积习易溺，居安忘危，不知稼穑之艰难，不恤征戍之劳苦；泽靡

下究，情未上通，事既拥隔，人怀疑阻。犹昧省己，遂用兴戎；征师四方，转饷千里。赋车籍马，远近骚然；行赍居送，众庶劳止。或一日屡交锋刃，或连年不解甲冑；祀奠乏主，室家靡依，死生流离，怨气凝结，力役不息，田莱多荒。暴令峻于诛求，疲甿空于杼轴；转死沟壑，离去乡闾，邑里丘墟，人烟断绝[4]。天谴于上而朕不寤，人怨于下而朕不知。驯致乱阶，变兴都邑，万品失序，九庙震惊，上累于祖宗，下负于黎庶，痛心靦貌[5]，罪实在予，永言愧悼，若坠泉谷。自今中外所上书奏，不得更言'圣神文武'之号[6]。李希烈、田悦、王武俊、李纳等咸以勋旧，各守藩维，朕抚御乖方，致其疑惧；皆由上失其道，下罹其灾，朕实不君，人则何罪！宜并所管将吏等，一切待之如初[7]。朱滔虽缘朱泚同坐，路远未必同谋，念其旧勋，务在弘贷。如能效顺，亦与惟新[8]。朱泚反易天常，盗窃名器，暴犯陵寝，所不忍言，获罪祖宗，朕不敢赦。其胁从将吏百姓等，但官军未到京城以前去逆效顺，并散归本道本军者，并从赦例[9]。诸军诸道应赴奉天及进收京城将士，并赐名奉天定难功臣[10]。其所加垫陌钱，税间架、竹、木、茶、漆、榷铁之类，悉宜停罢[11]。"赦下，四方人心大悦。及上还长安明年[12]，李抱真入朝，为上言："山东宣布赦书，士卒皆感泣。臣见人情如此，知贼不足平也。"兴元元年（七八四）

[1]嗣服丕构是继承巨大的基业。 [2]这是说出亡在外。 [3]这是说：过去不知修德，已经悔不可追，以后反躬思过，庶几可图补救。 [4]以上说人民的痛苦。 [5]靦貌即惭颜的意思。靦音腆。 [6]"圣神文武皇帝"是德宗初即位时所受的尊号。 [7]以上是先赦河北及淮西四镇的叛将。 [8]以上对朱滔表示可以赦免。 [9]以上赦免附从朱泚的将吏百姓，只朱泚本人除外。 [10]以上奖励勤王作战的军人。 [11]以上豁免苛捐杂税。 [12]还长安是贞元元年（七八五）事。

契丹灭后晋

石敬瑭原来与后唐李氏同为沙陀族，而且是亲戚，但后唐的清泰帝（李从珂）本是汉人，即位以后，与石敬瑭渐渐发生磨擦，终于不能和解，石敬瑭乞援于契丹，以燕、云十六州为交换条件，就把后唐灭了，由契丹册立为晋皇帝。这些事是后来的宋朝大部分土地沦于外族统治的根源。

契丹起于东北，乘中原多事，逐步扩充实力，吸收汉族分子，而醉心富贵之徒也就甘心献媚。其实希望作契丹附庸的也不仅石敬瑭一人，因此又引起其他分子的互相倾轧争夺。到了石重贵（出帝）时代，就爆发了契丹与晋的冲突。由于汉奸从中勾结破坏，石晋终于不能支持。借契丹势力上场的，毕竟还是吃了契丹的亏而下场。这是一幕情节复杂的戏剧。

《通鉴》叙述这事的经过，在描写各人内心的矛盾处非常深刻。笔墨酣畅，令人百读不厌。现在所选的从石敬瑭献地求援，因而建立晋政权说起，这是第一节。石敬瑭死后，其侄齐王重贵嗣位，景延广执政，其时契丹已经觉得晋廷的态度不甚恭顺，景延广又用"十万横磨剑"的大话激怒契丹，这是第二节。以下契丹起兵南侵，时进时退，无关重要的细节都从略，只有阳城之战，契丹失利，重贵得胜而骄，是后来亡晋的张本，所以以下三节专写此战。第三节记晋军引契丹深入。第四节记契丹轻视晋军。第五节记晋军诸将利用大风大破契丹军，而主师杜威偏别有用心，不肯穷追。第六节记契丹厌战。第七节记晋方也求和未成。第八节记晋宫廷生活之骄奢。第九节记契丹最后一次大举南侵。第十节记契丹仍无前进之意。第十一节记晋军将帅无谋。第十二节记契丹断晋军粮道，军心始乱。第十三节记汴京震动。第十四节记重贵君臣荒嬉。第十五节记临时措置慌乱。第十六节记王清苦战而杜威不救。第十七节记杜威协众投降。杜威之降决定了晋的运命，从此契丹可以长驱而入中原了。第十八节记契丹大军南进，以汉奸张彦泽为前锋。第十九节记皇甫遇尚有人心。第二十节记张彦泽倒戈。第二十一节记晋廷乞降。第二十二节记桑维翰之死。此后即为契丹主入主中原之事。第二十三节记契丹主初尚不以中国皇帝自居。第二十四节记景延广被囚。第二十五节记晋君臣于元旦迎谒契丹主。第二十六节记契丹主入宫。第二七节记汉奸张彦泽终为契丹所杀。第二十八至二十九节记晋主母子被俘之惨。第三十节记契丹主改服中国衣冠。第三十一节记契丹主欲尽杀晋降兵，赖赵延寿劝阻。第三十二节以下则记契丹之贪残，以后终于不能不为汉人所逐。

1 契丹主谓石敬瑭曰[1]："吾三千里赴难[2]，必有成功。观汝器貌识量，真中原之主也，吾欲立汝为天子。"敬瑭辞让者数四，将吏复劝进，乃许之。契丹主作册书，命敬瑭为大晋皇帝，自解衣冠授之，筑坛于柳林[3]，是日，即皇帝位。割幽、蓟、瀛、莫、涿、檀、顺、新、妫、儒、武、云、应、寰、朔、蔚十六州以与契丹[4]，仍许岁输帛三十万匹[5]。后晋高祖天福元年（九三六）

[1] 契丹主指耶律德光，所建国号为辽，史称辽太宗。[2] 三千里赴难，指契丹援助石敬瑭反抗后唐之事，后唐清泰帝疑石敬瑭有野心，调离太原本镇，石敬瑭不肯奉令，勾结契丹起兵灭唐。[3] 柳林是太原附近地名。[4] 自幽州至武州为今河北省北部之地，自云州至蔚州为今山西省北部之地。换言之，自北京以南达河间一带，西至山西大同附近，均从此割归北朝。直到宋朝，还不能收复。[5] 每年以绢匹送纳北朝，从此也成为定例，直到宋朝，不曾停止。

2 初，河阳[1]牙将[2]乔荣从赵延寿入契丹[3]，契丹以为回图使[4]，往来贩易于晋，置邸大梁[5]。及契丹与晋有隙，景延广说帝囚荣于狱[6]，悉取邸中之货。凡契丹之人贩易在晋境者皆杀之，夺其货。大臣皆言契丹有大功，不可负。戊子，释荣，慰赐而归之。荣辞延广，延广大言曰："归语而主[7]，先帝为北朝所立，故称臣奉表。今上乃中国所立，所以降志于北朝者，正以不敢忘先帝盟约故耳。为邻称孙，足矣，无称臣之理。北朝皇帝勿信赵延寿诳诱，轻侮中国。中国士马，尔所目睹。翁怒则来战，孙有十万横磨剑，足以相待。他日为孙所败，取笑天下，毋悔也！"荣自以亡失货财，恐归获罪，且欲为异时据验，乃曰："公所言颇多，惧有遗忘，愿记之纸墨。"延广命吏书其语以授之。荣具以白契丹主。契丹主大怒，入寇之志始决。晋使如契丹，皆縶之幽州，不得见。后晋齐王天福八年（九四三）

…………

[1]河阳是河南孟县一带地区。 [2]唐及五代藩镇所统的兵称牙兵，其将称牙将。牙即衙字。 [3]赵延寿是赵德钧的儿子，赵德钧为后唐镇幽州，石敬瑭起兵以后，赵德钧父子暗有乘机谋为帝之意，亦与契丹勾结，但契丹已许石敬瑭为帝，赵氏父子遂郁郁不得志，只得随往契丹。此时赵德钧已死，赵延寿又取得契丹信任，官枢密使。 [4]回图使是管两国贸易的官。 [5]此时晋都大梁，在大梁置邸，相当于设立契丹商务代表驻京办事处。 [6]契丹与

晋失和的原因是：当初石敬瑭对契丹非常恭顺，自称臣，称儿，称契丹主为父皇帝。此时石敬瑭已死，石重贵即位，自己觉得太卑鄙，但称孙而不称臣，契丹主因此大怒。景延广是对契丹持反抗态度的人，此时正掌政权。［7］而即尔字之意。

3（三月）戊午，契丹至泰州[1]。己未，晋军南行，契丹踵之。晋军至阳城[2]。庚申，契丹大至。晋军与战，逐北十余里，契丹逾白沟而去[3]。壬戌，晋军结陈而南，胡骑四合如山，诸军力战拒之[4]。是日才行十余里，人马饥乏。开运二年（九四五）

[1]泰州为今保定一带。此时晋军已与契丹冲突，占领了契丹的泰州，契丹主亲率兵复取泰州，并且向南压迫，晋军只得后退。[2]这个阳城在河北省完县境。[3]白沟即今白沟河。[4]此处既云契丹逾白沟而去，又云晋军结陈而南，又云胡骑四合如山。契丹军向北，晋军向南，何以契丹军又能将晋军包围？中间情事似有脱落。《通鉴》于五代史事采取各种记载，其间颇多矛盾，连贯删削或有失检之处，又传写脱误亦所难免。总之，不能不说是一个可疑之点。

4 癸亥，晋军至白团卫村[1]，埋鹿角为行寨[2]，契丹围之数重，奇兵出寨后断粮道。是夕东北风大起，破屋折树；营中掘井，方及水辄崩，士卒取其泥，帛绞而饮之，人马俱渴。至曙，风尤甚。契丹主坐大奚车中[3]，令其众曰："晋军止此耳，当尽擒之，然后南取大梁！"命铁鹞四面下马[4]，拔鹿角而入，奋短兵以击晋军，又顺风纵火扬尘以助其势。

[1]白团卫村当在完县不远。 [2]鹿角是一种障碍物。 [3]奚车是奚人所制的大车，似后世之驼轿，为北方最舒适便利之交通工具。 [4]铁鹞是契丹的装甲骑兵。

5 军士皆愤怒，大呼曰："都招讨使何不用兵[1]，令士卒徒死！"诸将请出战，杜威曰："俟风稍缓，徐观可否。"马步都监李守贞曰[2]："彼众我寡，风沙之内，莫测多少，惟力斗者胜，此风乃助我也；若俟风止，吾属无类矣。"即呼曰："诸军齐击贼！"又谓威曰："令公善守御[3]，守贞以中军决死矣。"马军左厢都排陈使张彦泽召诸将问计[4]，皆曰："虏得风势，宜俟风回与战。"彦泽亦以为然。诸将退，马军右厢副排陈使太原药元福独留，谓彦泽曰："今军中饥渴已甚，若俟风回，吾属已为虏矣。敌谓我不能逆风以战，宜出其不意急击之，此兵之诡道也。"马步左右厢都排陈使符彦卿曰："与其束手就擒，曷若以身殉国？"乃与彦泽、元福及左厢都排陈使皇甫遇引精骑出西门击之，诸将继至。契丹却数百步，彦卿等谓守贞曰："且曳队往来乎[5]？直前奋击，以胜为度乎？"守贞曰："事势如此，安可回鞚！宜长驱取胜耳。"彦卿等跃马而去，风势益甚，昏晦如夜。彦卿等拥万余骑横击契丹，呼声动天地，契丹大败而走，势如崩山。李守贞亦令步兵尽拔鹿角出斗，步骑俱进，逐北二十余里。铁鹞既下马，仓皇不能复上，皆委弃马及铠仗蔽地[6]。契丹散卒至阳城东南水上，稍复布列。杜威曰："贼已破胆，不宜更令成列。"遣精骑击之，皆渡水去。契丹主乘奚车走十余里。追兵急，获一橐驼，乘之而走。诸将请急追之。杜威扬言曰："逢贼幸不死，更索衣囊邪[7]？"李守贞曰："两日人马渴甚，今得水饮之皆足重，难以追寇，不若全军而还。"乃退保定州[8]。契丹主至幽州[9]，散兵稍集；以军失利，杖其酋长各数百，惟赵延寿得免。

[1]都招讨使是五代时常用的官名，相当于讨伐军总司令。 [2]马步都监也是五代时的军职。 [3]杜威带中书令，所以称令公。 [4]都排陈使即前敌总指挥，凡"都"即"总"之意。 [5]曳队往来是说拖延不决。曳音页。 [6]铠是军装，仗是兵器。 [7]杜威的话大概是当时俗语，意思是：碰着强盗，幸而不死，还想向他讨回行李吗？ [8]定州今河北省定县。 [9]此时契丹已升幽州为南京，即今之北京也。

……………

　　6 契丹连岁入寇，中国疲于奔命，边民涂地；契丹人畜亦多死，国人厌苦之。述律太后谓契丹主曰[1]："使汉人为胡主，可乎？"曰："不可。"太后曰："然则汝何故欲为汉主？"曰："石氏负恩，不可容。"太后曰："汝今虽得汉地，不能居也，万一蹉跌，悔何所及？"又谓其群下曰："汉儿何得一向眠[2]？自古但闻汉和蕃，未闻蕃和汉。汉儿果能回意，我亦何惜与和？"

　　[1]述律太后是契丹主的母亲。 [2]一向眠是朝一边睡的意思。胡三省说："一向眠则其眠安矣。"恐失原意，大约述律太后的意思是：汉人不会永远不回心转意的。

　　7 桑维翰屡劝帝复请和于契丹以纾国患，帝假开封军将张晖供奉官[1]，使奉表称臣诣契丹，卑辞谢过。契丹主曰："使景延广、桑维翰自来，仍割镇、定两道隶我[2]，则可和。"朝廷以契丹语忿，谓其无和意，乃止。及契丹主入大梁，谓李崧等曰："向使晋使再来，则南北不战矣[3]。"

　　[1]自五代以来，出使的人照例加官以崇体制，假供奉官是使

311

张晖暂充京职，因为开封府的军将只是地方政府的军职不足以示隆重，恐为契丹所拒绝也。［2］镇、定两道又在今保定、河间以南。契丹想据有这一带，更可作幽州的保障。［3］这是说：后来契丹主表示当时只要晋国再派一人来议和，也就可以不用兵了。向使就是假使的意思。

8 帝自阳城之捷，谓天下无虞，骄侈益甚。四方贡献珍奇，皆归内府；多造器玩，广宫室，崇饰后庭，近朝莫之及；作织锦楼以织地衣，用织工数百，期年乃成。又赏赐优伶无度。桑维翰谏曰："向者陛下亲御胡寇,战士重伤者,赏不过帛数端。今优人一谈一笑称旨,往往赐束帛万钱,锦袍银带,彼战士见之,能不觖望,曰：'我曹冒白刃,绝筋折骨,曾不如一谈一笑之功乎！'如此,则士卒解体,陛下谁与卫社稷乎？"帝不听。 以上均开运二年（九四五）

....

9 契丹主大举入寇，自易[1]、定趣恒州[2]。杜威等至武强[3]，闻之，将自贝[4]、冀[5]而南。彰德节度使张彦泽时在恒州，引兵会之，言契丹可破之状；威等乃复趣恒州，以彦泽为前锋。甲寅，威等至中度桥[6]，契丹已据桥，彦泽帅骑争之，契丹焚桥而退。晋军与契丹夹滹沱而军。 开运三年（九四六）

[1]易今河北省易县。 [2]恒州即正定。 [3]武强今河北县名。 [4]贝州今山东省恩县。 [5]冀州今河北省冀县。 [6]中度桥是滹沱河上之桥。

10 始,契丹见晋军大至,又争桥不胜,恐晋军急渡滹沱,与恒州合势击之,议引兵还。及闻晋军筑垒为持久之计,遂不去。

11 杜威虽以贵戚为上将[1],性懦怯。偏裨皆节度使,但日相承迎,置酒作乐,罕议军事。磁州刺史兼北面转运使李谷说威及李守贞曰[2]:"今大军去恒州咫尺,烟火相望。若多以三股木置水中[3],积薪布土其上,桥可立成。密约城中举火相应,夜募将士斫虏营而入,表里合势,虏必遁逃。"诸将皆以为然,独杜威不可,遣谷南至怀、孟[4]督军粮。

[1]杜威是石敬瑭的妹婿,本名杜重威,因避石重贵之名,去重字。 [2]磁州今河北省磁县。 [3]三股木即三叉架。 [4]怀、孟即今河南省沁阳、孟县一带。

12 契丹以大军当晋军之前,潜遣其将萧翰、通事刘重进将百骑及羸卒[1],并西山出晋军之后,断晋粮道及归路。樵采者遇之，尽为所掠；有逸归者，皆称虏众之盛，军中恟惧。翰等至栾城[2]，城中戍兵千余人不觉其至，狼狈降之。契丹获晋民，皆黥其面曰："奉敕不杀"，纵之南走；运夫在道遇之，皆弃车惊溃。翰，契丹主之舅也。

［1］通事是契丹所用通晓中国语言及习惯的人，专任翻译联络等事，因此颇有权势。 ［2］栾城县在正定南。

13 十二月丁未朔，李谷自书密奏，具言大军危急之势，请车驾幸滑州，遣高行周、符彦卿扈从，及发兵守澶州[1]、河阳，以备虏之奔冲；遣军将关勋走马上之。己未，帝始闻大军屯中度；是夕，关勋至。庚申，杜威奏请益兵，诏悉发守宫禁者得数百人，赴之。又诏发河北及滑、孟、泽、潞刍粮五十万诣军前；督迫严急，所在鼎沸。辛酉，威又遣从者张祚等来告急，祚等还，为契丹所获。自是朝廷与军前声问两不相通。

［1］澶州在今清丰县境。

14 时宿卫兵皆在行营，人心懔懔，莫知为计。开封尹桑维翰以国家危在旦夕，求见帝言事。帝方在苑中调鹰，辞不见。又诣执政言之，执政不以为然。退，谓所亲曰："晋氏不血食矣！"

15 帝欲自将北征，李彦韬谏而止。时符彦卿虽任行营职事，帝留之，使戍荆州口[1]。壬戌，诏以归德节度使高行周为北面都部署，以彦卿副之，共戍澶州；以西京留守景延广戍河阳，且张形势。

[1]荆州口是黄河渡口之一。

16 奉国都指挥使王清言于杜威曰[1]："今大军去恒州五里，守此何为？营孤食尽，势将自溃。请以步卒二千为前锋，夺桥开道；公帅诸军继之。得入恒州，则无忧矣。"威许诺，遣清与宋彦筠俱进。清战甚锐，契丹不能支，势小却；诸将请以大军继之，威不许。彦筠为契丹所败，浮水抵岸得免，清独帅麾下陈于水北力战，互有杀伤，屡请救于威，威竟不遣一骑助之。清谓其众曰："上将握兵，坐观吾辈困急而不救，此必有异志。吾辈当以死报国耳！"众感其言，莫有退者；至暮，战不息。契丹以新兵继之，清及士众尽死。由是诸军皆夺气。清，洺州人也[2]。

[1]奉国军即蔡州的军号，今河南省汝宁附近区域。 [2]洺州即今大名。

17 甲子，契丹遥以兵环晋营，内外断绝，军中食且尽。杜威与李守贞、宋彦筠谋降契丹、威潜遣腹心诣契丹牙帐，邀求重赏。契丹主绐之曰："赵延寿威望素浅，恐不能帝中国[1]。汝果降者，当以汝为之。"威喜，遂定降计。丙寅，伏甲召诸将，出降表示之，使署名。诸将骇愕，莫敢言者，但唯唯听命。威遣阁门使高勋赍诣契丹[2]，契丹主赐诏慰纳之。是日，威悉命军士出陈于外，军士皆踊跃，以为且战，威亲谕之曰："今食尽途穷，当与汝曹共求生计。"因命释甲。军士皆恸哭，声振原野。威、守贞仍于众中扬言："主上失德，信任奸邪，猜忌于己。"闻者无不切齿。契丹主遣赵延寿衣赭袍至晋营[3]，慰抚士卒，曰："彼皆汝物也。"杜威以下皆迎谒于马前；亦以赭袍衣威以示晋军，其实皆戏之耳。

[1]此时契丹重用赵延寿，意欲以之代石氏，今又以之诈许杜威。
[2]阁门使是掌朝仪的官。 [3]赭袍是唐以来皇帝所着的御衣。

....

18 契丹翰林承旨[1]、吏部尚书张砺言于契丹主曰[2]："今大辽已得天下[3]，中国将相宜用中国人为之，不宜用北人及左右近习。苟政令乖失，则人心不服，虽得之犹将失之。"契丹主不从。引兵自邢、相而南[4],杜威将降兵以从。遣张彦泽将二千骑先取大梁,且抚安吏民,以通事傅住儿为都监。

[1]翰林学士中以资深者一人为承旨,是唐以来的制度。 [2]张砺是中国人,为契丹所得,加以重用,曾一度逃走,又为契丹所留。 [3]契丹此时已经改用大辽的国号。 [4]邢州是今河北邢台,相州是今河南安阳、临漳等地。

19 杜威之降也,皇甫遇初不与谋。契丹主欲遣遇先将兵入大梁,遇辞;退谓所亲曰:"吾位为将相,败不能死,忍复图其主乎?"至平棘,谓从者曰:"吾不食累日矣,何面目复南行?"遂扼吭而死[1]。

[1]吭是咽喉。

20 张彦泽倍道疾驱,夜渡白马津[1]。壬申,帝始闻杜威等降;是夕,又闻彦泽至滑州,召李崧、冯玉、李彦韬入禁中计事,欲诏刘知远发兵入援[2]。癸酉未明,彦泽自封丘门斩关而入[3],李彦韬帅禁兵五百赴之,不能遏。彦泽顿兵明德门外[4],城中大扰。

[1]白马津在滑县附近,亦黄河渡口。 [2]此时刘知远镇守太原。 [3]封丘门是开封北面的城门。 [4]明德门是开封皇城南门。

21 帝于宫中起火,自携剑驱后宫十余人将赴火,为亲军将薛超所持。俄而彦泽自宽仁门传契丹主与太后书慰抚之[1];且召桑维翰、景延广。帝乃命灭火,悉开宫城门。帝坐苑中,与后妃相聚而泣,召翰林学士范质草降表,自称:"孙男臣重贵祸至神惑,运尽天亡。今与太后及妻冯氏,举族于郊野面缚待罪,次遣男镇宁节度使延煦、威信节度使延宝奉国宝一,金印三出迎。"太后亦上表称"新妇李氏妾[2]"。傅住儿入宣契丹主命,帝脱黄袍,服素衫,再拜受宣,左右皆掩泣。帝使召张彦泽,欲与计事。彦泽曰:"臣无面目见陛下。"帝复召之,彦泽微笑不应[3]。

[1]宽仁门是皇城的东门。 [2]新妇即媳妇。 [3]张彦泽是个凶残无比的军人,曾犯死罪而获免,现在替契丹作走狗,后来仍为契丹所杀。

22 或劝桑维翰逃去,维翰曰:"吾大臣,逃将安之?"坐而俟命。彦泽以帝命召维翰,维翰至天街[1],遇李崧,驻马语未毕，有军吏于马前揖维翰赴侍卫司[2]。维翰知不免，顾谓崧曰："侍中当国，今日国亡，反令维翰死之，何也？"崧有愧色。彦泽踞坐见维翰，维翰责之曰："去年拔公于罪人之中，复领大镇，授以兵权，何乃负恩至此？"彦泽无以应，遣兵守之。

[1]宫城正南面的直街称为天街。 [2]侍卫司是五代时的官署，即禁卫总部。

…………

23 帝闻契丹主将渡河，欲与太后于前途奉迎。张彦泽先奏之，契丹主不许。有司又欲使帝衔璧牵羊，大臣舆櫬，迎于郊外；先具仪注白契丹主，契丹主曰："吾遣奇兵直取大梁，非受降也。"亦不许。又诏晋文武群官一切如故；朝廷制度并用汉礼。有司欲备法驾迎契丹主，契丹主报曰："吾方擐甲总戎，太常仪卫未暇施也。"皆却之[1]。

[1]契丹主对于中国尚无一定办法，所以还不以帝王自居。

24 先是契丹主至相州，即遣兵趣河阳捕景延广。延广仓猝无所逃伏，往见契丹主于封丘。契丹主诘之曰："致两主失欢，皆汝所为也。十万横磨剑安在？"召乔荣使相辩证，事凡十条。

延广初不服,荣以纸所记语示之,乃服。每服一事,辄授一筹;至八筹,延广但以面伏地请死,乃锁之。 以上均开运三年

25 天福十二年,春正月丁亥朔[1],百官遥辞晋主于城北,乃易素服纱帽,迎契丹主,伏路侧请罪。契丹主貂帽貂裘,衷甲[2],驻马高阜,命起,改服,抚慰之。左卫上将军安叔千独出班胡语,契丹主曰:"汝安没字邪[3]?汝昔镇邢州,已累表输诚,我不忘也。"叔千拜谢呼跃而退。晋主与太后已下迎于封丘门外,契丹主辞不见。 后汉高祖天福十二年(九四七)

[1]这一年晋国已亡,中国无主,刘知远在太原称帝,自己说不忍忘晋,又不愿再用石重贵的开运年号,所以仍继续石敬瑭的天福年号,直到次年,才称乾祐元年。 [2]衷甲是铠甲穿在里面。
[3]安叔千本是沙陀人,不识字,有"没字碑"的绰号。

26 契丹主入门,民皆惊呼而走。契丹主登城楼,遣通事谕之曰:"我亦人也,汝曹勿惧,会当使汝苏息。我无心南来,汉兵引我至此耳。"至明德门,下马拜而后入宫。以其枢密副使刘密权开封尹事。日暮,契丹主复出,屯于赤冈[1]。

[1]这是契丹主防备意外,不敢离开城外军营。

27 高勋诉张彦泽杀其家人于契丹主[1]，契丹主亦怒彦泽剽掠京城，并傅住儿锁之。以彦泽之罪宣示百官，问："应死否？"皆言"应死"。百姓亦投牒争疏彦泽罪。己丑，斩彦泽、住儿于北市，仍命高勋监刑。彦泽前所杀士大夫子孙皆经杖号哭，随而诟詈，以杖扑之。勋命断腕出锁，剖其心以祭死者。市人争破其脑取髓，脔其肉而食之。

[1] 高勋是为杜威奉降表的人，所以能得契丹主优待，因而敢于诉冤。张彦泽与高勋向来有仇。

28 辛卯，契丹以晋主为负义侯，置于黄龙府[1]。黄龙府即慕容氏和龙城也[2]。契丹主使谓李太后曰[3]："闻重贵不用母命以至于此。可求自便，勿与俱行。"太后曰："重贵事妾甚谨。所失者，违先君之志，绝两国之欢耳。今幸蒙大恩，全生保家，母不随子，欲何所归？"

[1] 黄龙府故城在今吉林省农安县。 [2] 慕容氏指十六国中之北燕。 [3] 李太后是石敬瑭之妻，唐明宗（李嗣源）之女。

29 癸巳，契丹迁晋主及其家人于封禅寺，遣大同节度使兼侍中河内崔廷勋以兵守之。契丹主数遣使存问，晋主每闻使至，举家忧恐。时雨雪连旬，外无供亿，上下冻馁。太后使人谓寺僧曰："吾尝于此饭僧数万，今日独无一人相念邪？"僧辞以虏意难测，不敢献食。晋主阴祈守者，乃稍得食。

30 是日，契丹主自赤冈引兵入宫，都城诸门及宫禁门皆以契丹守卫，昼夜不释兵仗。磔犬于门，以竿悬羊皮于庭为厌胜[1]。契丹主谓群臣曰："自今不修甲兵，不市战马，轻赋省役，天下太平矣。"废东京，降开封府为汴州，尹为防御使[2]。乙未，契丹主改服中国衣冠，百官起居皆如旧制。

[1]厌胜谓以咒诅或器物厌伏不祥。 [2]至此契丹始决意废除中国政权，以开封隶辽国版图。

31 赵延寿、张砺共荐李崧之才；会威胜节度使冯道自邓州入朝，契丹主素闻二人名，皆礼重之。未几，以崧为太子太师，充枢密使；道守太傅，于枢密院祗候，以备顾问。

32 初，杜重威既以晋军降契丹[1]，契丹主悉收其铠仗数百万贮恒州，驱马数万归其国，遣重威将其众从己而南。及河，契丹主以晋兵之众，恐其为变，欲悉以胡骑拥而纳之河流。或谏曰："晋兵在他所者尚多，彼闻降者尽死，必皆拒命；不若且抚之，徐思其策。"契丹主乃使重威以其众屯陈桥[2]。会久雪，官无所给，士卒冻馁，咸怨重威，相聚而泣；重威每出，道旁人皆骂之。契丹主犹欲诛晋兵。赵延寿言于契丹主曰："皇帝亲冒矢石以取晋国，欲自有之乎，将为他人取之乎？"契丹主变色曰："朕举国南征，五年不解甲，仅能得之，岂为他人乎？"延寿曰："晋国南有唐，西有蜀，常为仇敌，皇帝亦知之乎？"曰："知之。"延寿曰："晋国东自沂、密[3]，西及秦、凤[4]，延袤数千里，边于吴、蜀，常以兵戍之。南方暑湿，上国之人不能居也。他日车驾北归，以晋国如此之大，无兵守之，吴、蜀必相与乘虚入寇。如此，岂非为他人取之乎？"契丹主曰："我不知也，然则奈何？"延寿曰："陈桥降卒可分以戍南边，则吴、蜀不能为患矣。"契丹主曰："吾昔在上党，失于断割，悉以唐兵授晋，既而返为寇仇，北向与吾战，辛勤累年，仅能胜之。今幸入吾手，不因此时悉除之，岂可复留以为后患乎？"延寿曰："向留晋兵于河南，不质其妻子，故有此忧；今若悉徙其家于恒、定、云、朔之间，每岁分番使戍南边，何忧其为变哉！此上策也。"契丹主悦曰："善！惟大王所以处之[5]。"由是陈桥兵始得免，分遣还营[6]。

[1]杜重威不再避晋讳，恢复原名。　[2]陈桥是开封城外的驿名。　[3]沂、密是山东东南部。　[4]秦、凤是甘肃四川交界处，这都是石晋时的边界。　[5]赵延寿爵为燕王，所以契丹主尊称之。　[6]以上是赵延寿设词劝阻契丹主残杀晋兵。

33 契丹主广受四方贡献，大纵酒作乐，每谓晋臣曰："中国事，我皆知之，吾国事，汝曹不知也[1]。"

[1]契丹主此时得意之极，所以有这话。其实后来中国人纷纷反抗，他又说："我不知中国人难制如此。"

34 赵延寿请给上国兵廪食，契丹主曰："吾国无此法。"乃纵胡骑四出，以牧马为名，分番剽掠，谓之"打草谷"。丁壮毙于锋刃，老弱委于沟壑，自东西南畿及郑、滑、曹、濮数百里间，财畜殆尽[1]。

[1]这是说：契丹惯例是不给兵饷的，赵延寿大约是虑到契丹兵到处抢掠，所以主张给饷，而契丹主不听。

35 契丹主谓判三司刘昫曰[1]："契丹兵三十万既平晋国，应有优赐，速宜营办。"时府库空竭，昫不知所出，请括借都城士民钱帛，自将相以下皆不免。又分遣使者数十人诣诸州括借，皆迫以严诛，人不聊生。其实无所颁给，皆蓄之内库，欲辇归其国。于是内外怨愤，始患苦契丹，皆思逐之矣。

[1]判三司是管理度支、盐铁、转运三使的职务。

36 契丹主召晋百官悉集于庭,问曰:"吾国广大,方数万里,有君长二十七人;今中国之俗,异于吾国,吾欲择一人君之,如何?"皆曰:"天无二日,夷夏之心皆愿推戴皇帝。"如是者再,契丹主乃曰:"汝曹既欲君我,今兹所行,何事为先?"对曰:"王者初有天下,应大赦。"二月丁巳朔,契丹主服通天冠,绛纱袍[1],登正殿,设乐悬、仪卫于庭,百僚朝贺。华人皆法服[2],胡人仍胡服,立于文武班中间。下制称大辽会同十年,大赦。仍云:"自今节度使、刺史毋得置牙兵,市战马[3]。"

[1]通天冠、绛纱袍是唐以来皇帝临朝的礼服。 [2]法服即正式朝服。 [3]唐代节度使都拥有直辖的武力,保护自己的身家,称为牙兵。

37 赵延寿以契丹主负约,心怏怏,令李崧言于契丹主曰:"汉天子所不敢望,乞为皇太子。"崧不得已为言之。契丹主曰:"我于燕王,虽割吾肉,有用于燕王,吾无所爱。然吾闻皇太子当以天子儿为之,岂燕王所可为也?"因令为燕王迁官[1],时契丹以恒州为中京,翰林承旨张砺奏拟燕王中京留守、大丞相、录尚书事、都督中外诸军事,枢密使如故。契丹主取笔涂去录尚书事都督中外诸军事而行之[2]。

[1]契丹主不肯立赵延寿作中国皇帝，也不肯立作皇太子，只肯替他升官。[2]录尚书事及都督中外诸军事是魏、晋以来权臣未篡位时的名号，前者总揽政务，后者总揽军权，若无此两种称号，则大丞相仍是空名。契丹主不肯给赵延寿以此种称号，足见他对于中国的制度也很熟悉。

38 辛未，刘知远即皇帝位。自言未忍改晋国，又恶开运之名，乃更称天福十二年。

39 晋主既出寨，契丹无复供给，从官宫女皆自采木实、草叶而食之。至锦州[1]，契丹令晋主及后妃拜契丹主阿保机墓[2]。晋主不胜屈辱，泣曰："薛超误我[3]。"冯后阴令左右求毒药，欲与晋主俱自杀，不果。

[1]锦州在燕京北一千四百里。[2]阿保机是契丹开国的君主，即辽太祖。[3]薛超拦阻石重贵自杀，已见前。

40 契丹主闻帝即位，以通事耿崇美为昭义节度使，高唐英为彰德节度使，崔廷勋为河阳节度使，以控扼要害。

41 初，晋置乡兵，号天威军，教习岁余，村民不闲军旅，竟不可用，悉罢之。但令七户输钱十千，其铠仗悉输官。而无赖子弟不复肯复农业，山林之盗自是而繁。及契丹入汴，纵胡骑打草谷。又多以其子弟及亲信左右为节度使、刺史，不通政事。华人之狡狯者多往依其麾下，教之妄作威福，掊敛货财，民不堪命。于是所在相聚为盗，多者数万人，少者不减千百，攻陷州县，杀掠吏民。东方群盗大起，陷宋、亳、密三州[1]。契丹主谓左右曰："我不知中国之人难制如此？"

[1] 宋州是今河南商丘，亳州是安徽亳县，密州是山东诸城一代。这是说中国人不服契丹统治的反抗表示。

42 契丹主复召晋百官谕之曰："天时向热，吾难久留，欲暂至上国省太后，当留亲信一人于此为节度使。"百官请迎太后，契丹主曰："太后族大，如古柏根，不可移也。"契丹主欲尽以晋之百官自随。或曰："举国北迁，恐摇人心，不如稍稍迁之。"乃诏有职事者从行，余留大梁。

43 （三月）壬寅，契丹主发大梁，晋文武诸司从者数千人，诸军吏卒又数千人，宫女、宦官数百人，尽载府库之实以行，所留乐器仪仗而已。夕，宿赤冈。契丹主见村落皆空，命有司发榜数百通，所在招抚百姓，然竟不禁胡骑剽掠。丙午，契丹自白马渡河，谓宣徽使高勋曰："吾在上国，以射猎为乐，至此令人悒悒。今得归，死无恨矣。"

44 契丹主至临城，得疾，及栾城[1]，病甚，苦热，聚冰于胸腹手足，且啖之。丙子，至杀胡林而卒[2]。国人剖其腹，实盐数斗，载之北去，晋人谓之帝羓[3]。以上均天福十二年

[1] 临城、栾城都在今石家庄以南。 [2] 据说唐代则天皇后时，曾在此袭杀突厥人。 [3] 羓是腌肉。